ESCOLA PÚBLICA E SERVIÇO SOCIAL

Francine Helfreich

Escola pública e Serviço Social

reflexões e apreensões sobre o trabalho profissional

mórula
EDITORIAL

FAPERJ

REVISÃO
Marilia Pereira

FOTO (CAPA)
Douglas Lopes

CIP-BRASIL. CATALOGAÇÃO NA PUBLICAÇÃO
SINDICATO NACIONAL DOS EDITORES DE LIVROS, RJ
Elaborado por Gabriela Faray Ferreira Lopes — CRB 7/6643

H414e

Helfreich, Francine
Escola pública e serviço social: reflexões e apreensões sobre o trabalho profissional / Francine Helfreich. – 1. ed. – Rio de Janeiro: Mórula, 2024.
288 p. ; 21 cm.

Inclui bibliografia.
ISBN 978-65-6128-060-0

1. Escolas públicas – Brasil. 2. Serviço social – Brasil. I. Título.

24-94592 CDD: 370.115
CDU: 37.014.53(81)

Rua Teotônio Regadas 26 sala 103
20021_360 _ Lapa _ Rio de Janeiro _ RJ
www.morula.com.br _ contato@morula.com.br
morulaeditorial morula_editorial

Aprende o mais simples! Pra aqueles
Cujo tempo chegou
Nunca é tarde de mais!
Aprende o abc, não chega, mas
Aprende-o! E não te enfades!
Começa! Tens de saber tudo!
Tens de tomar a chefia!
Frequenta a escola, homem sem casa!
Arranja saber, homem com frio!
Faminto, pega no livro: é uma arma.
Tens de tomar a chefia.

[BERTOLD BRECHT]

SUMÁRIO

9 PREFÁCIO
Um convite para o enfrentamento dos horrores de nosso tempo
Ney Luiz Teixeira de Almeida

15 INTRODUÇÃO

31 CAPÍTULO I
Apontamentos sobre trabalho e educação: fundamentos para compreender a Educação Básica no Brasil

32 Trabalho e Educação na sociedade capitalista: as contribuições do pensamento marxista

51 Os contornos da educação básica no Brasil de 1990 a 2010

59 A educação básica na Constituição Federal de 1988

65 Os rumos da educação básica no inícioda década de 1990

86 A educação básica no período de 2003-2010: breves reflexões

107 CAPÍTULO II

107 **As escolas "da" e "para" a classe trabalhadora**

114 As escolas e as favelas

129 Experiências educacionais para os filhos da classe trabalhadora: os Centros Integrados de Educação Pública: CIEPs e o projeto Escola do Amanhã

129 A experiência dos Centros Integrados de Educação Pública (CIEPs)

139 Outro destaque: a experiência das "Escolas do Amanhã"

153 CAPÍTULO III
Considerações sobre o Serviço Social na Educação Básica brasileira
160 Os caminhos percorridos pelo serviço social na Educação Básica
187 A inserção profissional de assistentes sociais nas escolas públicas da Cidade do Rio de Janeiro
194 O retorno da experiência profissional de assistentes sociais nas escolas do Rio de Janeiro pela via governamental
197 A Rede Escolar do Município do Rio de Janeiro e a construção do trabalho das assistentes sociais da SME
201 Relatos e reflexões de uma incursão investigativa: o trabalho profissional de assistentes sociais nas escolas públicas – requisições e respostas profissionais
205 Os achados da pesquisa
212 O que faz e como se organiza o trabalho
215 As condições de trabalho
217 Mas, afinal, o que seriam as atribuições desse profissional na escola?
230 A interface entre trabalho profissional, questões da escola e o território
236 Afinal, que educação queremos? O Serviço Social e a perspectiva da educação popular

249 **Considerações para uma agenda de estudos**

259 REFERÊNCIAS
283 SOBRE GRATIDÃO

PREFÁCIO

Um convite para o enfrentamento dos horrores de nosso tempo

Ney Luiz Teixeira de Almeida

Esta obra destina-se à socialização das reflexões que Francine Helfreich Coutinho dos Santos produziu em sua tese de doutorado no Programa de Pós-Graduação em Serviço Social da Universidade do Estado do Rio de Janeiro (UERJ), no ano de 2012. Agora, uma socialização com maior alcance e fruto de uma decisão difícil, porém necessária. Acompanhei alguns dos momentos nos quais a autora hesitou quanto à sua publicação, resistindo à insistência daquelas/es que viam na sua produção um conjunto de preocupações que precisava ser incorporado à crescente produção sobre o trabalho de assistentes sociais na política de educação. Compreensível sua demora, afinal rever uma produção — para a qual foram dedicados quatro anos de sua vida — conciliando com a militância, a maternidade e a vida acadêmica não é uma tarefa fácil num mundo no qual a produção científica está ancorada em uma acentuada e desigual divisão sexual do trabalho.

Dentre os argumentos que sustentava parte da resistência quanto à publicação da tese concorreu fortemente o da passagem do tempo entre a sua conclusão e o da adiada decisão. Mas ela foi tomada! E, tal como os bons vinhos, temos que saborear reconhecendo o seu tempo de descanso, ao som da sábia canção de Beto Guedes: "abelha fazendo o mel, vale o tempo que não voou". O descanso não significou, de modo algum, um afastamento da realidade educacional brasileira, ao contrário, expressou uma reatualização inusitada. Não foram apenas as condições de uma mulher militante, docente, pesquisadora e mãe que se alteraram ao longo de uma década. O país teve nesse período um golpe midiático-parlamentar, a condução de processos sem provas no judiciário com o nítido intento de assegurar a eleição de um candidato da extrema-direita, a ascensão neofacista, uma pandemia cuja gestão se deu sob a tirania de uma oportunidade ímpar de acumulação concentrada de renda, o aprofundamento do desemprego e da miséria, ou seja, a barbárie resultante da combinação das experiências mais perversas que a humanidade já vivenciou.

Mas, por qual motivo destaco aqui a ideia de reatualização? Para todos/as que conhecem a trajetória de Francine é inequívoco o seu acúmulo teórico e prático no campo da educação popular. Mas vale aqui uma advertência: não se trata de um livro sobre educação popular! A reatualização decorre do fato de que a educação popular é o ponto de partida e o ponto de chegada desse longo processo, sendo que nesse interstício a realidade forjou as condições que permitem sublinhar a atualidade e a necessidade da retomada desse tema tão caro ao Serviço Social e ao campo das lutas sociais.

Francine tem uma experiência valiosa no campo da educação popular, mais destacadamente no Complexo de Favelas da Maré, na cidade do Rio de Janeiro, da qual resultam muitas de suas indagações e escolhas profissionais e intelectuais, inclusive as que motivaram a sua pesquisa sobre o trabalho de assistentes sociais na educação pública carioca. Ainda que não seja um livro sobre educação popular, esse traço constitutivo de sua atuação atravessa a obra como um rio, que corre silencioso em direção ao mar. Ela aparece no final do presente livro, como indagação e como possibilidade, o que o torna mais profundo do que a tese, pois o tempo histórico se tornou tão árido que nos cobrou as experiências abandonadas pela esquerda, pelo Serviço Social e no trabalho junto aos sujeitos coletivos. O neofascismo saltou do arcaísmo cultural e político brasileiro pelas mãos da "modernização" avassaladoramente regressiva dos direitos trabalhistas, previdenciários, assistenciais, educacionais e de saúde. Uma irrupção que nos faz indagar com incredulidade: de onde tudo isso brotou com tanta voracidade?

As reflexões que Francine compartilha nessa obra não fornecem respostas imediatas para tantas angústias e horrores. Não por conta do tempo já aludido, mas em função de que o seu enfoque se deu sobre as formas institucionais que moldam a arquitetura do trabalho coletivo nas políticas educacionais e os diferentes graus de autonomia técnica exercidos pelas/os assistentes sociais, com as quais dialogou em sua pesquisa. É partir de um caminho teórico problematizador das condições históricas e institucionais a partir das quais se expande o acesso à educação básica nos anos de 1990 que a autora estabelece os horizontes das interseções entre a escola pública e as favelas nas objetivações particulares das denominadas "Escolas do Amanhã" na cidade do Rio de Janeiro.

Para dar conta desse intento intelectual, Francine recorre, com rigor teórico, aos fundamentos ontológicos da relação entre trabalho e educação para compreender as condições históricas a partir das quais a educação se institucionaliza como política pública sob o sistema metabólico do capital, assim como as particularidades da sua conformação como um direito social e humano não plenamente materializado na periferia do capitalismo.

A análise empreendida sobre a educação como campo de ação do Estado na sua relação com as classes sociais destaca, com centralidade, os projetos de educação pública que acenaram para a crescente e precária incorporação dos filhos da classe trabalhadora aos circuitos da instrução formal. Ainda que profundamente desigual em suas condições de oferta no plano territorial, social e das classes e suas frações, a educação pública tornou-se uma importante bandeira na esfera das lutas sociais na cidade e no campo. O esforço investigativo apresentado neste livro debruça-se sobre a experiência urbana, especialmente aquela que compõe a realidade de milhões de crianças e adolescentes moradores de favelas, cujas condições educacionais são fortemente atravessadas por impedimentos múltiplos decorrentes da ausência de políticas públicas e de um Estado que se faz presente nesses territórios, contribuindo para o aumento das práticas e da cultura da violência.

Essas mediações são realizadas ao longo do livro, em cada um dos capítulos, de modo que a aproximação com o trabalho profissional, realizado por assistentes sociais vinculadas/os à Secretaria Municipal de Educação (SME) da Prefeitura da Cidade do Rio de Janeiro, seja empreendida a partir da análise das condições institucionais que os determinam, assim como do conjunto de requisições que lhes são feitas, das respostas profissionais dadas, do acervo teórico-metodológico e técnico-instrumental mobilizados e das formas de objetivação dos processos investigativos e de sistematização realizadas pelas/os assistentes sociais. O trabalho profissional é resgatado em suas múltiplas determinações, possibilitando ao leitor uma clara compreensão, tanto dos traços gerais que conferem à dimensão generalista da formação profissional em Serviço Social quanto daqueles que particularizam tal exercício nas escolas, mediados pelas diretrizes do Núcleo Interdisciplinar de Apoio às Unidades Escolares (NIAP) da SME.

Cabe ao/à leitor/a um importante desafio na leitura desta obra: o de dialogar com as descobertas da autora sobre um campo de conhecimento que se renova constantemente no Serviço Social; o da relação entre a autonomia do sujeito e as determinações da realidade. A exposição dos achados de pesquisa em sua interlocução com um quantitativo bastante expressivo de profissionais traz, invariavelmente, à tona a necessidade de uma contínua interrogação sobre os óbices e as possibilidades postas nessa relação, inseparável das condições objetivas sob as quais se forjam o trabalho de assistentes sociais em quaisquer espaços sócio-ocupacionais. Nesse caso, em especial, reconhecendo as tendências dos processos de oferta e ampliação do acesso à educação básica no Brasil e suas particularidades na cidade do Rio de Janeiro.

Mas como adverti, ao longo desse texto introdutório convidando o leitor a apreciar e se envolver com os caminhos e descobertas feitas por Francine, mesmo não se tratando de um livro e de uma pesquisa sobre educação popular, ele não deixa de conter fortes e provocativos elementos para que esse tema seja instado ao final como o maior desafio reflexivo feito às/aos leitoras/es. Como não problematizar na atualidade, diante da forte regressão no campo dos direitos sociais, em particular na educação, após a forma como a pandemia foi gerenciada com manifesto e intenso esforço de negação da ciência, do direito ao trabalho e à vida por parte do Estado, a importância da educação popular nos processos de mobilização, articulação e valorização dos sujeitos coletivos? Como deixar de pensar na educação popular reconhecendo a centralidade das disputas ideológicas e sua particularidade numa política pública que, dentre outras funções, demarca as condições de acesso à cultura e aos valores humanos conquistados ao longo da história pela luta da classe trabalhadora em suas distintas frentes: gênero, raça e pelo reconhecimento da diversidade? Como não pensar os desafios e possibilidades do trabalho profissional sem revisitar o acúmulo construído no campo da educação popular?

Tenham uma excelente leitura. Saboreiem cada página, posto que são marcadas pela trajetória de vida e trabalho, pelas dificuldades e escolhas de uma mulher que pisou, ao lado de tantas outras mulheres da Maré, as uvas utilizadas na produção deste livro, cujo tempo de descanso nos forneceu não uma pausa, mas um convite crítico para o enfrentamento dos horrores de nosso tempo e que só a luta coletiva pode superar.

INTRODUÇÃO

O livro que as leitoras e leitores têm em mãos expressa a articulação de estudos, parte realizada no doutoramento[1] em 2012 no Programa de Pós-Graduação em Serviço Social da Universidade do Estado do Rio de Janeiro (UERJ), e a inserção profissional e militância no território das favelas no estado do Rio de Janeiro, particularmente nas escolas públicas no conjunto de favelas da Maré. A proposta é, pois, refletir sobre o trabalho profissional das assistentes sociais em escolas públicas de ensino fundamental no município do Rio de Janeiro.

Quando iniciamos nossas reflexões, esses temas e produções correlatas eram escassas. Hoje, este livro mostra sua atualidade no conjunto de pesquisas, produções individuais, coletivas e lutas realizadas pela

1. A tese, durante os estudos iniciais que lhe deram origem, versou sobre elementos que traziam a favela para o centro do debate. Neste livro optamos por apresentar uma parte destes estudos e, simultaneamente, aprofundar o diálogo com a Educação Popular, reivindicada em sua dimensão e fundamentos classistas. Para tanto, apoiamo-nos na síntese elaborada pela educadora popular Maria Lidia da Silveira (2004) que a compreende a partir de quatro premissas fundamentais: 1. Como um investimento político que constrói um lugar voltado para o processo de conhecimento da realidade; 2. Como espaço que vai possibilitar o trânsito do senso comum ao bom senso. Lugar de apropriação individual e coletiva, no qual está presente uma dimensão ideológica fundamental: a de compreender a base de estruturação da vida social sob o capitalismo e da conformação possível de alternativas de organização da vida social, sob outras bases; 3. Como espaço das classes trabalhadoras a conformar outro NÓS, antagônico ao hegemônico, este último constituído sob a égide do individualismo, da ausência de solidariedade etc. Portanto, espaço no qual possam ser experimentados novos valores, novos pensares, numa dimensão de práxis na qual ativamente se busca a elaboração da realidade a partir de uma perspectiva humano-social; 4. Finalmente, um espaço no qual os sujeitos possam exercitar o singular exercício de suas próprias sínteses, redefinindo e recriando referências de vida, sentidos novos à sua existência individual e coletiva (Silveira, 2004, p. 122).

categoria profissional, para que a escola constitua-se como mais um espaço de atuação profissional, não apenas pelo reconhecimento da categoria, mas essencialmente pelo reconhecimento do Estado, o que só ocorreu recentemente, com a aprovação da Lei nº 13.985/2019, que garante a presença de assistentes sociais e psicólogos nas escolas e, a partir da qual, gradativamente, novas experiências têm surgido.

A educação tem centralidade na dinâmica da vida social e cumpre papel importante no desenvolvimento das forças produtivas e das relações sociais. Considerando que vivemos em um país de capitalismo dependente, as particularidades da educação, sobretudo da educação básica, induzem-nos a pensar sobre os elementos estruturantes do capitalismo e a relação capital-trabalho-educação para compreendermos a função social da educação escolar no Brasil. Contudo, não se trata apenas de aspectos econômicos, mas de uma realidade política, ideológica e social, como apontava Florestan Fernandes. Assim, na escola manifestam-se expressões da questão social e conformam-se sociabilidades e visões de mundo.

Os desafios da educação na sociedade burguesa e de capitalismo dependente, que se expressam no espaço escolar, afetam diretamente o acesso, a permanência e êxito dos estudantes na política educacional. A violência, a infrequência, as questões familiares, o uso abusivo de drogas, as consequências do desemprego dos responsáveis, a violência armada que domina os territórios, a precariedade das políticas públicas, entre tantas outras questões, são cada vez mais presentes no universo das escolas e tornam-se objeto de muitas preocupações de educadores, famílias e gestores. Esses demandam o trabalho profissional de assistentes sociais que, até então, não eram profissionais muito comuns no cotidiano das escolas.

Enquanto "especialização do trabalho coletivo inserido na divisão social e técnica do trabalho, partícipe do processo de produção e reprodução das relações sociais" (ABESS/CEDEPSS, 1997), o Serviço Social — na processualidade da formação e, de modo mais especial, do trabalho profissional — é atravessado pelas determinações e contradições que assinalaremos. Seu fazer profissional é historicamente determinado e, sob essa compreensão, é que consideramos a experiência concreta do trabalho de assistentes sociais nas escolas públicas do município do Rio de Janeiro.

As escolas cumprem uma função social importante na vida de crianças, adolescentes, jovens e adultos.

> Educar-se, para as classes trabalhadoras, da perspectiva gramsciana, significa superar as formas de subalternidade. Tendo como pressuposto a dimensão política da cultura e seu lugar na construção e manutenção da hegemonia. Uma das formas de subalternidade consiste em permanecer nos limites do cotidiano, presos ao trabalho e à reprodução da vida (Schlesener, 2016, p. 20).

Nesse sentido, nossa premissa é que a escola, mesmo no contexto de conjuntura adversa e de um sistema que produz imensa desigualdade, pode ser um espaço de questionamento da realidade e de construção de novos sentidos para os filhos da classe trabalhadora.

O desenho deste estudo é oriundo de observações e da inserção profissional em distintos espaços sócio-ocupacionais por onde construímos nosso percurso profissional, dentre os quais as escolas públicas no conjunto de favelas da Maré. Percurso impulsionado pelas pesquisas e pela militância política no campo da Educação Popular, presente na luta pela libertação dos "oprimidos" e extremamente necessária para desvelar a realidade para além do aparente, conforme aponta Paulo Freire (1981). As experiências vividas, as leituras realizadas e o exercício profissional nas escolas trouxeram indagações múltiplas sobre a forma como as assistentes sociais realizam e qualificam seu exercício profissional. O contato próximo com experimentos no chão das escolas da Maré, nas experiências de Educação Popular e na inserção em distintos espaços sócio-ocupacionais — em que o trabalho de assistentes sociais organiza-se de forma diferenciada — revelou possibilidades de articulação entre o trabalho profissional e a dimensão da Educação Popular.

Essa atravessa a ação profissional como uma forma crítica e propositiva que contribui para o "processo de formação da consciência[2]" dos usuários dos serviços, sobretudo no interior da escola pública.

Assim, a educação popular atravessa a construção deste livro porque também atravessou a trajetória profissional de quem elabora e sistematiza essas reflexões, não reduzida a uma perspectiva teórica e acadêmica, mas como forma de construir relações, inserções profissionais e reflexões teóricas. Portanto, este livro dialoga com vivências e andanças: os lugares e experiências vividas — que construíram e constroem esta autora — compõem uma singularidade sempre coletiva e costura esse emaranhado de ações, trabalhos e reflexões. Nessa perspectiva, cabe destacar alguns movimentos que compõem o percurso dessa reflexão e, assim, expressar os sentidos das escolhas que me aproximaram profissionalmente dos nexos entre Serviço Social e Educação. Para que esse vislumbre ocorra, faz-se necessário relatar um pouco da minha trajetória profissional no "mundo do trabalho" e na militância político-pedagógica na favela da Maré. Nesse território vivi minhas experiências profissionais mais marcantes.

Tudo começa no Centro de Estudos e Ações Solidárias da Maré (CEASM). Nessa Organização não governamental (ONG) construí as reflexões que se tornaram objeto da minha dissertação de mestrado. Posteriormente atuei como assistente social da prefeitura do Rio de Janeiro e, entre 2006 e 2010, como membro do coletivo fundador, assistente social e coordenadora das equipes social e de formação política da Redes de Desenvolvimento da Maré (Redes).

Minha inserção no CEASM, no período de 2001 a 2005, ocorreu com o projeto social "Programa de Criança", que objetivava ampliar o tempo de permanência de 2.600 crianças e adolescentes na escola, matriculados em escolas públicas na Maré. Buscávamos contribuir para a melhoria dos seus desempenhos educacionais, assim como aumentar

---

2. Ver: Iasi (2007).

a participação de responsáveis e professores no espaço escolar e na comunidade, visto que a Maré possuía, na época, os piores índices de desescolarização[3] da cidade do Rio de Janeiro.

O projeto era desenvolvido com base na oferta de oficinas, que trabalhavam diversos tipos de linguagens: dança, música, capoeira, informática, língua estrangeira, artes plásticas, teatro, leitura e produção de textos, entre outras. As atividades eram realizadas na sede da instituição e em oito escolas municipais da Maré, em turnos alternativos ou em horários regulares.

A partir da inserção de assistentes sociais em escolas públicas da Maré, através do Programa de Criança, foi implementado um projeto chamado "Grupo de pais". Esse foi utilizado como campo empírico da minha dissertação de mestrado. Em conjunto com as famílias das crianças, construímos uma proposta de trabalho que teve como eixo principal "contribuir para a fixação das crianças na escola, por meio de uma maior organização e participação dos pais e responsáveis na vida escolar das crianças, assim como incentivar sua organização e envolvimento na comunidade". O projeto consistia em atividades periódicas de grupo com os responsáveis e acompanhamento das crianças e adolescentes, que envolviam ações formativas, atividades culturais pela cidade, atividades pedagógicas na escola e atendimento individual, sempre buscando contribuir para transformar a realidade das famílias nas diferentes dimensões da vida.

O pioneirismo da discussão, naquela década, sobre o Serviço Social nas escolas públicas no Rio de Janeiro, motivou-nos a apresentar a experiência em vários eventos acadêmicos e profissionais. Destaco a minha participação como conferencista no II Encontro de Serviço Social na

---

3. Conforme as informações obtidas pelo caderno "Quem somos e quantos somos?", produto do Censo realizado em 2000 e publicado pelo CEASM em 2003, 6,4% das crianças entre 7 e 14 anos estavam fora da escola, sem acesso à educação formal. [...] Esse percentual estava abaixo da média do Brasil (13,3%), porém muito acima das taxas do município do Rio do Janeiro para o ano de 1992 (6,1%) e, principalmente, para o ano de 1999 (3,4%) (Cf. CEASM, 2003, p. 46).

Educação, que estimulou a publicação do artigo "Experiências de intervenção do Serviço Social na educação na revista Em foco: O Serviço Social e a Educação", em 2006 (hoje em segunda edição).

O trabalho em uma Organização da Sociedade Civil possibilitou-me reflexões significativas, pois, de um lado, convivi com críticas consistentes ao "terceiro setor", já que muitas instituições fortalecem a retração do Estado, por outro, mostrou-me uma série de potencialidades em ações grupalizadoras, formativas. Merece destaque a existência e execução de um plano de formação política no próprio espaço sócio-ocupacional, que não é comum de ocorrer em instituições como aquelas. Vivenciamos intensamente espaços formativos onde pudemos estudar e aprofundar nossos conhecimentos sobre a realidade contemporânea. Assim, semanalmente encontrávamo-nos com o propósito de estudar, realidade almejada e pouco conquistada na maior parte dos espaços sócio-ocupacionais. Planos de formação continuada foram construídos, tanto para as coordenações dos projetos quanto para os educadores e assistentes sociais, isto é, para as 80 pessoas que compunham a equipe do projeto. O trabalho formativo com o conjunto da equipe também se constituía com o ineditismo de ser multidisciplinar.

O Plano de formação das coordenações envolveu a leitura de "O Capital" (de Marx), iniciando com "A mercadoria"; durante um bom tempo percorremos as difíceis e profícuas elaborações de Karl Marx. Orientados pela professora Maria Lídia Sousa da Silveira, realizamos estudos sobre marxismo, educação e educação popular. Esses eixos foram fundamentais para compreender e refletir sobre nosso papel naquele lugar e sobre as relações sociais ali construídas. Eis uma ação pioneira no período: estudar Marx na favela! Construímos coletivamente na instituição e, por meio de um plano de formação política, estudamos junto aos trabalhadores e moradores as obras de Marx, Gramsci e outros autores marxistas.

Com essa educadora, que se tornou peça fundamental na construção da minha trajetória, aproximamo-nos do Núcleo de Educação Popular Humberto Bodra, extensão do Núcleo de Educação Popular

13 de maio (NEP 13 de maio), no Rio de Janeiro. A equipe do NEP 13 de maio passou, então, a realizar um conjunto de ações formativas no CEASM, como cursos de formação, oficinas etc. Começava ali, no chão da Maré, uma relação de paixão e admiração pela metodologia da Educação Popular construída pelo NEP 13 de maio.

As atividades formativas não pararam. Foram vários os professores universitários que colaboraram com as atividades de formação, muitos deixaram uma série de inquietações, sobretudo quanto ao papel das ONGs. Essa experiência mostrou-se um importante espaço de conformação de novos valores e princípios. As atividades formativas eram desenvolvidas nessa direção, mas havia também atividades organizativas junto aos movimentos sociais que comungavam da luta geral da classe trabalhadora.

Em 2004 fui convocada a assumir o cargo de assistente social do quadro permanente da Secretaria Municipal de Assistência Social (SMAS) da Prefeitura do Rio de Janeiro, após ser aprovada em concurso público para o cargo. Impossibilitada de acumular tantas frentes ao mesmo tempo (CEASM, mestrado/UFRJ e Prefeitura), fui "obrigada" a afastar-me do primeiro, sem me desvincular política e afetivamente da Maré.

Embora existissem outras possibilidades de trabalho, busquei ser lotada em um equipamento da SMAS chamado Centro Municipal de Assistência Social Integrada (CEMASI) na comunidade de Roquete Pinto, na Maré. Essa comunidade era marcada, em especial, pela ausência de políticas públicas de qualidade, pela presença de grupos criminosos armados e de suas inescrupulosas ações, bem como por uma intervenção bastante nebulosa das lideranças comunitárias locais naquela época.

Em curto espaço de tempo, fui convidada a assumir a direção desse equipamento público. Ao longo desse trabalho, envolvi-me com o tema da assistência social, mas não o suficiente para afastar-me da temática da Educação, que foi objeto de estudo no Mestrado em Serviço Social da Universidade Federal do Rio de Janeiro (UFRJ), e que deu origem à dissertação intitulada "As famílias de classes populares e sua relação com a escola: uma análise da experiência do Serviço Social nas escolas públicas do Conjunto da Maré".

Em 2007, um grupo de pessoas que comungava ideias e princípios juntou-se para pensar coletivamente uma nova instituição, a Redes da Maré. Esse coletivo tinha o objetivo de articular diferentes sujeitos políticos em torno de ações que pudessem ter no horizonte a "transformação estrutural da Maré", produzir conhecimentos sobre a mesma e superar as distintas formas de violência (Documento Institucional, Redes da Maré, 2007). A Redes da Maré possui uma importante trajetória nas lutas da Maré. Muitas dessas lutas iniciaram antes mesmo da instituição consolidar-se, mas com forte participação daqueles que a constituíram: lutas por chão — para que as palafitas se transformassem em moradia digna —, luta por água, saneamento, educação, segurança pública e, sobretudo, luta pela vida das pessoas que são atravessadas pela violência cotidiana.

Na época, fui convidada para compor um grupo que se transformou no "coletivo fundador" da Redes e lá estive até 2010. As reflexões produzidas a partir dessas experiências profissionais foram fundamentais para que o trabalho realizado naquele espaço se tornasse alvo de análises que marcariam um momento profissional e que condensa um período de reflexões e vivências sobre as favelas e as escolas onde estudam os "filhos da classe trabalhadora".

O rareamento e/ou as parcas ações político-organizativas classistas mostraram que esse território — a favela — deixou de ser gradativamente um *lócus* expressivo de formação política e de experiências grupalizadoras, como nas décadas de 1980. Os poucos experimentos organizativos foram deixando de ser espaços construídos por movimentos comunitários, partidos políticos, associações de moradores combativas — que, em sua maioria, perderam seu caráter transformador e questionador —, e passaram a ser orquestrados por igrejas neopentecostais, grupos armados que dominam o território, milícias, organizações com pouco ou nenhum viés organizativo e dirigentes alinhados com práticas clientelistas. Em síntese: um associativismo destituído do corte de classe.

Nesse ínterim, destaco a criação do Núcleo de Estudos e Pesquisas sobre Favelas e Espaços Populares (NEPFE) no ano de 2009, que foi idealizado no intuito de produzir conhecimentos que pudessem expressar de forma mais fidedigna a realidade da favela, por dentro, contrapondo-se a pesquisas cujas formulações constituem-se apartadas e distanciadas do *lócus* de estudo de seus próprios objetos.

Vinculado inicialmente à Redes e atualmente à Escola de Serviço Social da UFF, o NEPFE existe e resiste até os dias atuais, produzindo conhecimentos, socializando saberes e formando profissionais comprometidos com o debate da questão urbana, da educação, da educação popular e de tudo que circunscreve as favelas. Com pesquisas e pesquisadoras(es) vinculados ao CNPQ e a outros órgãos de fomento de pesquisa, é um grande motivador e impulsionador de pesquisas e ações que contribuem para que jovens de periferias e favelas permaneçam na universidade e produzam conhecimento sobre direito à cidade, favelas, bairros periféricos e movimentos sociais, entre outros temas. Jovens que desenvolvem suas pesquisas a partir de referenciais teóricos que reconhecem a formação de um desenvolvimento territorial desigual, fruto da formação social que, no Brasil, se expressa construindo distintos territórios na mesma cidade, marcados por muita desigualdade e falta de estrutura.

Há muito que estudar sob esses referenciais e muitas questões ganharam notoriedade na atual conjuntura. Ataques à perspectiva da educação crítica, avanços e retrocessos do Movimento Escola Sem Partido, massacre ao debate da diversidade sexual pela extrema direita, violência nas escolas, adoecimento docente e privatizações de vários tipos na educação básica são temas que, ao longo dos últimos 10 a 15 anos, estiveram no espectro de preocupações daqueles que vivenciam e estudam a Educação. Esses são alguns exemplos de questões importantes que circunscreveram a história recente e atingem diretamente o cotidiano da escola pública brasileira nessa quadra do século XXI. E, embora não sejam o escopo deste trabalho, compõem a conjuntura e possuem reflexos importantes sobre os temas centrais a serem abordados.

Assim, esse cenário particular, agregado à necessidade de produzir reflexões sobre o fazer profissional nas escolas públicas, foi o grande impulsionador para a elaboração deste estudo. Nesse caminhar, dada a diversidade de possibilidades, algumas questões precisaram ser lateralizadas enquanto outras se tornaram fulcrais. O estudo sobre a política educacional ganhou centralidade e o debate sobre a questão urbana será tratado com mais ênfase em estudos posteriores.

No Brasil, em 2021, tínhamos 244 mil crianças fora da escola. Muitas não conseguem permanecer na educação pública e há motivos diversos para isso. Esse direito, tão caro à população brasileira, ganhou ainda mais expressão quando a pandemia de Covid-19 exacerbou as dificuldades de acesso e permanência nas escolas porque as diferentes refrações da questão social atravessaram de forma muito intensa a vida das famílias, sobretudo das famílias pobres. Realidade que tem sido enfrentada pelo Serviço Social ao atuar nas escolas, não sem dificuldades.

Assim, é salutar destacar que a experiência carioca influiu de forma significativa para que hoje tenhamos a Lei nº 13.935, de 2019, fruto de muita luta, mobilização e articulação política da categoria profissional. Essa lei versa sobre a prestação de serviços de Psicologia e Serviço Social nas redes públicas de educação básica, que vem sendo problematizada e encontra-se em vias de regulamentação em todo o país. Talvez essa lei seja um dos legados mais interessantes que a luta pela educação pública conquistou diante da enxurrada de ataques dos últimos anos.

Apesar de historicamente mais abrangente, neste livro, o debate da educação básica está datado entre 1988 e 2010, sendo apresentado no capítulo inicial juntamente com alguns elementos conceituais referentes ao debate da Educação na perspectiva marxista, ou melhor, em suas aproximações. Assim, no capítulo inicial, trouxemos o debate da relação entre Trabalho e Educação com o intuito de compreender o lugar do Trabalho na sociedade capitalista e analisar o papel da educação na sociedade em que vivemos. Esse debate ajuda-nos a compreender como a Política Pública se desenvolve na sociedade e no país. No caso do presente estudo, a compreensão constrói-se a partir do recorte teórico-analítico que enfatiza a educação básica.

No capítulo dois sublinha-se a processualidade histórica do trabalho profissional na Educação Básica no Brasil, bem como se efetuam reflexões sobre a Escola em que estudam os filhos dos trabalhadores, sobretudo aquelas situadas nas favelas. Trata-se de um breve inventário que se constitui como ponto de partida para reflexões subsequentes sobre o fazer profissional contemporâneo. Pontuamos, também, elementos das experiências dos CIEPS e das "Escolas do Amanhã" no Rio de Janeiro — um programa governamental e um projeto importante com ações voltadas para a educação básica nas favelas.

As preocupações do capítulo três voltam-se às particularidades do trabalho de assistentes sociais em escolas públicas: suas requisições e respostas profissionais a partir dos achados da pesquisa realizada. Essa parte do livro versa sobre as múltiplas possibilidades de ação nas escolas públicas, que nos exigem o repensar dos nexos entre a educação e o exercício profissional. Para além de intervir nas expressões da questão social, a compreensão desses nexos pode contribuir para a construção de determinada sociabilidade alicerçada sobre uma leitura de mundo, segundo os princípios de Paulo Freire. Para tanto, esse capítulo é construído à luz da pesquisa realizada para a tese sobre o trabalho profissional de assistentes sociais via poder público. Desde 2007 a Prefeitura do Rio de Janeiro implementou o Serviço Social nas escolas de Ensino Fundamental. Inicialmente, através de um projeto denominado Rede de Proteção ao Educando (RPE), no qual havia equipes interdisciplinares compostas por assistentes sociais e psicólogos vinculados às Secretarias Municipais de Educação (SME) e de Assistência Social (SMAS) que desenvolviam ações integradas.

Assim, no terceiro capítulo, debruçamo-nos sobre as experiências de assistentes sociais cujo processo de trabalho era organizado para a atuação em escolas públicas vinculados ao Núcleo Interdisciplinar de Apoio às Unidades Escolares (NIAP) da Secretaria Municipal de Educação (SME). Optei por priorizar as experiências de inserção profissional em escolas onde a proposta foi mapear: a) as requisições do exercício profissional nas escolas públicas; b) as demandas implícitas e explícitas; c) a forma como o trabalho se organiza; d) as rotinas e atividades profissionais; e) a elaboração e participação nos projetos da escola; f) a análise e a problematização dos instrumentos técnico-operativos (entrevistas, visitas domiciliares e grupos, entre outros); g) o reconhecimento da documentação e sistematização da prática profissional; h) a sistematização das referências teórico-metodológicas e ético-políticas; i) a relação com a comunidade escolar; j) a análise das experiências de fomento à participação popular na escola pública; k) as ações que envolvem articulação de grupos organizados pelos profissionais e pela comunidade escolar que defendam a escola pública; l) as experiências de assessoria à gestão escolar.

A partir da identificação do público-alvo (92 assistentes sociais) definiu-se a estrutura da pesquisa. Abordamos os profissionais, ao longo de três dias, na sede da SME — unidade administrativa que abarca a equipe interdisciplinar de profissionais, composta por psicólogos, pedagogos e assistentes sociais —, que atuam em escolas situadas em diferentes bairros da cidade. Deslocar-se a cada escola inviabilizaria a pesquisa. Entretanto, a pouca adesão levou-me a ir às reuniões realizadas nas áreas com o fito de sensibilizar os profissionais para a pesquisa e apresentar mais uma vez a proposta de estudo. A coleta de dados, realizada via aplicação de questionários, ocorreu junto aos respondentes que se disponibilizaram a participar da pesquisa. A equipe de assistentes sociais que desenvolve o trabalho neste projeto era composta por 94 assistentes sociais, 42 dos quais responderam ao questionário e tornaram-se participantes da pesquisa. Sinteticamente, 38 são do sexo feminino (90%) e possuem em média 36 anos. Quanto à etnia, 19 (45%) intitulam-se brancos, 14 (33%) pardos, 7 (17%) negros e 2 (5%) amarelos.

A coleta de dados ocorreu junto aos 42 respondentes que se disponibilizaram a participar da pesquisa. Esses foram desindentificados para evitar qualquer tipo de exposição. Para tanto, no corpo do texto, suas falas são expressas pela caracterização AS-1, AS-2, AS-3 etc.

Segundo relatos, o momento da pesquisa propiciou às assistentes sociais a oportunidade de sair um pouco da rotina, do cotidiano, bem como de parar e pensar na organização do seu trabalho, nos dilemas colocados para o exercício profissional e na política pública com a qual estão envolvidos.

Salientamos, ainda, que mediante a experiência vivenciada no Conjunto de Favelas da Maré, foi realizado um pré-teste com sete assistentes sociais, a fim de qualificar o instrumento, haja vista a necessidade de evitar e prevenir erros.

A construção da fase empírica deste estudo teve início em 2011 com a solicitação formal à Secretaria Municipal de Educação de realização da pesquisa. A SME possui um setor próprio para avaliar a procedência das pesquisas, que *a priori* precisam ser submetidas ao Comitê de Ética da Prefeitura da cidade do Rio de Janeiro, que é vinculado à Secretaria Municipal de Saúde. Após todos os trâmites burocráticos, iniciamos, em 2012, um processo de aproximação com a Gestão do NIAP, a fim de compreender melhor o funcionamento do setor e a lógica de organização do processo de trabalho das assistentes sociais. O NIAP, unidade administrativa onde estão lotadas as assistentes sociais que atuam nas escolas, desenvolvia dois projetos: o Projeto Aluno Residente e o Programa Interdisciplinar de Apoio às Escolas (PROINAPE), onde se encontram assistentes sociais, psicólogos e professores que atuam com o objetivo de "contribuir para a garantia do acesso, da permanência e do aproveitamento escolar dos estudantes das escolas municipais, assim como buscar viabilizar o acesso dos educandos e de suas famílias às demais políticas públicas" (Portaria E/SUBE/CED nº 4, de 10/12/2009).

Em 2012, data da pesquisa, as assistentes sociais atuantes no PROINAPE conformavam um universo de 92 profissionais, que atuavam distribuídas nas 10 Coordenadorias Regionais, sob orientação de um profissional que não necessariamente é bacharel em Serviço Social (pode ser psicólogo ou pedagogo).

Mediante a amplitude territorial, identificamos a possibilidade de abordar as profissionais no momento da assinatura de ponto, o que poderia facilitar a pesquisa. O questionário produzido e aplicado continha 77 questões divididas nos seguintes eixos: 1) perfil; 2) formação acadêmica; 3) local e condições de trabalho; 4) experiência profissional; 5) questões sobre o exercício profissional; 6) questões sobre as dimensões do trabalho profissional; 7) demandas profissionais; 8) questões sobre a escola; 9) questões sobre a relação com a comunidade e 10) questões sobre a relação com os profissionais da educação que atuam na escola e questões sobre a participação de assistentes sociais em espaços de organização política.

Com isso, algumas inquietações e reflexões surgiram: i) quais elementos levaram as assistentes sociais, que demandam por bibliografia e referenciais no campo do Serviço Social na educação, a não aderirem com facilidade à pesquisa? ii) Quais motivos levam as profissionais, que tiveram a possibilidade de fazê-la em casa ou no próprio horário do trabalho, a não se interessarem pela mesma? As hipóteses foram múltiplas: a falta de compreensão sobre a proposta, em que talvez a forma de apresentação da pesquisa não tenha sido a mais adequada; a histórica distância entre a universidade e os espaços sócio-ocupacionais, já apontado por Netto (1996) e, ainda, a ausência de uma cultura profissional que alimente práticas investigativas, ressaltada por Almeida (2007), que pressupõe leitura da realidade, sistematização, exposição de ideias e exposição das próprias reflexões produzidas pelas assistentes sociais.

Outro elemento que se apresentou à época foi a ausência de reflexões sistematizadas sobre o próprio exercício profissional. Conforme uma das assistentes sociais verbalizou no momento da pesquisa, ela nunca havia parado para pensar sobre aquelas questões com as quais fora interrogada.

Além desses elementos, ao analisar o processo de trabalho, evidenciou-se a existência de uma rotatividade anual nas escolas atendidas. O que significava que a cada ano ou a cada dois anos as equipes passavam a trabalhar em escolas diferentes. Foi percebido também, em função do planejamento e da organização da atuação profissional, que as assistentes sociais entram nas escolas já no meio do primeiro semestre do ano letivo. Inclusive, alguns profissionais, no período da aplicação dos questionários, tinham acabado de entrar nas escolas e responderam aos questionários com base nas práticas do ano anterior, efetivadas em uma escola distinta daquelas em que ora se encontravam.

Portanto, a ideia central foi compreender os sentidos da inserção das assistentes sociais nas escolas, sobretudo naquelas situadas nas favelas, já que a segregação urbana produz efeitos pouco auspiciosos no processo de implementação da política pública nas instituições escolares desses espaços. O desafio desse ponto foi entender quem são os sujeitos que atuam nas políticas públicas educacionais, os quais constroem cotidianamente alternativas para a consecução de um trabalho profissional de qualidade.

Nesse sentido, o esforço deste estudo partiu da necessidade de se atentar para um espaço sócio-ocupacional que se amplia, e elaborar teoricamente sobre o trabalho de assistentes sociais na educação. Problematizou-se um fenômeno ainda em movimento, que precisa e deve ser compreendido não em superficialidade, mas com o rigor teórico que demanda; em outras palavras, pensar o significado social, político e ideológico do exercício do profissional de Serviço Social nas escolas.

Além dessas ponderações, percebemos nesse estudo que o ano de 2007 foi emblemático para ampliar a requisição de assistentes sociais nas escolas. Se a LDB de 1946 foi um marco para a inserção das assistentes sociais nas escolas, em função da regulamentação do ensino obrigatório e ampliação dos serviços assistenciais ao educando, os documentos "Plano Brasil 2022" e "Compromissos todos pela educação", ao seu tempo, também favoreceram a ampliação da requisição profissional de assistentes sociais. Os documentos traziam a possibilidade de ações que implicavam em acompanhamento individualizado dos estudantes no ímpeto de ampliar os índices educacionais no Brasil.

Note-se que a prefeitura da cidade do Rio de Janeiro, até hoje, é a maior empregadora de assistentes sociais no Brasil na área da educação. A pesquisa, ao trabalhar o perfil, as ações e o trabalho de assistentes sociais nas escolas, revelou a multiplicidade de ações que estão sendo realizadas na perspectiva da ampliação da escola enquanto espaço democrático. Guardados os limites institucionais que inviabilizam imprimir mais qualidade ao trabalho — nebulosidades na organização do trabalho, ausência de supervisão técnica, rotatividade de escolas, dificuldades de compreensão das atribuições profissionais — as ações de assistentes sociais estão gradativamente ampliando o campo de trabalho na perspectiva de ressignificar o espaço da escola.

Paralelamente aos questionários, realizei também uma pesquisa documental, levantando o que havia sido produzido acerca do exercício profissional no âmbito da SME, que revelasse a organização do trabalho das assistentes sociais, suas concepções e os procedimentos utilizados no cotidiano profissional. Busquei, ainda, compreender a lógica de alocação dos profissionais nas escolas de favelas. Em princípio, tais profissionais atuavam nas chamadas "Escolas do Amanhã", unidades de ensino situadas em "locais de risco" — o que nos demandou abordar esse projeto ao longo do texto.

Ainda sobre a pesquisa documental, desenvolvi um levantamento de teses sobre o tema do Serviço Social nas escolas utilizando o banco de dados da CAPES e realizei pesquisa em periódicos científicos da área de Serviço Social.

Meu esforço neste livro é, então, o de fortalecer os avanços em torno da discussão do trabalho profissional nas escolas públicas, enfatizando a importância da educação popular no sentido de articular sua relação com o projeto ético político que a categoria profissional construiu.

CAPÍTULO I

Apontamentos sobre trabalho e educação: fundamentos para compreender a Educação Básica no Brasil

> A teoria materialista de que os homens são produto das circunstâncias e da educação e de que, portanto, homens modificados são produto de circunstâncias diferentes e de educação modificada, esquece que as circunstâncias são modificadas precisamente pelos homens e que o próprio educador precisa ser educado. [...] A coincidência da modificação das circunstâncias e da atividade humana só pode ser apreendida e racionalmente compreendida como prática transformadora (Marx; Engels, 2007, p. 537-538).

O presente capítulo consiste em compreender os fundamentos da relação trabalho e educação, assim como apontar as principais questões que atravessam a educação básica no Brasil nos anos iniciais do neoliberalismo. Com essa compreensão como horizonte, analiso o lugar da educação na sociedade capitalista e a função social da escola pública que, marcada pelas contradições produzidas na relação capital-trabalho, é o *lócus* das mais variadas expressões da questão social, base da requisição do trabalho profissional das assistentes sociais nesses espaços.

Assim, o presente capítulo debruça-se sobre os elementos centrais à compreensão da educação das classes trabalhadoras, assentado em apontamentos sobre a relação trabalho e educação na sociedade capitalista, que têm como pilares a contribuição da tradição marxista e as contradições dispostas nos distintos projetos educacionais. Os elementos são analisados a partir de um resgate da história da educação básica, pontuando os conflitos, disputas e contradições desse processo.

Trabalho e Educação na sociedade capitalista: as contribuições do pensamento marxista

A discussão sobre Educação e Serviço Social, embora não seja nova, ainda é incipiente no âmbito do Serviço Social. Mesmo após a publicação de importantes produções como Wituik (2004), Ferriz, Martins e Almeida (2020) e Santos (2012), é pertinente refletir sobre o exercício profissional das assistentes sociais no interior da escola pública referenciando-se na perspectiva de totalidade, isto é, a partir de um método de análise do concreto real em suas diferentes determinações. Assim, compreende-se a realidade enquanto totalidade, explicitando suas contradições e reconhecendo que é constituída por mediações, processos e estruturas.

Entender a educação pressupõe compreender o seu significado na sociedade em que vivemos e, para tanto, o sentido da educação na formação do ser social. Historicamente, a educação sempre esteve presente na produção social da vida, independe da formação social que prevaleceu.

Conforme Marx, em seus escritos de 1857:

> Na produção social da sua existência, os homens estabelecem relações determinadas, necessárias, independentes da sua vontade, relações de produção, que correspondem a um determinado grau de desenvolvimento das suas forças produtivas materiais. O conjunto destas relações de produção constitui a estrutura econômica da sociedade, a base concreta sobre a qual se eleva uma superestrutura jurídica e política e a qual correspondem determinadas formas de consciência social. O

> modo de produção da vida material condiciona o desenvolvimento da vida social, política e intelectual em geral. Não é a consciência dos homens que determina seu ser; é o seu ser social que, inversamente, determina a sua consciência (Marx, [1957]2007, p. 45).

O homem, ao se constituir como tal, trabalha e se educa. E, ao passo que se educa e estabelece relações sociais com outros seres, forma-se. Esse pressuposto é fundamental para compreender o sentido ontológico e histórico da relação trabalho-educação, já que, conforme aponta Demerval Saviani:

> O homem forma-se homem. Ele não nasce sabendo produzir-se como homem. Ele necessita aprender a ser homem, precisa aprender a produzir sua própria existência. Portanto, a produção do homem é, ao mesmo tempo, a formação do homem, isto é, um processo educativo. A origem da educação coincide, então, com a origem do homem mesmo (Saviani, 2007, p. 154).

Desse modo, para compreender o processo educativo, é preciso entender o processo de produção da vida. O homem se torna homem tanto do ponto de vista material quanto do subjetivo, num processo que ocorre ao longo do tempo em que se acumulam sensações, experiências, formam-se habilidades, não dadas *a priori* pela natureza, mas pelas relações sociais que estabelece ao longo da sua vida, e que se transformam em relações sociais de produção.

Isso significa que, ao se produzir socialmente, o homem, ao invés de se adaptar à natureza, molda-a a seu favor. Ele transforma a natureza e se transforma pelo trabalho, que se constitui como atividade exclusivamente humana, em que o homem prefigura aquilo que deseja transformar — o que chamamos de prévia-ideação: a dimensão teleológica própria do ser social que inicia o processo de transformação da natureza e cria um mundo humano, o mundo da cultura (Saviani, 2007).

Partindo do pressuposto de que trabalho e educação sempre estiveram presentes na construção do ser social[4], dada a necessidade da produção social da vida, cabe entender o lugar da Educação na atual formação dos sujeitos que, marcada pela divisão das classes, assumiu papéis distintos ao longo da história.

Nesse sentido, as instituições forjadas no capitalismo, mesmo aquelas não específicas para a educação, constituíram-se como espaços imprescindíveis para a reprodução das relações sociais típicas da sociabilidade burguesa. Assim, a reprodução das relações sociais é justamente a reprodução de determinado modo de vida, do cotidiano, de valores, de práticas culturais e políticas e do modo como se produzem as ideias nessa sociedade, ou seja, a reprodução de uma determinada sociabilidade.

A sociabilidade construída pelo capital e seus grilhões difunde modos de pensar e de viver que conformam a (re)produção das relações sociais. A construção de "ideologias", que positivam a contrarreforma[5] do Estado e as transformações sociais em curso, é fundamental para o fortalecimento e a consolidação de uma racionalidade própria desse período. Trata-se de uma reforma ideo-moral, que Ana Elizabeth Motta (2010) chama de "repolitização regressiva". Mas como essas relações se consolidam? Conforme Iasi:

---

4. Segundo o pensamento de Lukács e Marx, analisados pelos professores Netto e Braz (2006, p. 38), a constituição do ser social é determinada pela História num processo pelo qual, sem perder sua base natural, uma espécie da natureza constitui-se como espécie humana, num processo de humanização em que o desenvolvimento do ser social se difere do ser natural, pois aquele é capaz de realizar atividades teleologicamente orientadas; objetivar-se material e idealmente; comunicar-se e expressar-se por linguagem articulada; tratar suas atividades e a si mesmo de modo reflexivo, consciente e autoconsciente; escolher entre alternativas concretas; universalizar-se e sociabilizar-se.

5. Conforme será problematizado mais a frente neste estudo, segundo Behring (2003), ao tratarmos da reforma do Estado, usaremos o termo "contrarreforma", entendendo que, o que aconteceu no Estado Brasileiro, materializou-se como um processo de retirada de direitos.

> Costumamos compreender o problema partindo da premissa que as ideias das classes dominantes chegam até aos trabalhadores e trabalhadoras pelos meios de comunicação, assim como pelas instituições de ensino. Seja de uma ou outra maneira, esta visão implica em acreditar que a consciência se forma pela transmissão de sistemas de ideias e valores sistematizados, portanto, podendo ser trocados por outro sistema de ideias. Assim, os meios de comunicação impõem uma visão de mundo ao qual devemos contrapor com nossos meios (jornais populares, rádios comunitárias, espaços virtuais nas redes sociais, o discurso da militância, etc.) uma outra visão de mundo. Nesta aproximação a educação popular seria o espaço privilegiado para apresentar de forma sistemática uma visão crítica do mundo e da sociedade, contribuindo para que nossa classe adquirisse consciência de sua posição e papel históricos (Iasi, 2020, p. 312).

Contudo, a educação pode até cumprir um papel importante nesse processo de formação de consciência crítica, mas como Marx e Engels já expressavam em seu tempo, ao tratar da ideologia alemã:

> As ideias da classe dominante são, em cada época, as ideias dominantes, isto é, a classe que é a força material dominante da sociedade é, ao mesmo tempo, sua força espiritual dominante. A classe que tem à sua disposição os meios da produção material dispõe também dos meios da produção espiritual, de modo que a ela estão submetidos aproximadamente ao mesmo tempo os pensamentos daqueles aos quais faltam os meios da produção espiritual. As ideias dominantes não são nada mais do que a expressão ideal das relações materiais dominantes, são as relações materiais dominantes apreendidas como ideias; portanto, são a expressão das relações que fazem de uma classe a classe dominante, são as ideias de sua dominação (Marx; Engels, 1999, 72).

Assim, para mudar as ideias dominantes, faz-se necessário alterar a base material e as relações sociais produzidas, as quais são reproduzidas para manter a sociedade cindida em classes. O desafio é identificar quem são os sujeitos a realizar essa transformação. Nas elaborações marxistas e marxianas essa atribuição é designada a uma classe, aquela que, ao ter somente a sua força de trabalho para vender, como forma de garantir sua sobrevivência, pode se tornar o sujeito revolucionário, isto é: "alterar as formas de propriedade, a divisão social do trabalho, as formas de produção e reprodução da vida" (Iasi, 2020, p. 23). Essa é a tarefa que, segundo a tradição marxista, cabe à classe trabalhadora e, para tal, os processos educativos e instituições como a escola, são elementos basilares.

A partir de estudos sobre as instituições educacionais do início do século XX na Itália, Antonio Gramsci (2001) elaborou algumas análises sobre a educação. Entendeu a escola como instrumento legitimador da classe hegemônica, mas que, por outro lado, além de capturar seus aspectos ideológicos, buscava uma nova perspectiva de educação, emancipatória e marcada por uma prática independente e autônoma. Perspectiva esta que seria possível por meio da articulação das classes subalternas no sentido de construir uma "contra hegemonia", ou seja, a escola configura-se como uma instituição contraditória e em disputa.

Seus estudos desvendaram que a hegemonia que uma classe exerce sobre o conjunto da sociedade dá-se, sobretudo, pelo nível cultural e ideológico. Hegemonia aqui entendida pelo consenso e obtenção de consentimento que uma classe exerce sobre as demais, o que lhe permite, junto com os mecanismos da força, exercer o poder e a direção. A busca pela hegemonia de uma classe sobre todo o corpo social é inerente à conquista do Estado[6]; portanto, além dos mecanismos repressivos (a

6. Aqui privilegiaremos concepção de Estado ampliado de Gramsci, que compreende a relação orgânica e dialética entre sociedade política e sociedade civil, onde a última é entendida como um espaço de disputas, onde ocorre a luta de classes pelo poder ideológico.

sociedade política), torna-se preciso ir à sociedade civil e conquistá-la, segundo ele, através dos aparelhos privados de hegemonia[7].

Portanto, uma classe domina e exerce o poder quando consegue a hegemonia na sociedade civil — compreendendo hegemonia como elemento fundamental para a manutenção dos interesses da classe economicamente dominante, que é fundamental para o desenvolvimento capitalista.

Por isso, sem descartar a coerção, a hegemonia é assegurada pelo consenso, por meio de mecanismos de persuasão, que são mais eficazes, pois adentram na formação da subjetividade; quanto mais os mecanismos de persuasão são utilizados, menos se usa a coerção (Paro, 2008).

Sob essa lógica, no capitalismo, a educação e as diferentes instituições, tal como a escola, possuem a função estratégica de contribuir para a manutenção da própria ordem, e são, portanto, vinculadas ao processo de produção e reprodução da sociedade. Sociedade essa baseada na exploração do homem pelo próprio homem, para a obtenção da mais-valia[8]; na propriedade privada, produtora de mercadorias através do trabalho assalariado; e, também, na luta de classes. Sociedade reprodutora das relações sociais próprias desse sistema, o que compreende a reprodução da totalidade da vida social, ou seja, tanto a reprodução da vida material e do modo de produção, quanto a reprodução espiritual da sociedade e das formas ideológicas, por meio das quais o homem se posiciona na vida social, "perpetuando" a sociedade baseada na exploração.

---

7. Para uma maior compreensão sobre os aparelhos privados de hegemonia, Coutinho elabora a seguinte síntese a partir dos estudos de Gramsci: "[...] são organismos sociais 'privados', o que significa que a adesão aos mesmos é voluntária e não coercitiva, tornando-os assim relativamente autônomos em face do Estado em sentido estrito [no contexto, portanto, de sua configuração ampliada, isto é, sociedade política + sociedade civil, possível nas conformações sociais do tipo 'ocidental'" (Coutinho, 1994, p. 54).

8. A mais-valia é justamente o "plus", o valor a mais, a diferença entre o valor que o trabalho produz e o salário que o trabalhador recebe, base para a exploração no modo de produção capitalista. Para mais informações, ver Marx ([1875]2001).

A ordem capitalista sedimentada pela lógica mercantil fundamenta o desenvolvimento técnico-científico e sua aplicação no processo de produção de mercadorias. Concomitantemente, o Estado, no cumprimento de suas funções estratégicas, assegura as condições institucionais e a infraestrutura necessárias ao funcionamento da produção e à reprodução do sistema.

Educação e ciência tendem a ser funcionais para o modo de produção capitalista, quanto mais se incorpora a ciência e a tecnologia no trabalho, mais cresce o nível de exigência de escolarização do trabalhador. Desse modo, na ordem do capital, a educação assume a formação da força de trabalho necessária à produção; e simultaneamente estrutura-se instrumento de dominação e de produção dos consensos necessários à disseminação do projeto burguês de sociabilidade.

> Se a máquina viabilizou a materialização das funções intelectuais no processo produtivo, a via para objetivar-se a generalização das funções intelectuais na sociedade foi a escola. Com o impacto da Revolução Industrial, os principais países assumiram a tarefa de organizar sistemas nacionais de ensino, buscando generalizar a escola básica. Portanto, à Revolução Industrial correspondeu uma Revolução Educacional: aquela colocou a máquina no centro do processo produtivo; esta erigiu a escola em forma principal e dominante de educação (Saviani, 2007, p. 159).

Esses elementos, que articulam trabalho e educação, ajudam-nos a compreender como se organizou e qual lógica permeou a construção da educação pública no país. Atrelado a uma perspectiva hegemonizada pelo capitalismo, o sistema de ensino, no século XX e início do XXI, ficou cindido entre as escolas de formação geral e as escolas profissionais. Conforme Saviani aponta:

> Estas tenderam a enfatizar as qualificações gerais (intelectuais) em detrimento da qualificação específica, ao passo que os cursos profissionalizantes, diretamente ligados à produção, enfatizaram os aspectos operacionais vinculados ao exercício de tarefas específicas (intelectuais e manuais) no processo produtivo considerado em sua particularidade (Saviani, 2007, p. 159).

Nessa perspectiva, sublinhamos a lógica da divisão entre a escola para os que pensam e a escola para os que dirigem; a escola para os trabalhadores manuais e a escola para os intelectuais. Articula-se, dessa forma, a escola ao mundo da produção, o que nos dá algumas pistas para pensar mais à frente o Brasil e a lógica da construção do seu sistema de ensino, sobretudo, o ensino fundamental e médio[9].

Sob essa conformação, a escola enfrenta o desafio de possibilitar aos sujeitos a aquisição tanto dos conhecimentos necessários para o trabalho quanto dos conhecimentos para além do trabalho, como ler a vida e ler o mundo, como indicava Paulo Freire (1981).

> A educação, que poderia ser uma alavanca essencial para a mudança, tornou-se instrumento daqueles estigmas da sociedade capitalista: 'fornecer os conhecimentos e o pessoal necessário à maquinaria produtiva em expansão do sistema capitalista, mas também gerar e transmitir um quadro de valores que legitima os interesses dominantes'. Em outras palavras, tornou-se uma peça do processo de acumulação de capital e de estabelecimento de um consenso que torna possível a reprodução do injusto sistema de classes. Em lugar de instrumento da emancipação humana, agora é mecanismo de perpetuação e reprodução desse sistema (Mészáros, 2008, p. 15).

---

9. Conforme os estudos de Gramsci, a escola unitária corresponderia à fase qunevese hoje, no Brasil, é definida como educação básica, especificamente nos níveis fundamental e médio (Saviani, 2007).

Contudo, não podemos desconsiderar as possibilidades contra-hegemônicas que a escola pode proporcionar. Mesmo compreendendo a lógica política da classe dominante de consolidar sua hegemonia e o papel da educação nesse processo, considera-se factível a construção dos embriões para uma nova sociedade já no capitalismo, como diziam Marx e Engels em 1858, o que pressupõe a luta política, inclusive por dentro escola.

> Educar-se, para as classes trabalhadoras, da perspectiva gramsciana significa superar as formas de subalternidade. Tendo como pressuposto a dimensão política da cultura e seu lugar na construção e manutenção da hegemonia, uma das formas de subalternidade consiste em permanecer nos limites do cotidiano, presos ao trabalho e à reprodução da vida, ou seja, à materialidade imediata nos limites da ordem instituída ou, no dizer de Gramsci, nos limites do econômico-corporativo. Essas são as bases para o consentimento, que pode não ser consciente, visto que uma das características da subalternidade é a ausência de autonomia na medida em que, a partir da veiculação de um discurso unificado e naturalizado (principalmente pelos meios de comunicação de massa), subtrai-se do indivíduo a capacidade de articular o seu próprio pensamento de modo autônomo (Schlesener, 2016, p.193).

Coadunando com uma perspectiva de educação emancipadora, Gramsci (2001) atribui à educação uma dimensão política mais ampla. Pelas possibilidades que a organização escolar possui na sociedade, ela apresenta papel importante na criação de uma nova cultura. Para tanto, as modificações à nova cultura iniciam-se ainda nesta formação social e como tarefa dos próprios trabalhadores na luta por uma escola única para todos, pois como Marx nos ensina:

> Uma formação social nunca declina antes que se tenha desenvolvido todas as forças produtivas que ela é suficientemente ampla para conter e nunca surgem novas relações de

> produção superiores antes de as suas condições materiais de existência se terem gerado no próprio seio da velha sociedade (Marx, [1959]1982, p. 02).

Também nesse domínio, Gramsci (2001) aborda duas questões cruciais, já apontadas por Marx (1982), as quais nos ajudam a pensar nas possibilidades que podem ser forjadas ainda nesta sociedade:

> É necessário mover-se no âmbito de dois princípios: 1) o de que nenhuma sociedade se põe tarefas para cuja solução ainda não existam as condições necessárias e suficientes, ou que, pelo menos, não estejam em vias de aparecer e se desenvolver; e 2) o de que nenhuma sociedade se dissolve e pode ser substituída antes que se tenham desenvolvido todas as formas de vida implícitas em suas relações (Gramsci, 2001, v. 3, p. 36).

As análises de Gramsci (2001) apresentam elementos que refletem diretamente sobre a educação, já as elaboradas por Marx (2001) apontam para um estudo intrínseco das relações socioeconômicas e políticas que contribuem para compreender o desenvolvimento do processo histórico do capitalismo. Estes elementos estão presentes na elaboração dos programas e textos que devem orientar os trabalhadores para o processo de transformação da realidade.

Assim, é factível que Marx, mesmo nos textos que redige com Engels na forma de programas, embora não apresente explicitamente reflexões sobre "educação", desenvolva reflexões sobre a formação e o ensino em que a concepção de educação apareça articulada com o horizonte das relações socioeconômicas de sua época. Reflexões indiscutivelmente contextualizadas, mas profundamente atuais, já que sua maior preocupação foi realizar uma crítica à economia política e à sociedade capitalista para fins de sua superação. Nesse contexto, em seus escritos, embora não fosse seu objetivo, evidencia-se a crítica à educação forjada pela burguesia.

Reiterando essa questão, Nogueira afirma que:

> Em verdade, nem Marx nem Engels, pelo fato de não terem produzido um estudo mais analítico abordando especificamente a problemática da educação em seu todo, referiram-se à questão, a não ser através de ideias esparsas, espalhadas ao longo de toda a sua obra, sem a intenção de organizá-las de modo a constituir um conjunto coerente e ordenado; em resumo, uma teoria (Nogueira, 1990, p. 51).

Os textos elaborados por Marx na forma de programas dotavam os trabalhadores de estratégias e táticas no processo revolucionário. Marx e Engels deixaram em alguns de seus textos contribuições que materializam determinada concepção de Educação. Essa concepção aparece subsumida a categorias teóricas de maior peso, como forças produtivas, trabalho e Estado, entre outros, e na inter-relação dessas categorias. Nem Marx nem Engels estiveram alheios aos problemas sociais do seu tempo. Todas as suas elaborações — algumas citadas abaixo — mostram que a educação (e o ensino) é determinada pelo modo de produção da vida material, ou seja, pela forma como os homens produzem sua vida material e pelas relações sociais. Nas relações sociais de produção, as forças produtivas são fundamentais para apreender o modo como os homens vivem, pensam e transmitem as ideias e os conhecimentos que têm sobre a vida e a realidade natural e social.

Os principais textos elaborados por Marx e Engels que se referem à educação, ou melhor, à instrução e ao trabalho, foram publicados cronologicamente em três momentos distintos: 1) em 1847-1848: as obras "Os princípios do Comunismo", elaborado por Engels, e "Manifesto do Partido Comunista"; 2) em 1866-1867: as Instruções aos delegados do Conselho Geral Provisório do I Congresso da Associação Internacional dos Trabalhadores e as passagens que remetem à educação presentes em "O Capital". Como lembrou Saviani (2007), nessa época Marx estava concentrado na redação de "O Capital", motivo que o levou à decisão de não comparecer ao congresso que se reuniu no início de setembro de

1866; 3) em 1875: "Notas à margem do Programa do Partido Operário Alemão", conhecidas como "Crítica ao Programa de Gotha". Esses textos, embora redigidos em momentos históricos distintos, contribuíram para analisar a sociedade capitalista, já que o marxismo, conforme aponta Sartre, citado por Manacorda, "é a filosofia viva e insuperável de nossos tempos"[10].

Nesse sentido, não podemos falar em uma pedagogia marxiana nas formulações dos textos de Marx, mas em uma dimensão pedagógica do marxismo, que fica explícita nos seus poucos textos escritos sobre o tema.

Em "Os Princípios do Comunismo", escrito em 1847, há uma formulação que antecede à do Manifesto de 1848. Ao ser questionado sobre a possibilidade de uma revolução na perspectiva comunista, Marx expôs que o primeiro passo seria a elaboração de uma constituição democrática e a instauração de um novo poder que pudesse atacar a propriedade privada e garantir a existência do proletariado. Em suas formulações, propõe que seja "dada instrução a todas as crianças, assim que possam prescindir dos cuidados maternos, em institutos nacionais e a expensas da nação. Instrução e trabalho de fábrica (Fabrikation) vinculados" (Marx; Engels, 1948c). Em "As instruções de Marx aos delegados do I Congresso da Associação Internacional dos Trabalhadores", produzido em Genebra, sobre o desenvolvimento da educação escolar, objetivando a formação omninilateral, Marx e Engels expõem claramente sua concepção de ensino:

> Por ensino entendemos três coisas:
> PRIMEIRA: ensino intelectual;
> SEGUNDA: educação física, dada nas escolas e através de exercícios militares;

10. Manacorda (1996), ao referir-se a Sartre, reafirma a vitalidade do marxismo, e explicita que até pensadores não marxistas, coadunam com a perspectiva de que os problemas levantados pelo marxismo são problemas fundamentais da sociedade capitalista que não foram resolvidos ou superados.

> TERCEIRA: adestramento tecnológico, que transmita os fundamentos científicos gerais de todos os processos de produção e que, ao mesmo tempo, introduza a criança e o adolescente no uso prático e na capacidade de manejar os instrumentos elementares de todos os ofícios (Marx; Engels, 1962, p. 192-195 *apud* Manacorda, 2007, p. 44).

A perspectiva de Marx e Engels sobre a formação omnilateral[11] rompe com a disjunção entre uma educação para aqueles que pensam e outra para aqueles que a fazem, herdada da divisão social e técnica do trabalho no capitalismo. Marx vai atribuir significado ao trabalho na sua dimensão concreta, como criador de valores úteis, em contraposição à coisificação que o caracteriza como mercadoria, isto é, o trabalho assalariado, que cria valores de troca (Antunes, 1996).

A ruptura com a unilateralidade possibilitaria a plena realização com a totalidade do "desenvolvimento das capacidades humanas, segundo suas necessidades", justificada pela célebre frase de Marx: "De cada um, conforme sua capacidade; para cada um conforme suas necessidades" (Marx, [1875]2012, p. 11).

As reflexões de Marx no século XIX, indiscutivelmente datadas, defendem um ensino tecnológico, que se diferencia do ensino técnico. Na sua perspectiva, o ensino tecnológico seria aquele que agrega o ensino técnico dominado intelectualmente em seus fundamentos, portanto, distinto de um mero domínio instrumental. Porém, em nenhum momento, o ensino tecnológico deve substituir a formação intelectual.

11. O conceito de omnilateralidade refere-se a uma formação humana oposta à formação unilateral provocada pelo trabalho alienado, pela divisão social do trabalho, pela reificação, pelas relações burguesas estranhadas. A orientação geral de Marx e Engels, na obra "A Sagrada Família", para a produção do homem omnilateral é que: "Se o homem forma todos seus conhecimentos, suas sensações etc. do mundo sensível e da experiência dentro desse mundo, o que importa, portanto, é organizar o mundo do espírito de tal modo que o homem faça aí a experiência, e assimile aí o hábito daquilo que é humano de verdade, que se experimente a si mesmo enquanto homem" (2003, p. 149).

Além do rompimento com a lógica de separação entre trabalho manual e intelectual, a lógica emergente do modo de produção capitalista dos séculos XVIII e XIX — que aponta para a perspectiva de desenvolvimento da eficiência, da eficácia e da produtividade — surge da necessidade de adaptar o corpo humano às mudanças dessa "nova" forma de produzir.

> (...) recaem no corpo e em seu condicionamento para essa objetivação, portanto, a sistematização, a racionalização e a cientificização dos exercícios físicos; saem da esfera do cotidiano burguês da classe dominante e se enraízam para a formação histórica do "homem" forte, robusto e hábil, da classe trabalhadora, fundamental e central no processo de produção do capital. A força de trabalho nessa conjuntura sofrerá as ações necessárias à sua preparação nas fábricas e onde houver processo de valorização de valor. É nesse momento que [destaca-se] o papel da ginástica como componente dos emergentes sistemas nacionais de ensino na sociedade burguesa (Taffarel *et al.*, 1993).

Na interpretação de Manacorda (2007) o texto "Instruções aos delegados do Conselho Geral Provisório do I Congresso da Associação Internacional dos Trabalhadores", de autoria de Marx, relaciona-se diretamente com as elaborações contidas no "Manifesto do Partido Comunista", que explicita "os elementos de uma concepção socialista: a defesa da abolição da atual forma de trabalho das crianças nas fábricas e a união dos dois termos inseparáveis, ensino e trabalho produtivo" (Manacorda, 2007, p. 44).

Embora, em "O Capital", Marx não se proponha a apresentar um texto programático, ele apresenta uma perspectiva de luta, de orientação para a luta por uma sociedade liberta dos grilhões do capital. Assim, no capítulo X, ao se referir à legislação fabril inglesa, Marx enfatiza o ensino elementar como a condição obrigatória para a admissão das crianças nas fábricas[12]. A base da grande indústria que surgia era a "moderníssima ciência tecnológica", que se distinguia do artesanato e da manufatura. A estrutura emergente demandaria versatilidade do trabalhador e a necessidade de substituir a população operária.

Numa leitura prospectiva da realidade, o formulador da "filosofia da práxis"[13] aponta as potencialidades do *ensino do futuro* a partir do desenvolvimento das forças produtivas:

> Um elemento desse processo de subversão, desenvolvido espontaneamente sobre a base da grande indústria, são as escolas politécnicas e de agronomia; outro elemento são as 'écoles d'enseignement professionel', nas quais os filhos dos operários recebem algum ensino de tecnologia e de manejo prático dos diferentes instrumentos de produção. Se a legislação sobre as fábricas, que é a primeira concessão arrancada, com muito esforço, do capital, combina com o trabalho de fábrica apenas no ensino elementar, não há dúvida de que a inevitável conquista do poder político por parte da classe operária conquistará também lugar nas escolas dos operários para o ensino tecnológico teórico e prático (Marx *apud* Manacorda, 2007, p. 46).

12. "(...) seu êxito demonstrou pela primeira vez a possibilidade de vincular o ensino e a ginástica com o trabalho manual e daí também o trabalho manual com o ensino e a ginástica. Do sistema de fábrica, como se pode verificar detalhadamente nos escritos de Robert Owen, nasceu o germe do ensino do futuro que unirá para todas as crianças além de uma certa idade, o trabalho produtivo com o ensino e a ginástica, não apenas como método para aumentar a produção social, mas também como único método para produzir homens plenamente desenvolvidos" (Marx; Engels, 1962 *apud* Manacorda, 2007, p. 45).

13. O marxismo, ou melhor, a filosofia da práxis, designa a importância atribuída por Gramsci ao materialismo histórico e dialético, enquanto filosofia da ação consciente dos sujeitos. A utilização do conceito serviu, no período em que estava confinado, para driblar a censura em suas elaborações teóricas.

Nessa mesma linha analítica, as formulações de Marx presentes em "O Capital", contrariando a ideia de que a obra teria um cunho essencialmente economicista, não abandonam a sua intencionalidade de fornecer às classes populares elementos para a superação da sua condição de subalternidade, pois aponta para uma concepção de ensino que coloca essa mesma classe acima da classe dominante, produzindo então "homens plenamente desenvolvidos". Em 1875, Marx deixou mais uma reflexão sobre a Educação no programa de criação do Partido Social Democrata da Alemanha, ao apresentar altercações que conservam certo grau de contemporaneidade.

> Educação popular (ou ensino elementar) para todos? O que se quer dizer com essas palavras? Acredita-se, talvez, que na sociedade atual (e apenas dessa se trata) o ensino possa ser igual para todas as classes? Ou, então, pretende-se que as classes superiores devam ficar coativamente limitadas àquele pouco de ensino — a escola popular —, única compatível com as condições econômicas, tanto dos trabalhadores assalariados quanto dos camponeses? [...]
>
> Ensino geral obrigatório, instrução gratuita [...]. O parágrafo sobre as escolas deveria, pelo menos, pretender escolas técnicas (teóricas e práticas) em união com a escola popular [...].
>
> Proibição (geral) do trabalho das crianças [...]. Sua efetivação — se fosse possível — seria reacionária, porque, ao regulamentar severamente a duração do trabalho segundo as várias idades e ao tomar outras medidas preventivas para a proteção das crianças, o vínculo precoce entre o trabalho produtivo e o ensino é um dos mais potentes meios de transformação da sociedade atual (Marx, [1875] 2012, p. 69).

As questões acima assinaladas atravessam as muitas reflexões tecidas sobre uma pedagogia socialista e sobre a teoria marxista da educação.

> O empenho em compreender e explicar a problemática educativa a partir dessa concepção superadora do pensamento burguês moderno, eis o que se configura como uma teoria marxista da educação. Tal teoria, claramente realista, em termos ontológicos, e objetivista, em termos gnosiológicos, move-se no âmbito de dois princípios fundamentais: 1. As coisas existem independentemente do pensamento, com o corolário: é a realidade que determina as ideias e não o contrário; 2. A realidade é cognoscível, com o corolário: o ato de conhecer é criativo não enquanto produção do próprio objeto de conhecimento, mas enquanto produção das categorias que permitam a reprodução, em pensamento, do objeto que se busca conhecer (Saviani, 2007, p. 07).

Nas palavras de Saviani (2007), Bogdan Suchodolski foi quem melhor sistematizou uma teoria marxista da educação, com sua publicação em 1961. As elaborações de Suchodolski (1976) apresentam o caráter de transição da pedagogia socialista, a partir da instauração do socialismo na União Soviética e no Leste Europeu, especificamente na Polônia. Mesmo que a citação seja por deveras longa, sua relevância justifica a presença neste texto, pois na obra, Saviani (2007) elabora uma síntese sobre os "princípios filosóficos da pedagogia socialista".

> Absoluta originalidade da pedagogia socialista: "a atividade pedagógica na época do socialismo deve assumir um caráter tão novo como a própria realidade social dessa época, sem precedentes na história" (p. 219);
>
> Caráter ativo do ser humano: esse princípio deriva do materialismo dialético e histórico em sua polêmica com a teoria sensualista. Contra o sensualismo que se manifestava como uma filosofia que situava o homem como um mero espectador da realidade, refletindo "a experiência de uma classe que era a classe possuidora e não a classe trabalhadora" (p. 225), o marxismo afirmava resolutamente "a atividade sócio-histórica e material dos homens" (p. 226). Portanto, contra

a pedagogia sensualista, que "considerava o meio ambiente como a suprema instância educativa" (p. 225), a pedagogia socialista afirma que o próprio ambiente necessita ser educado. Assim, do mesmo modo que a história é obra dos homens, a educação, a fortiori, é obra dos próprios homens;

Caráter material e social da atividade humana: esse princípio deriva da polêmica de Marx com Hegel, afirmando que, na formação do homem, é a prática material o elemento determinante, e não as ideias. "Por isso mesmo, o trabalho — e não a contemplação ou as sensações — é, a juízo de Marx, o traço essencial do homem, o fator que o cria e que o torna a modelar continuamente" (p. 228). Contra a pedagogia idealista que raciocinava de modo substantivo, "buscando o que há de idêntico na diversidade", a pedagogia socialista raciocina objetivamente, "centrando sua atenção não na 'unidade dos objetos, concebida como a unidade da substância dissimulada nas diferenças', mas na própria diferença e suas causas reais" (p. 232);

Formação da consciência e transformação da vida: esse princípio decorre da crítica de Marx a Feuerbach. Por ele a pedagogia socialista se contrapõe a toda filosofia e pedagogia da consciência, seja ela de origem sensualista, idealista e também materialista do tipo feuerbachiano, afirmando a atividade dos homens como o elemento determinante do mundo humano compreendido, ao mesmo tempo, como domínio da natureza e criação das novas formas da vida social;

A prática revolucionária: esse princípio se explicita claramente na terceira tese sobre Feuerbach. Esta, após considerar que "a teoria materialista segundo a qual os homens são produto das circunstâncias e da educação esquece que são precisamente os homens que modificam as circunstâncias e que o educador necessita, por sua vez, ser educado", conclui: "a coincidência entre a mudança das circunstâncias e da atividade humana só pode ser concebida e entendida racionalmente como prática revolucionária" (MARX, 1974, p. 666). Com esse entendimento, a pedagogia socialista se distingue de todas as teorias

> positivistas e pragmáticas, entre elas, a pedagogia de Dewey. Esta acreditava na possibilidade de se instaurar uma comunidade na qual os indivíduos se comunicariam entre si com base em sua atividade criadora e no constante intercâmbio de experiências realizadas na transformação prática da realidade (p. 239). Mas estava longe de conceber essa ação transformadora como prática revolucionária (Suchodolski, 1976 *apud* Saviani, 2007).

No tempo presente, a educação tem pouca afinidade com esse conjunto de ideias da pedagogia socialista. No Brasil, o advento da escola pública, do ensino gratuito e da consolidação de uma rede de ensino é referenciado na forma como está organizada a sociedade atual. Conforme as palavras de Saviani "A base em que se assenta a estrutura do ensino fundamental é o princípio educativo do trabalho" (2007, p. 160). São referências que incluem o conhecimento da linguagem, da matemática, dos conhecimentos das ciências naturais e sociais para compreender a relações entre os homens e sua forma de viver em sociedade. Trata-se dos conteúdos de história, geografia, entre outros, que configuram o currículo da escola elementar. De pronto, o currículo não expressa uma referência imediata ao trabalho, mas busca "compreender o mundo em que se vive, inclusive para entender a própria incorporação pelo trabalho dos conhecimentos científicos no âmbito da vida e da sociedade" (Saviani, 2007. p. 160).

Conforme Fernandes (2020), considerando os elementos estruturais do sistema capitalista, a formação social Brasileira é marcada pela superexploração do trabalho, os altos índices de desigualdade e a subalternidade geopolítica e cultural. Nesse sentido, a pretensão nas linhas que se seguem é a de abordar a educação básica do país, discutindo as incidências dos elementos estruturais do sistema capitalista e das medidas governamentais na educação básica. E, ao fazê-lo, explicitar como essas determinações se fazem presentes no ensino fundamental nas décadas iniciais do século XXI.

Os contornos da educação básica no Brasil de 1990 a 2010

No item anterior apreendemos que educação e trabalho são objetivações que conformam o ser social e ganham conotações particulares na sociedade capitalista. À luz dos ensinamentos de Fernandes (2020), vislumbramos que há especificidades na forma como o Brasil se insere no sistema capitalista mundial. Distinta das burguesias clássicas, que empreenderam esforços para a construção de nações autônomas, a lógica da inserção brasileira, permeada pelos interesses da burguesia nacional, é marcada por um longo processo de colonização e pelo regime escravocrata.

Historicamente a burguesia brasileira defendeu um projeto de sociedade heteronômica[14], que se articula de forma subordinada aos países hegemônicos. E, para tanto, vinculou-se a um projeto de capitalismo dependente, em que existe uma imbricação entre o moderno e o arcaico, o novo e o velho, e que, embora consiga produzir riquezas, produz muita pobreza e desigualdade.

Os contributos analíticos de Fernandes (1975), sobre o desenvolvimento do capitalismo no Brasil a partir da integração do país na economia internacional, advertiam que essa associação não foi concebida como uma "imposição" de fora para dentro, mas articulada aos próprios interesses da burguesia brasileira em reproduzir internamente as relações de dominação ideológica e exploração econômica. No Brasil, o desenvolvimento desigual expressa, na sua acepção clássica, a desigualdade

---

14. A caracterização de sociedade heteronômica para Fernandes(1975) revela a sujeição a qual o Brasil se coloca em relação aos demais países. Cardoso em suas análises aponta que "Fernandes, desde 1959-1960, rompendo com a ideologia dominante e a partir do par conceitual autonomia/heteronomia, caracteriza a situação heteronômica: externamente, enquanto dependência econômica, social, política, ideológica e moral; e internamente, através do sistema das classes sociais, classes que apoiam aquela dependência mas que, em determinadas condições, podem opor-se a elas" (Cardoso, 1996, p.127).

entre o desenvolvimento econômico e social e entre a expansão das forças produtivas e as relações sociais. A tese do desenvolvimento desigual e combinado, elaborada por Trotsky (2007), aprofundada por Lênin (2001) e problematizada por diversos autores que se debruçaram em pesquisas sobre a formação social brasileira — como Florestan Fernandes (1975), Caio Prado Junior (2012), e Octavio Ianni (1994) — mostra o tempo desigual entre as mudanças na produção e nas formas culturais e jurídicas que refletem as alterações da vida dos sujeitos. Há, ao mesmo tempo, alterações no grau de desenvolvimento das forças produtivas do trabalho, refletida em padrões hodiernos, convivendo com padrões vanguadistas nas relações de trabalho. Um dos pilares dessas desigualdades de temporalidades históricas é o caráter antidemocrático da revolução burguesa no Brasil. As soluções políticas para as grandes decisões têm sido orientadas "de cima para baixo", reiterando a exclusão das classes subalternas de qualquer possibilidade de decisão em processos que, de fato, tenham importância para o desenvolvimento do país.

Segundo Fernandes (1975), trata-se de uma transição marcada por uma democracia restrita aos membros das classes dominantes, que universalizaram seus interesses pela mediação do Estado e de organismos privados de hegemonia. O país transitou da democracia dos oligarcas à democracia do grande capital, com clara dissociação entre desenvolvimento capitalista e democracia, o que aponta o desafio de consolidar uma "cultura pública democrática" (Iamamoto, 1998), mediante o reconhecimento e a efetivação de condições necessárias ao exercício da participação crítica de todos na vida pública. Esse processo aprofundou nossa dependência em relação ao exterior e possibilitou a manutenção de nossa herança colonial, marcada pela subordinação da produção agrícola à exportação e pela permanência das formas de propriedade que (agora redimensionadas) passam a ser incorporadas pela expansão capitalista.

Conforme as análises de Florestan Fernandes (1975), o Brasil traz a marca de um "desenvolvimento desigual e combinado". Os elementos do "arcaico" e do moderno, dialogando, produzem um padrão dual de expropriação: de um lado, a expansão monopolista no Brasil articulada com a dominação imperialista; de outro, a burguesia brasileira aliada ao Estado, que é capturado e, como instrumento de unificação da classe burguesa, impõe seus interesses, valores e ideologias ao conjunto da sociedade, tendo papel decisivo na "modernização pelo alto". Assim, opera-se uma dicotomia entre o Estado e a classe trabalhadora, ficando essa alijada dos processos de transformação política.

Desse modo, embora não possamos explicitar a existência de "dois Brasis", a característica fundamental da sociedade brasileira é a coexistência entre uma sociedade industrial que se moderniza e ascende no *ranking* da economia no mundo ocidental; e uma sociedade que mantém parcelas significativas da sua população em situação de pobreza absoluta e/ou relativa, em que as necessidades elementares estão longe de serem atendidas e, não por acaso, as massas estiveram "exclusas" do direcionamento da vida social. Ianni (1992) afirma — que o arcaico e o moderno, o desenvolvimento e o subdesenvolvimento tencionam-se todo o tempo na formação sócio-histórica brasileira, e definem o lugar do país em uma posição subalterna e dependente na divisão internacional do trabalho, onde os setores denominados "atrasados" constituem condição essencial para a modernização do núcleo integrado ao capitalismo orgânico mundial (Ianni, 1992, p. 92). Nesse sentido:

> A sociedade em movimento apresenta-se como uma vasta fábrica das desigualdades e antagonismos que constituem a questão social. A prosperidade da economia e o fortalecimento do aparelho estatal parecem em descompasso com o desenvolvimento social. As dificuldades agudas da fome, a falta de habitação digna, e as precárias condições gerais de saúde são produtos e condições dos mesmos processos estruturais que criam a ilusão de que a economia brasileira é moderna (Ianni, 1992, p. 92).

Entendendo o significado das classes para a alteração da ordem, Fernandes (2020) atribui ao tema da educação e da escola um importante papel para a transformação social. Dizia ser insuficiente educar "para um mundo em mudança", pois isto estava circunscrito à lógica reformista, de conservação da ordem, e destacava enfaticamente o fundamental: a "educação como meio de autoemancipação coletiva dos oprimidos e de conquista do poder pelos trabalhadores" (Fernandes, 2020, p. 29).

Desse modo, pensar o Brasil significa compreender melhor o lugar que a educação elementar dos trabalhadores ocupa na configuração do modo de produção capitalista.

A hipermercantilização das relações sociais, característica genuína do período em que vivemos, é cada vez mais determinante para a lógica que atribui à educação a condição de mercadoria. Essa conformação desdobra-se a partir do centro do capitalismo para os países capitalistas periféricos. No período de 1990 a 2010, por exemplo, houve uma nítida orientação dos organismos multilaterais, sobretudo do Banco Mundial à focalização da política educacional no Brasil, obedecendo à mesma tendência evidenciada na condução mais ampla das políticas sociais. A política educacional, assim como as demais políticas sociais, devido às transformações societárias ocorridas na fase monopolista do capitalismo, responde de modo específico às necessidades de valorização do capital, ao mesmo tempo em que se consolida a efetiva demanda das classes populares por acesso ao saber produzido. A partir desse conflito de interesses de classes, há uma focalização nos segmentos mais empobrecidos, privatizações diferenciadas e um processo de expansão sem qualidade na oferta de vagas tanto na educação básica quanto na educação superior[15].

---

15. Para mais informações sobre o debate da ampliação de vagas na educação básica ver Algebaile (2009) e para mais informações sobre a ampliação de vagas no ensino superior ver Lima (2007).

A compreensão das transformações societárias está intrinsecamente articulada às formas de o capitalismo se recompor (Iamamoto, 2001). Para tanto, é necessário considerar 1) a lógica financeira do regime de acumulação; 2) as mudanças na esfera da produção, com o padrão fordista-taylorista cedendo lugar à "acumulação flexível" (Harvey, 1993), produzindo modificações na organização, controle e gestão do trabalho e, sobretudo, na fragmentação da classe trabalhadora; 3) as formas de sociabilidade forjadas na "sociedade de mercado", isto é, na real subsunção da sociedade ao capital; este, ainda que seja produto da ação dos homens, ao subordinar toda a sociedade, torna-se paradoxalmente invisível (Iamamoto, 2008), e apenas conseguimos visualizar seus efeitos: rebaixamento dos afetos, da emoção, descartabilidade das mercadorias, superficialização das relações humanas, competitividade e individualismo, entre outros. E, por último, mas não menos importante, 4) as radicais mudanças nas relações Estado/sociedade civil que são orientadas pelo neoliberalismo, traduzidas nas políticas de ajustes recomendadas pelo "Consenso de Washington[16]".

As reformas implementadas na gestão de Fernando Henrique Cardoso (de 1995 a 1998 e de 1999 a 2003), conduzidas por Bresser Pereira como ministro do Ministério da Administração e Reforma do Estado (MARE), trazem no seu bojo a proposta da acumulação do capital, apartando a legitimação e o controle social da lógica democrática, substituindo-a pela lógica da concorrência de mercado — o que seria uma contrarreforma operada pela hegemonia do capital, segundo Behring (2003). Ao tratar da reforma do Estado usaremos o termo "contrarreforma", entendendo que, o que aconteceu no Estado Brasileiro, materializou um processo de retirada de direitos. A ideia de reforma tem, em tese, uma conotação positiva, mas a Reforma do Estado conduzida

16. O Consenso de Washington, fruto de um encontro ocorrido nos EUA, remete a um conjunto de regras econômicas, propostas em 1986 na forma de recomendações, visando o desenvolvimento socioeconômico dos países latino-americanos e a expansão do Neoliberalismo.

por Bresser Pereira, ao contrário, representou um profundo retrocesso nas conquistas explicitadas na Constituição de 1988, principalmente no que diz respeito à seguridade social, o que será problematizado adiante.

As autoras Behring e Boschetti entendem que:

> Reformando-se o Estado, com ênfase especial nas privatizações e na previdência social, e, acima de tudo, desprezando as conquistas de 1998 no terreno da seguridade social e outros — a carta constitucional era vista como perdulária e atrasada —, estaria aberto o caminho para o novo "projeto de modernidade". O principal documento orientador dessa projeção foi o Plano Diretor da Reforma do Estado (PDRE/MARE, 1995), amplamente afinado com as formulações de Bresser Pereira, então à frente do Ministério da Administração e da Reforma do Estado (MARE) (Behring; Boschetti, 2011, p. 148).

Além desses aspectos, destaca-se que, na época, os países do G7, hoje, G20 — grupo internacional que reúne os vinte países mais industrializados e desenvolvidos economicamente do mundo —, buscavam controlar todas as formas de produção humana. E, no Brasil, as contrarreformas iniciadas após a Constituição de 1988 atingiram e redefiniram o Estado em três áreas estratégicas: nas funções típicas de Estado (segurança nacional, emissão de moeda, corpo diplomático e fiscalização); nas políticas públicas; e no setor de serviços. Esses aspectos são determinantes para compreender as políticas sociais, redesenhadas pela refuncionalização do Estado em suas responsabilidades, nas ações que se manifestam na compressão de verbas orçamentárias e na deterioração da prestação dos serviços públicos.

Embora as análises sobre a educação brasileira revelem marcas indeléveis de uma sociedade fundada em interesses de classes e frações de classes distintas e antagônicas, as reflexões produzidas nem sempre foram feitas por essa perspectiva analítica. As reflexões reprodutivistas e economicistas apostam forte na educação como "capital humano" e produtora de supostas competências capazes de retirar os indivíduos da sua condição de pobreza e de tirar países da sua condição de "subdesenvolvimento"[17].

Ciente de que não é objeto deste estudo desenvolver o percurso histórico da "teoria do capital humano", cabe destacar que, a partir da década de 1960, quando de sua difusão, a maioria dos estudos da economia da educação[18] gira em torno dessa teoria. No início da década, a teoria foi difundida positivamente, "sendo saudada como a cabal demonstração do valor econômico da educação" (Frigotto, 1989). Em consequência, a educação começou a ser entendida como algo não meramente ornamental, mas decisivo do ponto de vista do desenvolvimento da economia; "nesse momento, a teoria do capital humano se configurou como um dos elementos constitutivos e reforçados da tendência tecnicista em educação" (Frigotto, 1981, p. 41).

Segundo Frigotto, o conceito de capital humano[19] — ou, mais extensivamente, de recursos humanos — busca traduzir o montante de investimentos que uma nação faz ou que os indivíduos fazem na expectativa de retornos adicionais futuros. Do ponto de vista macroeconômico, o investimento no "fator humano" passa a significar um dos determinantes básicos para aumentar a produtividade e elemento de superação do atraso econômico. Do ponto de vista microeconômico, constitui-se no fator explicativo das diferenças individuais de produtividade e de renda e, consequentemente, de mobilidade social (Frigotto, 1981).

---

17. Para mais informações sobre a análise da ressignificação da qualificação e da competência, ver Ramos (2002).

18. A noção de "capital humano" afirma-se na literatura econômica na década de 1950 e, posteriormente, nas décadas de 1960 e 1970, no campo educacional, a ponto de criar um campo disciplinar — economia (política) da educação. Trata-se de uma noção que os intelectuais da burguesia mundial produziram para explicar o fenômeno da desigualdade sem tratar dos fundamentos reais que produzem esta desigualdade. Para mais informações ver Frigotto (2006).

19. Para mais informações acerca da crítica tecida sobre a Teoria do Capital Humano, ver Frigotto (1989).

A compreensão decorrente desse modelo explicativo afirmava que o baixo investimento na educação era a causa das desigualdades, tanto nacionais quanto pessoais, lógica essa expressa na fórmula circular:

> A fórmula seria simples: maior o investimento social ou individual em educação significaria maior a produtividade e, consequentemente, maior crescimento econômico e desenvolvimento em termos globais e ascensão social do ponto de vista individual (Frigotto, 1981. p. 48).

Tais reflexões, desprendidas de mediações que articulam os planos estrutural e superestrutural que conformam a ordem burguesa, desconsideram as relações de poder e a conformação das classes em disputa presentes na sociedade do capital. Tratar da educação pública exige considerar que a política educacional engloba diferentes níveis e modalidades de educação e ensino: a Educação Básica[20], que é composta pela Educação Infantil, Ensino Fundamental, Ensino Médio e Educação de Jovens e Adultos; a Educação Profissional; a Educação Superior e a Educação Especial. Todas permeadas de disputas e contradições que são típicas da organização de uma sociedade capitalista.

A organização e a execução desses diferentes níveis de educação e ensino cabem ao Estado em seus três níveis de atuação: união, estados e municípios. Cada um deles tem responsabilidades e incumbências diferenciadas, mas marcam uma totalidade histórica, contraditória e em movimento que revela interesses particulares, embora apareçam como universais.

---

20. A Educação Básica é balizada pela Lei de Diretrizes e Bases da Educação Nacional (LDB), pelo Plano Nacional de Educação e pela Constituição de 1988 e é entendida como o caminho para assegurar a todos os brasileiros a formação comum indispensável para o exercício da cidadania e fornecer-lhes os meios para progredir no trabalho e em estudos posteriores.

Essa reflexão mostra a necessidade de compreender a educação não como um fenômeno isolado, a-histórico, mas como uma dimensão que é tensionada, saturada de contradições e que não se explica por si mesma, e sim de acordo com o movimento da realidade, sobretudo quando se trata de um país como Brasil — um país capitalista dependente.

Mediante essas ponderações, fica a questão: qual o lugar da educação básica em um país marcado por tantas contradições?

Quais seriam, então, os atuais contornos da educação básica no Brasil?

A educação básica na Constituição Federal de 1988

Tratar da história da política educacional brasileira, recortando esse universo para a educação básica, leva-nos a relembrar o caminho elitista e tardio percorrido pela educação no país, marcado por retrocessos e avanços lentos no processo de garantia de direitos políticos e sociais à população brasileira e nos processos de sociabilidade forjados pela sociedade política e civil. Em virtude da localização temporal desta pesquisa, que se situa, sobretudo, a partir da última década do século XX, ao estudar a educação básica, privilegiaremos as reflexões construídas após a Constituição de 1988.

Conforme aponta Frigotto (1981), um dos equívocos presentes nas análises sobre a educação brasileira é justamente tratá-la como algo em separado, suspenso e apartado dos projetos políticos em disputa, como um fim em si mesmo, desconsiderando que a sociedade é cindida em classes, em frações de classe e grupos sociais desiguais. Afirmar essa pretensa isenção significa fornecer suporte ao projeto hegemônico.

O caminho elitista é explicitado, já que os rumos da educação no Brasil sempre estiveram de acordo com os movimentos conjunturais, os quais foram, e ainda são, marcados pelos interesses das diferentes frações da burguesia. Por sua vez, a defesa de uma educação popular é considerada tardia pelo fato de a mobilização popular só ter se dado de forma mais enfática nas décadas finais do século passado, envolvendo amplos segmentos de profissionais da educação, instituições e movimentos sociais[21].

É possível identificar essas características — como a ausência de participação dos setores populares — a partir da análise das Constituições Brasileiras — 1824, 1891, 1934, 1937, 1946, 1967, 1969 e 1988 —, das quais apenas quatro foram votadas por representantes populares com delegação constituinte. Dentre essas, a Constituição de 1988, com seu caráter "híbrido e ambíguo"[22], foi a única que contou com grande participação popular, mediante a mobilização de diversos setores da sociedade. Nesse contexto, a luta pela escola pública e por uma educação universal e de qualidade ganhou importância na agenda de discussões dos movimentos sociais, sindicatos e atores políticos.

Tais lutas fortaleceram as mobilizações em prol da escola pública, já que os objetivos eram garantir sua expansão e assegurar sua qualidade para todos os trabalhadores e seus filhos. Nota-se que, para crianças de 6 a 14 anos, o acesso à educação foi, de fato, ampliado: em 1978, apenas 64% das crianças nesta faixa etária frequentavam a escola, contra 98%, em 2008. A título de ilustração, creche e pré-escola continuavam longe de serem universais: em 1995, somente 19% das crianças de até 5 anos

---

21. Aqui não se pretende subestimar os movimentos de luta pela educação, sobretudo, destaco o movimento escolanovista que se destaca na primeira metade do século XX. Protagonizadas por diferentes educadores, inclusive Anísio Teixeira, as lutas defendiam que a educação deveria garantir a formação ampla dos estudantes e que toda a sociedade fosse corresponsável pela escola.

22. O caráter híbrido e ambíguo é explicitado nas análises de Florestan Fernandes sobre a sociedade brasileira quando aborda a processualidade histórica e destaca os mecanismos ambíguos de inclusão social de seus membros. Nas análises sobre a Constituição de 1988, o caráter híbrido e ambíguo é justificado, segundo Lima (2006, p. 08), "na medida em que manteve a privatização do público e a distribuição de verba pública para o setor privado – leigo e confessional –, por meios diretos ou indiretos, e não estimulou a consolidação de um sistema público de ensino e pesquisa que criasse as bases políticas, econômicas, tecnológicas e ideo-culturais para a ruptura com o capitalismo dependente."

frequentavam instituições desse tipo, percentual que subiu para 38% em 2008 (IPEA, 2010, p. 35).

O processo constituinte que se desenvolveu nos anos de 1987 e 1988 marcou a vida política do Brasil. A década de 1980 trazia o encerramento de um ciclo ditatorial com cerceamento de direitos civis e políticos e a possibilidade de construção de um regime democrático no qual estavam em jogo interesses, projetos políticos, econômicos e sociais distintos e divergentes — inclusive no campo da educação.

O Brasil saía de um processo ditatorial empresarial militar e os setores alinhados à redemocratização buscavam reconstruir o país com base em um programa que investisse em direitos sociais e na redução das desigualdades, de modo a atenuar o panorama de miséria do país.

Dentre os atores políticos que participaram desse processo, merecem destaque o Fórum em Defesa da Escola Pública (FDESP), o Conselho Nacional de Secretários de Educação (CONSED), e a União de Dirigentes Municipais de Educação (UNDIME), os quais construíram uma proposta educacional que se contrapunha àquela implementada pelos governos anteriores. O Brasil compunha o cenário das nações com os maiores índices de desescolarização no mundo, mas contava com a efervescência dos movimentos sociais, que motivaram ampla mobilização na luta pela garantia de direitos políticos e sociais.

As principais reivindicações do FDESP, que tinha como seu principal expoente Florestan Fernandes, poderiam ser sistematizadas nos seguintes pontos: escola pública, laica, gratuita e sem discriminação econômica, religiosa ou política; livre acesso para todos. Na perspectiva do fórum, o papel do Estado, por sua vez, seria o de fiscalizador da escola pública, sendo que a União deveria aplicar pelo menos 13% dos recursos e os estados e municípios 25%. Ao Estado caberia também a tarefa de promover programas sociais para alcançar a população e garantir sua permanência na escola.

Na Constituição de 1988, a educação ganhou lugar especial, adquirindo *status* de direito para o conjunto da população, devendo ser gratuita, universal, democrática, comunitária e de qualidade, como consta do art. 6:

> São direitos sociais a educação, a saúde, o trabalho, a moradia, o lazer, a segurança, a previdência social, a proteção à maternidade e à infância, a assistência aos desamparados, na forma desta Constituição (Brasil, 1988, art. 6).

Para tanto, a educação deveria pautar-se nos seguintes princípios:

> I — igualdade de condições para o acesso e permanência na escola;
> II — liberdade de aprender, ensinar, pesquisar e divulgar o pensamento, a arte e o saber;
> III — pluralismo de ideias e de concepções pedagógicas e coexistência de instituições públicas e privadas de ensino;
> IV — gratuidade do ensino público em estabelecimentos oficiais;
> V — valorização dos profissionais do ensino, garantidos, na forma da lei, planos de carreira para o magistério público, com piso salarial profissional e ingresso exclusivamente por concurso público de provas e títulos;
> VI — gestão democrática do ensino público, na forma da lei;
> VII — garantia de padrão de qualidade (Brasil, 1988, art. 6).

No que se refere à educação, cabe ainda destacar os seguintes artigos da Constituição Federal:

> Art. 208. O dever do Estado com a educação será efetivado mediante a garantia de:
> I — ensino fundamental, obrigatório e gratuito, assegurada, inclusive, sua oferta gratuita para todos os que a ele não tiveram acesso na idade própria;
> II — progressiva universalização do ensino médio gratuito;
> III — atendimento educacional especializado aos portadores de deficiência, preferencialmente na rede regular de ensino;
> IV — atendimento em creche e pré-escola às crianças de zero a seis anos de idade;

> V — acesso aos níveis mais elevados do ensino, da pesquisa e da criação artística, segundo a capacidade de cada um;
> VI — oferta de ensino noturno regular, adequado às condições do educando;
> VII — atendimento ao educando, no ensino fundamental, através de programas suplementares de material didático-escolar, transporte, alimentação e assistência à saúde (Brasil, 1988, art. 208).

A Constituição de 1988 avançou na concepção de educação como direito de todos e dever do Estado, em especial ao colocar o ensino fundamental como obrigatório, mesmo para aqueles que não tiveram acesso a ele na idade própria, estabelecendo também, como obrigação do poder público, o ensino de jovens e adultos. No período após a promulgação da CF 88 houve expansão da rede pública de educação, embora esse direito continue enfrentando muitas dificuldades para efetivar-se plenamente em função das contrarreformas neoliberais.

Apesar dos avanços conquistados com a nova Constituição, persistiu como traço marcante da política educacional brasileira a priorização da qualificação para o trabalho, agora pautada pelas necessidades do processo de acumulação flexível. Contudo, como aponta Neves (1999), a educação possui papel econômico definido, e os investimentos na qualificação para o trabalho revelam-se ainda frágeis, pois teoria e prática apresentam-se de forma segmentada. Isso significa dizer que a formação oferecida pelo sistema escolar não trabalha conteúdos que estejam próximos da atualidade, evidenciando que a educação teria sido discutida separadamente das questões científicas e tecnológicas.

Outro dado importante é que a Constituição representou ganhos consideráveis, tanto para o setor privado quanto para o setor público, ao reconhecer e legitimar as instituições públicas não estatais. Melo (2004) destaca que o setor privado beneficiou-se com o conceito de "público não estatal", o qual permite que igrejas e empresas de ensino obtenham financiamento público e sejam liberadas das obrigações fiscais.

Conforme estudos de Lima (2005), durante a Assembleia Constituinte, Florestan Fernandes manteve sua defesa intransigente de que as verbas públicas deveriam ser destinadas, exclusivamente, às escolas e universidades públicas, criticando a destinação de verbas públicas para as escolas e universidades privadas, leigas e confessionais. Contrapunha-se ao discurso da Igreja Católica e dos empresários que defendiam o "pluralismo educacional", argumentando que não caberia ao Estado o financiamento do ensino privado, fosse leigo ou confessional.

Contudo, o setor público, por sua vez, conseguiu "ganhos", pois, além das prerrogativas legais expressas na Constituição de 1988, pôde construir um Plano Nacional de Educação (PNE) e uma Lei de Diretrizes e Bases para a Educação Nacional (LDB), que deixou um campo significativo para atuação da "mão invisível" do mercado.

Seguindo um caminho cronológico, ocorreram em 1989 as eleições diretas para a Presidência da República, em que propostas distintas de projetos de sociedade se apresentaram e disputaram o cenário político. Segundo Netto (1990), de um lado estava a "democracia de massas"; e de outro, a "democracia restrita", ambas construídas na dinâmica da relação Estado-sociedade. O projeto de "democracia de massas" previa a ampla participação social, conjugando as instituições parlamentares e os sistemas partidários a uma rede de organizações de base, propondo ainda articular a democracia representativa com a democracia direta, adotando também a concepção de Estado Democrático e de Direito como responsável por responder às expressões da questão social[23]. Já o projeto de "democracia restrita" limitava os direitos sociais e políticos a partir da concepção de Estado mínimo, cuja meta central seria o "enxugamento" do Estado, além da substituição das lutas coletivas por lutas corporativas.

---

23. A compreensão de "questão social" é resultado das contradições entre capital e trabalho no modo de produção capitalista, cujos diferentes estágios do desenvolvimento capitalista produzem diferentes manifestações da "questão social"; assim como deve ser compreendida a partir do ingresso da classe trabalhadora como sujeito político nas lutas por emancipação política e humana (Netto, 2001).

Após dois turnos eleitorais, o bloco conservador, liderado pelo Partido de Reconstrução Nacional (PRN), hoje Partido Republicano Brasileiro (PRB), favorável à "democracia restrita", venceu as eleições por fração pequena de votos, dando início ao governo liberal de Fernando Collor de Melo. Nesse contexto, Neves pontua que:

> A presença da iniciativa privada na execução da política educacional em todos os níveis de ensino restringiu o papel modernizador do sistema educacional à educação de nível superior e impôs como limite à socialização do saber o acesso à escolarização básica. Contudo, mesmo nessa ótica do capital, a erradicação do analfabetismo, a ampliação do número de creches e o acesso universalizado à educação básica se consubstanciaram em metas fundamentais de mediação política entre governo e massas (Neves, 1999, p. 105).

Os rumos da educação básica no início da década de 1990

Foi na década de 1990, com Fernando Collor de Melo (1990-1992), que se iniciou o processo denominado por Ivo Lesbaupin de "Desmonte da Nação" (1999), com a aceitação voluntária do neoliberalismo. O governo de Collor foi interrompido com seu *impeachment,* mas o ideário neoliberal foi aprofundado e consolidado ao longo dos governos de Itamar Franco (1992-1994) e Fernando Henrique Cardoso (1995-2003). Os primeiros quatro anos de gestão desse evidenciaram o processo que levou o país à submissão ao capital financeiro, à desnacionalização das indústrias, às inúmeras privatizações de empresas públicas, à retirada de direitos sociais e trabalhistas, à mercantilização do campo mediante o agronegócio, à criminalização das lutas sociais, entre outras mudanças. Há que se destacar a construção de um projeto de sociabilidade típica do capital.

Enfatizando a política educacional, em 1990, o país assumiu, pela assinatura da "Declaração Mundial sobre Educação para Todos"[24], na Conferência de Jomtien, na Tailândia, compromissos para ter acesso privilegiado aos recursos financeiros do Banco Mundial (BM). Segundo dados do Ministério da Educação e Cultura (MEC)[25], na época, o Brasil encontrava-se como um dos sete países em pior condição educacional, considerando os seguintes indicadores: baixo índice de escolarização básica na faixa de sete a quatorze anos, baixo índice de matrículas no ensino médio, alta taxa de evasão e repetência, analfabetismo, número de matrículas no ensino superior e baixa escolaridade de jovens e adultos.

A dívida do mundo com a educação básica, com a educação profissional e tecnológica era significativa: 100 milhões de crianças fora da escola e mais de 900 milhões de adultos analfabetos no mundo, como revelaram os dados estatísticos da Conferência. Os sentidos de uma "Educação para todos" com ênfase na educação básica, pressupunham a seguinte ideia: a educação deveria satisfazer as necessidades básicas de aprendizagem. Conforme analisou Torres:

---

24. A Declaração, considerada um dos documentos educacionais de abrangência mundial, foi elaborada na Conferência Mundial sobre Educação para Todos, realizada na cidade de Jomtien, na Tailândia, em 1990. A Declaração apresenta as definições e novas abordagens sobre as necessidade básicas de aprendizagem, estabelecendo compromissos mundiais para garantir a todas as pessoas os conhecimentos básicos necessários a uma vida digna, visando uma sociedade mais humana e mais justa, segundo o mesmo.

25. Para mais informações ver: Relatório Educação Para todos no Brasil: 2000-2015. Disponível em: http://portal.mec.gov.br/index.php?option=com_docman&view=download&alias=15774-ept-relatorio-06062014&Itemid=30192. Acesso em: 15 abr. 2022.

> "Educação para Todos" equivale a "educação básica para todos", entendendo-se por educação básica uma educação capaz de satisfazer as necessidades básicas de aprendizagem (NEBA) de crianças, jovens e adultos. As NEBAs, por sua vez, eram definidas como aqueles conhecimentos teóricos e práticos, destrezas, valores e atitudes que, em cada caso e em cada circunstância e momento concreto, tornam-se indispensáveis para que as pessoas possam encarar suas necessidades básicas em sete frentes:
>
> 1. a sobrevivência;
> 2. o desenvolvimento pleno de suas capacidades;
> 3. a conquista de uma vida e de um trabalho dignos;
> 4. participação plena no desenvolvimento;
> 5. melhoria da qualidade de vida;
> 6. tomada de decisões conscientes;
> 7. possibilidade de continuar aprendendo (Torres, 2001, p. 20).

Embora tenha sido importante colocar no cenário social e político a necessidade da expansão da educação básica, o que ocorreu foi um "processo do encolhimento" no conceito e na prática do ideário e das metas originais da "Educação para Todos". Esse processo de "encolhimento" expressou-se no próprio processo de implementação das propostas educacionais: muitas coisas ficaram pelo caminho, como mostra o quadro comparativo seguinte (Torres, 2001).

Quadro 1. "Educação para todos"

PROPOSTA	RESPOSTA
Educação para todos	Educação para meninos e meninas (os mais pobres dentre os pobres)
Educação básica	Educação escolar (primária)
Universalizar ações básicas de aprendizagem	Universalizar o acesso à educação primária
Necessidades básicas de aprendizagem	Necessidades mínimas de aprendizagem
Concentrar a atenção na aprendizagem	Melhorar e avaliar o rendimento escolar
Ampliar a visão da educação básica	Ampliar o tempo (número de anos) da escolaridade obrigatória
Educação básica como alicerce de aprendizagens posteriores	Educação básica como um fim em si mesma
Melhoras nas condições de aprendizagem	Melhoras nas condições internas da instituição escolar
Todos os países	Países em desenvolvimento
Responsabilidade dos países (organismos governamentais e não governamentais) e da comunidade intencional	Responsabilidade dos países

FONTE: Torres (2001, p. 29).

Nesse ínterim, o Banco Mundial — considerado o mais importante "sócio" da "Educação para todos" —, em conjunto com a UNESCO, já ensaiava a implementação do programa em solo brasileiro, o que foi encampado no decorrer do governo de Itamar Franco, em 1992. Contudo, conforme o quadro aponta, os resultados foram pouco favoráveis para as classes populares. Destaca-se que, concomitantemente, o Banco Internacional para Reconstrução e Desenvolvimento (BIRD) começava a impor, por meio da proposta de um programa de reformas estruturais neoliberais aos países que recorriam aos seus financiamentos, um pacote de reforma educativa, principalmente na educação primária.

Segundo Neves, o Plano Decenal de Educação para Todos (MEC) apresentou diretrizes que faziam parte de uma estratégia global de educação para os países subdesenvolvidos, com a finalidade de satisfazer minimamente as necessidades básicas de aprendizagem nessa nova fase de desenvolvimento (Neves, 1999).

No Brasil, o ano de 1990 foi considerado o ano da alfabetização, inaugurou-se um "Plano de Alfabetização e Cidadania", assim como foi criado o Sistema Nacional de Avaliação do Ensino Básico (SNAEB)[26] e o primeiro levantamento realizado por ele, que envolveu o Ensino Fundamental, e avaliou as 1ª, 3ª, 5ª e 7ª séries do ensino público em três áreas: Português, Matemática e Ciências.

Com Murilo Avellar Hingel no Ministério da Educação do governo Itamar Franco, foram estabelecidas discussões a fim de elaborar as ações para efetivar os compromissos assumidos na Conferência da Tailândia. As discussões envolveram audiências com entidades científicas, associações de educadores e sindicatos de trabalhadores na educação. O tema da valorização dos profissionais apareceu com muita força nas discussões, assim como a necessidade de melhoria das condições de trabalho e a jornada docente de 40 horas em apenas uma escola, sendo 20 horas com estudantes e 20 horas em outras atividades. Essas, naquela década, eram as principais reivindicações da categoria docente da rede pública.

Enquanto o Congresso Nacional refreava a implementação da Lei de Diretrizes e Bases (LDB), que vinha sendo discutida desde a Constituinte,

---

26. O Sistema Nacional de Avaliação da Educação Básica (SAEB) é coordenado pelo Instituto Nacional de Estudos e Pesquisas Educacionais (INEP) e conta com a participação e o apoio das secretarias estaduais e municipais de Educação. "Propõe-se a detectar os problemas de ensino e aprendizagem existentes, as circunstâncias (da gestão, de competências docentes, de alternativas circulares) em que são obtidos melhores resultados e as áreas em que é necessária uma intervenção dirigida para melhores condições para o mesmo" (Cf. BRASIL, 1995b, p. 15).

o MEC conduzia a execução do Programa Educação Para Todos, eximindo-se da responsabilidade de regularizar e implantar um Plano Nacional de Educação que deveria envolver todos os níveis e modalidades de educação do país (Melo, 2004, p. 211).

De fato, em 1994 foi consolidado o ideário neoliberal no campo educacional. José Paulo Netto, no artigo "FHC e a política social: um desastre para as massas trabalhadoras" (1999, p. 82), demonstra que houve "evolução negativa" nos cortes de recursos em todos os programas educacionais na era FHC; como evidenciam os dados sistematizados em seu estudo:

- No programa "Educação de crianças de 0 a 6 anos", o corte, entre 1995 e 1998, foi de 17,74%;
- No programa "Ensino fundamental", no mesmo período, o corte foi de 15,28%;
- No programa "Ensino médio", ao longo do primeiro governo FHC, o corte foi de 31,51%;
- No programa "Ensino superior", o corte, entre 1995 e 1998, chegou a 28,7% (incluindo o Programa de Graduação e Pós-graduação);
- No programa "Ensino Supletivo", o corte no primeiro governo FHC foi da ordem de 82,17% (Netto, 1999. p. 82).

Nesse período, a educação não apresentou saltos qualitativos, haja vista os parcos recursos, os programas pouco auspiciosos, e a ausência de grandes modificações nas ações em desenvolvimento. Uma das questões que o Brasil enfrentou ao assumir os compromissos firmados na Conferência da Tailândia deve-se ao fato de que o termo "para todos" sugere uma universalização da educação básica, compreendendo a educação infantil e o ensino médio, que a Conferência de Jomtien não pretendia abarcar.

O aprofundamento do descaso com a educação, oriundo da ausência da educação pública no rol de prioridades do governo de FHC, foi intensificado com o apoio do Ministério de Administração Federal e Reforma do Estado (MARE). O então ministro Bresser Pereira, ao lançar o Plano Diretor da Reforma do Aparelho do Estado (PDRAE), que se constituiu como "documento-base" para direcionar as políticas do Estado brasileiro, assegurou mudanças importantes na relação entre o Estado e a sociedade civil, que perduram até os dias atuais. "Ele se configurou como um importante instrumento difusor da nova pedagogia da hegemonia do capital" (Melo; Faleiros, 2005, p. 175), que pode ser entendida da seguinte forma:

> Uma série de formulações teóricas e de ações político-ideológicas utilizadas pela burguesia para assegurar em nível mundial e no interior de cada formação social concreta, a dominação de classe a partir da redefinição de seu projeto de sociedade e de sociabilidade para os anos iniciais do século XXI (Neves, 2007 p. 01) [...] consubstancia uma estratégia de legitimação social do capital depois que as receitas preconizadas pelo "Consenso de Washington" para a retirada do crescimento econômico e redução das desigualdades sociais da década de 1980 e dos anos iniciais de 1990 mostraram-se insuficientes para assegurar a coesão social no capitalismo neoliberal, tornando imprescindível uma redefinição das estratégias de busca pelo consenso.

Apoiando as diretrizes construídas pelo Banco Mundial, no PDRAE, consta que:

> A reforma do Estado deve ser entendida dentro do contexto da redefinição do papel do Estado, que deixa de ser o responsável direto pelo desenvolvimento econômico e social pela via da produção de bens e serviços para fortalecer-se na função de promotor e regulador desse desenvolvimento (Bresser Pereira, 1995, p. 12).

Nesse contexto, parte-se da premissa de que o Estado encontra-se sobrecarregado, burocratizado e ineficiente, não conseguindo mais atender às demandas da população, principalmente na área social, o que pressupõe a urgência de sua reforma. Nessa lógica, o Estado gerencial atua naquilo que é necessário, ao mesmo tempo em que restringe sua atuação direta na prestação de serviços compensatórios: as desigualdades sociais assumem novo papel de coordenador de iniciativas privadas por meio de parceiros, antigos e novos, no intuito de realizar a "repolitização da política" através de ações que favorecem o apassivamento dos trabalhadores organizados ou não (Fontes, 2006).

Nessa lógica, o Estado redireciona suas obrigações para a sociedade civil, que assume a responsabilidade de solucionar os problemas existentes, a partir da difusão de valores e práticas como colaboracionismo, solidariedade e voluntariado. Paulatinamente, o Estado brasileiro compartilha o discurso e as práticas da terceira via[27], que, como verificado em Antunes (2005), significa a continuidade do neoliberalismo, uma vez que permanece o compromisso de "preservar a legislação que flexibiliza e desregulamenta o mercado de trabalho" (p. 107).

A contrarreforma do Estado pauta-se, sobretudo, por orientações dos organismos internacionais que indicam o abandono de instrumentos de controle político e a restrição na alocação de recursos públicos, principalmente na área social, em que o mercado alarga seu papel em detrimento do próprio Estado. A garantia das políticas sociais públicas, desmontando a Constituição Federal de 1988, passa a ser alardeada como vinculada

27. Em um esforço de síntese, Neves (2005, p. 44) indica que: "denominado de 'terceira via', 'centro radical', 'centro-esquerda', 'nova esquerda', 'nova social-democracia', 'social-democracia modernizadora' ou 'governança progressiva', trata-se de um projeto — direcionado, principalmente, às forças sociais de centro-esquerda que chegaram ao poder nos últimos anos do século XX ou que lutam intensamente para isso — que parte das questões centrais do neoliberalismo para refiná-lo e torná-lo mais compatível com sua própria base e princípios constitutivos, valendo-se de algumas experiências concretas desenvolvidas por governos de países europeus".

às ações do mercado e/ou do terceiro setor[28], supostamente revestida de "justiça social", contrariando as árduas conquistas vindas das lutas das forças democráticas brasileiras. Esse processo buscava enfrentar a chamada burocratização do Estado e, portanto, visava diminuir seu tamanho, o que inicialmente se materializou em incentivo às privatizações de empresas públicas, implementação de políticas públicas reguladas pelo mercado e em alterações no aparato legal, a fim de regularizar e incentivar a criação de organizações não governamentais — as chamadas instituições do terceiro setor, que assumiriam as ações que não são de responsabilidade exclusiva do Estado, sobretudo ações no campo da assistência social. Muitos autores, num esforço de elaboração da crítica, chamam essa reforma de contrarreforma do Estado.

No documento do PDRAE há uma divisão do Estado brasileiro em quatro setores, reformulando toda a sua estrutura organizacional:

> Núcleo estratégico: corresponde ao governo, em sentido lato. É o setor que define as leis e as políticas públicas e cobra seu cumprimento. É, portanto, o setor em que as decisões estratégicas são tomadas. Corresponde aos Poderes Legislativo e Judiciário, ao Ministério Público e, no Poder Executivo, ao

---

28. Segundo Iamamoto, o chamado terceiro setor, na interpretação governamental, é considerado como distinto do Estado (primeiro setor) e do mercado (segundo setor). O terceiro setor é considerado um setor "não governamental", "não lucrativo" e voltado ao desenvolvimento social; daria origem a uma esfera pública não estatal constituída por organizações da sociedade civil de interesse público. No marco legal do terceiro setor no Brasil são incluídas entidades de natureza das mais variadas, que estabelecem um termo de parceria entre entidades de fins públicos de origem diversa (estatal e social) e de natureza distinta (pública e privada). Engloba, sob o mesmo título, as tradicionais instituições filantrópicas, o voluntariado e as organizações não governamentais: desde aquelas mais combativas que emergiram no campo dos movimentos sociais àquelas com filiações político-ideológicas as mais distintas, além da denominada "filantropia empresarial" (Iamamoto, 2006, p. 190).

presidente da República, aos ministros e aos seus auxiliares e assessores diretos, responsáveis pelo planejamento e formulação das políticas públicas.

Atividades exclusivas: é o setor onde são prestados serviços que só o Estado pode realizar. São serviços em que se exerce o poder extroverso do Estado — o poder de regulamentar, fiscalizar, fomentar. Como exemplos temos: a cobrança e fiscalização dos impostos, a polícia, a previdência social básica, o serviço de desemprego, a fiscalização do cumprimento de normas sanitárias, o serviço de trânsito, a compra de serviços de saúde pelo Estado, o controle do meio ambiente, o subsídio à educação básica o serviço de emissão de passaportes etc.

Serviços não exclusivos: correspondem ao setor em que o Estado atua simultaneamente com outras organizações públicas não estatais e privadas. As instituições desse setor não possuem o poder do Estado. Este, entretanto, está presente porque os serviços envolvem direitos humanos fundamentais, como os da educação e da saúde ou porque possuem "economias externas" relevantes, na medida em que produzem ganhos que não podem ser apropriados por esses serviços através do mercado. As economias produzidas imediatamente se espalham para o resto da sociedade, não podendo ser transformadas em lucros. São exemplos deste setor: as universidades, os hospitais, os centros de pesquisa e os museus.

Produção de bens e serviços para o mercado: corresponde à área de atuação das empresas. É caracterizado pelas atividades econômicas voltadas para o lucro que ainda permanece no aparelho do Estado como, por exemplo, as do setor de infraestrutura. Estão no Estado seja porque faltou capital ao setor privado para realizar o investimento, seja porque são atividades naturalmente monopolistas, nas quais o controle via mercado não é possível, tornando-se necessária, no caso de privatização, a regulamentação rígida (Plano Diretor, p. 52-53).

Nesse contexto, entende-se que o Plano Diretor está voltado para atender aos anseios dos "empresários capitalistas" que, na medida em que o Estado abre espaço para o setor privado na prestação de bens e serviços à população, inclusive na educação básica, garante seu potencial de acumulação. No caso da educação básica, mesmo considerando que apenas 10% das escolas sejam privadas, há que se considerar o crescimento das formas peculiares de privatização de serviços prestados às escolas públicas: serviços como distribuição da merenda, empréstimos e compras de computadores, serviços de climatização, equipamentos diversos, compra de serviços de sistemas apostilados de ensino, entre outros[29].

Assim, podemos afirmar que a reforma proposta não passou de um anacronismo, de um atraso do ponto de vista da classe trabalhadora, ou seja, de uma "contrarreforma" que traduz, como pesquisou Elaine Behring (2003), o real movimento da relação Estado e capital (mercado) no Brasil durante a implementação das políticas neoliberais. A autora afirma que:

> A contrarreforma do Estado brasileiro concretiza-se em alguns aspectos: perda da soberania; vulnerabilidade externa; incapacidade do Estado de impulsionar uma política econômica que tenha como perspectiva a retomada do emprego e do crescimento; parca vontade política e econômica para promover a igualdade social; desequilíbrio entre os poderes republicanos (Behring, 2003, p. 22-213).

---

29. Para mais informações sobre as formas de privatização da educação básica ver: SALVADOR et al. *Privatização e mercantilização da educação básica no Brasil.* Brasília, DF: Universidade de Brasília: Confederação Nacional dos Trabalhadores em Educação, 2017.

Dividida em quatro eixos — descentralização da gestão educacional, democratização e flexibilização do sistema nacional de educação, garantia de insumos básicos, a fim de oferecer uma educação de qualidade, desenvolvimento de um sistema de avaliação —, a LDB, redigida por Darcy Ribeiro, trazia as medidas já aprovadas nos primeiros anos de governo de Fernando Henrique Cardoso. Há de se destacar que esta foi aprovada depois de acirrados debates entres grupos que, com propostas distintas, defendiam, por um lado, a educação pública, gratuita e de qualidade — as entidades acadêmico-científicas, sindicais e estudantis integrantes do Fórum Nacional em Defesa da Escola Pública (FNDEP) —, e por outro, — os representantes do setor leigo e confessional —, a "liberdade de ensino".

Segundo Neves (1999), a nova LDB incorpora algumas reivindicações do projeto substituído, mas deixava indefinidas certas questões centrais, como a organização tecnológica e o ensino superior. A educação básica passa a abranger a educação infantil, que até então era uma fase pré-escolar, tendo como finalidade o desenvolvimento integral da criança, completando a educação da família e da comunidade, contribuindo para a construção da autonomia e identidade da criança.

Nesse contexto, em 1997, foi criado o Plano Nacional de Educação (PNE), elaborado pela Comissão Organizadora do II Congresso Nacional de Educação (II CONED). O PNE sistematiza os resultados das discussões realizadas em diferentes instâncias organizativas, desde eventos como CONED, seminários temáticos nacionais e locais, e até debates. O referido documento, entretanto, não deixou de ser fruto da crise que a educação enfrentava devido à política de desobrigação do Estado com a educação pública, gratuita e de qualidade, que cada vez mais se afasta da população para a qual é destinada, aprofundando, assim, as desigualdades sociais. Eis algumas de suas diretrizes gerais e metas:

Quadro 2. Diretrizes gerais e metas

DIRETRIZES GERAIS
• Consolidar um Sistema Nacional de Educação. • Assegurar os recursos públicos necessários à superação do atraso educacional e ao pagamento da dívida social, bem como à manutenção e ao desenvolvimento da educação escolar em todos os níveis e modalidades, em todos os sistemas de educação. • Universalizar a educação básica (nos seus vários níveis e modalidades) e democratizar o ensino superior, ampliando as redes de instituições educacionais, os recursos humanos devidamente qualificados e o número de vagas e fortalecendo o caráter público, gratuito e de qualidade da educação brasileira em todos os sistemas de educação. • Garantir a gestão democrática nos sistemas de educação e nas instituições de ensino. • Garantir a valorização dos profissionais da educação (professores, técnicos e funcionários administrativos) em sua formação básica e continuada, carreira e salário. • Garantir a educação pública, gratuita e de qualidade para as crianças, jovens e adultos com necessidades educacionais especiais, aparelhando as unidades escolares, adequando-lhes os espaços, alocando recursos humanos suficientes e devidamente qualificados em todos os sistemas públicos regulares de educação e em todos os níveis e modalidades de ensino. • Assegurar a autonomia das escolas e universidades na elaboração do projeto político-pedagógico de acordo com as características e necessidades da comunidade, com financiamento público e gestão democrática, na perspectiva da consolidação do Sistema Nacional de Educação. • Definir a erradicação do analfabetismo como política permanente — e não como conjunto de ações pontuais, esporádicas, de caráter compensatório — utilizando, para tanto, todos os recursos disponíveis do poder público, das universidades, das entidades e organizações da sociedade civil. • Garantir a organização de currículos que assegurem a identidade do povo brasileiro, o desenvolvimento da cidadania, as diversidades regionais, étnicas, culturais, articulados pelo Sistema Nacional de Educação, incluindo nos currículos temas específicos da história, da cultura, das manifestações artísticas, científicas, religiosas e de resistência da raça negra, dos povos indígenas e dos trabalhadores rurais e suas influências e contribuições para a sociedade e a educação brasileiras. • Instituir mecanismos de avaliação interna e externa, em todos os segmentos do Sistema Nacional de Educação, com a participação de todos os envolvidos no processo educacional, por meio de uma dinâmica democrática, legítima e transparente, que parta das condições básicas para o desenvolvimento do trabalho educativo até chegar a resultados socialmente significativos.

Quadro 2. Diretrizes gerais e metas (CONT.)

METAS
• Revogar imediatamente toda legislação que impeça ou fira a organização e o funcionamento democrático da educação brasileira (Lei nº 9.192/95; Lei nº 9.131/95; Lei nº 9.394/96; Emenda Constitucional 14/96; Lei nº 9.424/96 e Decreto nº 2.208/97; entre outros).
• Instituir, no prazo de um ano, o Fórum Nacional de Educação como instância deliberativa da política educacional brasileira.
• Redefinir, imediatamente, o Conselho Nacional de Educação como órgão normativo e de coordenação do Sistema Nacional de Educação, bem como sua composição e funções.
• Redefinir, imediatamente, os Conselhos Estaduais e Municipais de Educação como órgãos normativos e coordenadores das políticas educacionais, nos níveis estaduais e municipais.

FONTE: PNE (1997).

Para além do corte de recursos, as influências do ideário neoliberal nas políticas educacionais envolvem diversas implicações sobre a forma como os valores, métodos e princípios difundidos pela escola vão aos poucos se assemelhando aos das empresas capitalistas, que deveriam ser antagônicos aos difundidos pela escola. Essa foi a tônica da influência neoliberal na década de 1990. É possível construir um paralelo entre a "gestão escolar" e os "ciclos de qualidade total". Ou seja:

> O neoliberalismo formula um conceito específico de qualidade decorrente das práticas empresariais que é transferido, sem mediações, para o campo educacional. As instituições escolares devem ser pensadas e avaliadas (isto é, devem ser julgados seus resultados) como se fossem empresas produtivas. Produz-se nelas um tipo específico de mercadoria (o conhecimento, o aluno escolarizado, o currículo) e, consequentemente, suas práticas devem estar submetidas aos mesmos critérios de avaliação que se aplicam a toda empresa dinâmica, eficiente e flexível. Se os sistemas de Total Quality

> Control (TQC) têm demonstrado êxito no mundo dos negócios, deverão produzir os mesmos efeitos produtivos no campo educacional (Gentili, 1996, p. 7).

Embora a introdução da Gerência de Qualidade Total (GQT) afete inicialmente os professores e demais funcionários da escola, os estudantes são atingidos por duas vias: pela influência da comunidade escolar (professores, direção, funcionários) e pela força material das práticas escolares, que envolvem a organização do trabalho escolar, as relações interpessoais, a correlação de poder e, principalmente, a transmissão de conteúdos.

Nessa perspectiva, outras características típicas do padrão neoliberal foram implementadas nas políticas sociais, sobretudo na área educacional: a privatização, a focalização, a descentralização e o incentivo à participação no sentido de obtenção de consensos da classe trabalhadora ao projeto em curso (Netto, 1999; Boito, Jr., 1999; Laurell, 2000; Gentili, 1996; Paro, 2001; Neves, 2005).

Quanto aos processos de privatização, na educação básica não temos fenômenos de venda das escolas, como vimos acontecer nas licitações e nos leilões das empresas públicas, nem um processo de expansão de escolas privadas tão intenso como vem ocorrendo no ensino superior. Mas há que se destacar que a rede privada se amplia gradativamente, como mostra o quadro a seguir.

Quadro 3. Número de escolas no Brasil

ANO	TOTAL GERAL	REDE PÚBLICA				REDE PRIVADA
		TOTAL	FEDERAL	ESTADUAL	MUNICIPAL	
2007	53.028.928	46.643.406	185.095	21.927.300	24.531.011	6.385.522
2008	53.232.868	46.131.825	197.532	21.433.441	24.500.852	7.101.043
2009	52.580.452	45.270.710	217.738	20.737.663	24.315.309	7.309.742
2010	51.549.889	43.989.507	235.108	20.031.988	23.722.411	7.560.382
2011	50.972.619	43.053.942	257.052	19.483.910	23.312.980	7.918.677

FONTE: MEC/Inep/Deed (2011).

De fato, a educação torna-se mais uma mercadoria comercializada e objeto de acumulação. As empresas prestadoras de serviços "educacionais" expandem-se, agora com o apoio da classe dominante, ratificando essa lógica, na medida em que o Estado restringe suas responsabilidades e diminui os investimentos sociais.

Enquanto na educação superior temos expansão de instituições privadas de ensino, na educação básica a privatização ocorre, sobretudo por meio de parcerias público-privadas e contratação de organizações não governamentais, cooperativas e empresas para a realização de serviços, sob o argumento da eficiência e do enxugamento dos gastos. Essas levariam a enxugar o número de funcionários nas escolas e os gastos do Estado com direitos trabalhistas e investimento em qualificação e aperfeiçoamento profissional.

No que se refere à focalização, a política neoliberal continua voltada para a escolarização básica, considerada pela LDB como aquela constituída por três etapas: educação infantil, ensino fundamental e ensino médio, abrangendo a faixa etária de 0 a 18 anos. Há que se destacar que a "tentativa" de universalização da educação básica, sobretudo do ensino fundamental, é marcada por profunda desigualdade entre as regiões e por processos díspares na ampliação do acesso à escola pública entre campo e cidade. Como sintetiza Frigotto (2009), no prefácio feito para Algebaile (2009):

> A escola pública dos pobres e/ou dos filhos dos trabalhadores é esvaziada de sua função específica, e por isso se expande, se robustece e "cresce para menos" — uma escola da qual se exigem múltiplas funções, mas que se descura de sua função precípua de garantir o direito a uma educação básica de qualidade (Frigotto, 2009, p. 21).

Além desses elementos, percebe-se ainda na década de 1990, aumento do número de trabalhadores que terminam sua escolarização precocemente e a complementam com cursos de curta duração para fazer frente às suas necessidades imediatas. Isso os impede de efetivar, em termos de educação, um investimento de longo prazo.

Destacamos, ainda, outros elementos que emergem dos encargos com a educação e que podem ser entendidos a partir de duas vertentes apontadas por Neves (1999): a delegação das responsabilidades estatais para serem cumpridas por outros setores; e a desconcentração da execução da política educacional do Executivo central para as esferas estaduais e municipais, principalmente no que diz respeito à universalização do ensino fundamental e ao aumento de vagas no ensino médio de natureza profissionalizante.

Há nessa descentralização um movimento paradoxal. Ao mesmo tempo em que se destinam aos estados e municípios certas atribuições políticas e administrativas, mantêm-se centralizadas no governo federal ações como: 1) o desenvolvimento de sistemas nacionais de avaliação — basicamente provas de rendimento aplicadas aos estudantes (ENEM, ENADE, Prova Brasil); 2) o desenvolvimento de reformas curriculares; 3) o desenvolvimento de estratégias de formação de professores, que centralizadas nacionalmente permitem atualização dos docentes segundo o plano curricular estabelecido nas reformas, mas ao mesmo tempo inviabilizam qualquer forma de participação mais democrática na elaboração desses processos.

Neves chama a atenção, ainda, para a dualidade presente na lógica classista que é intrínseca ao capitalismo: "as escolas privadas continuam preparando seus estudantes para o ingresso no nível superior de ensino, enquanto as escolas públicas passam a preparar seus estudantes para o mercado de trabalho" (Neves, 2005, p.170).

A questão da "participação" também merece destaque nos anos iniciais do Governo Cardoso, pois como nos anos subsequentes, as diretrizes da lógica colaboracionista na relação entre o aparelho estatal e a sociedade civil já apareciam. Mas será na segunda gestão do governo de FHC que a lógica colaboracionista ganhará centralidade, já que as demandas do capital exigiam do Estado um novo formato no seu papel "educador" (Neves, 2007), demandando-o a incentivar a formação de um processo de mudança no padrão de politização das sociedades contemporâneas. As novas formas de relacionamento com a sociedade, por meio de parceria público-privada, estavam amadurecidas e sistematizadas:

> É necessário reformar o Estado: aprofundar a democratização, acelerar o processo de descentralização e desconcentração e, sobretudo, ampliar e modificar suas formas de relacionamento com a sociedade [...]. Caberá, em primeiro lugar, criar novos canais de participação e controle público, além de dinamizar os já existentes, multiplicando as experiências de gestão multilateral e desprivatizando o Estado, isto é, libertando a administração governamental dos interesses particulares que hoje a aprisionam. Caberá, em segundo lugar, dinamizar, apoiar e promover a multiplicação de espaços de negociação de conflitos, em que interesses divergentes possam ser representados e soluções negociadas possam ser buscadas em benefício do interesse público. Caberá, em terceiro lugar, definir e apoiar formas novas de parceria [...] entre o Estado e a sociedade, de modo a permitir, por um lado, que diferentes instituições da sociedade, como as empresas, os sindicatos, as

> universidades assumam a corresponsabilidade por ações de interesse público; por outro, que a comunidade organizada estabeleça suas prioridades, administre os recursos comunitários de forma honesta, transparente, racional e eficiente e desenvolva a capacidade de cuidar de si mesma (Cardoso, 1994, p. 208-209).

No campo educacional não poderíamos esperar variações: a lógica neoliberal conclama à participação, sobretudo no que tange aos rumos da escola. Embora não se assemelhe à organização política ou à mobilização própria dos movimentos sociais, condiz harmonicamente com a lógica do voluntariado e a perspectiva de solidariedade e apelo ao senso de "responsabilidade social". No ideário neoliberal, qualquer pessoa pode realizar atividades educativas, desde que tenha vontade de fazê-las; o que importa é o fortalecimento da sociedade civil a partir do envolvimento espontâneo em atividades cívicas e coletivas. Ou seja, há, conforme as análises de Neves (2007), uma perspectiva de "restringir o nível da consciência política coletiva dos organismos da classe trabalhadora, do nível ético político ao nível econômico-corporativo" Ainda segundo a autora:

> Ao incentivar a participação da classe trabalhadora organizada na "festa" da concertação social, a nova pedagogia da hegemonia estimula entre os trabalhadores organizados a efetivação das práticas voltadas para a disseminação da pequena política, propiciando contraditoriamente, a esta importante fração das classes dominadas, a disseminação da grande política da conservação (Neves, 2005, p. 2).

Não poderíamos deixar de destacar o papel das grandes instituições, como a UNESCO, que contribuiu na difusão de uma proposta de "Educação para o século XXI". Ao enfatizar uma cultura de paz e conciliação, divulga suas prospecções a partir de um documento elaborado pela Comissão Internacional sobre Educação para o Século XXI, entre

1993 e 1996, coordenado por Jacques Delors. Embora publicado no Brasil dois anos depois, em 1998, quando o então ministro da Educação, Paulo Renato de Souza, destacou sua importância para "repensar a educação brasileira", o documento foi referendado na reforma política e administrativa em curso no país. O relatório — que ficou conhecido como "Relatório Delors, intitulado Educação, um tesouro a descobrir" — tem a sistematização das tendências consideradas essenciais à formação para o enfrentamento de questões de natureza social, cultural, econômica e política. E segue as diretrizes dos documentos anteriores ao propor a participação da comunidade na tarefa de universalizar a educação básica. Reconhecendo as mudanças pelas quais a sociedade passava, propôs um novo conceito de educação, cujas bases são consideradas "mais eficazes à adaptação autônoma" dos indivíduos em um mundo em mudança: mudança na forma de produzir, na gestão e no controle da força de trabalho e nas formas de sociabilidade, entre outros. Trata-se do conceito de educação fundamentado sobre quatro pilares que sintetizam o caráter de prontidão em que devem ser formados os estudantes. São eles: aprender a conhecer, aprender a fazer, aprender a viver juntos e aprender a ser[30].

O tom do documento, na verdade, visa reafirmar a perspectiva educacional dos demais organismos internacionais. Delimita orientações precisas para as várias modalidades de ensino, com recomendações à formação docente, reitera valores moralistas e aposta no papel da educação para "garantir a sobrevivência dos valores consensuais na sociedade, inculcando um novo respeito às crenças culturais do Ocidente" (Shiroma, 2004, p. 58).

---

30. Os quatro pilares da Educação que são aprender a conhecer, aprender a fazer, aprender a viver juntos e aprender a ser podem ser conhecidos em maior profundidade no documento elaborado em 1999 por Jacques Delors, professor político. O documento é conhecido também como a proposta da UNESCO para a Educação. Para mais informações ver: https://unesdoc.unesco.org/ark:/48223/pf0000109590_por.

Assim, a educação é apresentada como instância capaz de favorecer o desenvolvimento humano mais harmonioso, mais autêntico, capaz de fazer recuar a "pobreza, as exclusões sociais e a guerra". Ou seja, há um superdimensionamento da educação e uma desconsideração do seu lugar na sociedade burguesa, como se, pela educação, pudéssemos "mudar o mundo".

No bojo dessa década, com a aprovação tanto da LDB quanto do PNE, que desconsiderou os projetos construídos coletivamente pela classe trabalhadora, fica nítido que a educação foi algo fundamental e/ou prioritário para o país. Conforme as análises de Leher:

> O octanato de Cardoso, e particularmente de Paulo Renato de Souza no MEC, foi exitoso em implementar uma determinada política educacional de corte classista "pró-sistêmico" e fortemente "pró-mercado", desobrigando, de forma relevante, a União do dever de assegurar as condições materiais da educação básica e superior (Leher, 2010, p. 373).

Se no período entre 1960 e 1980, vivemos as reformas educativas fundadas na teoria do capital humano — mantendo a ideia das classes dominantes em que a educação era vista como forma de integração, ascensão e utilidade social, ou seja: como a "galinha dos ovos de ouro" —, com os ditames neoliberais, presenciamos as regressões das relações sociais e o aprofundamento da mercantilização da educação no plano institucional. No plano pedagógico tivemos a ênfase na lógica da "sociedade do conhecimento" e na "pedagogia das competências", da empregabilidade, da qualidade total e do cidadão produtivo. Constroem-se, então, certos consensos de que "há lugar" para todos, mas sob a convicção que o direito social e coletivo se reduza ao direito individual, em que cada um deve buscar o "seu lugar" individualmente na sociedade (Frigotto, 2007).

A educação básica no período de 2003-2010: breves reflexões

A educação da década de 1990 expressou uma "subordinação ativa e consentida à lógica do mercado", conforme Frigotto e Ciavatta (2003) sintetizaram em suas análises. A década de 1990 terminou, mas os desdobramentos na política neoliberal acentuam-se até os dias atuais, repercutindo de forma significativa nas políticas educacionais.

Merece destaque que a ascensão dos governos liderados pelo Partido dos Trabalhadores PT causou certa expectativa em alguns segmentos da classe trabalhadora quanto as possíveis alterações nas políticas educacionais. De fato, mudanças ocorreram, mas não nos seus fundamentos[31]. Ao longo dos governos lulopetistas, o PT translada-se de um partido em luta contra a ordem burguesa para um partido que irá buscar conciliações, gerenciar e defender pautas sociais-liberais para ampliar o acesso ao consumo dos segmentos mais empobrecidos e, simultaneamente, manter o projeto de sociabilidade das classes dominantes.

Com a ascensão do neoliberalismo, que se desenvolveu nos países da periferia do capitalismo, dentre eles o Brasil, nas últimas três décadas, aprofunda-se a construção de uma sociabilidade, vinculada às transformações econômicas do capital, que difunde, na sociedade brasileira, novos ideais e práticas voltadas à construção de uma "nova pedagogia da hegemonia" (Neves, 2005). Isto é, "uma educação para o consenso, sobre os sentidos de democracia, cidadania, ética e participação adequados aos interesses privados do grande capital nacional e internacional" (Neves, 2005, p. 15).

Essa nova sociabilidade extrapola o universo produtivo e, parafraseando Marx no Capítulo VI (inédito) de "O capital", poderíamos defini-la como "subsunção real" da sociedade ao capital. Progressivamente,

31. Para compreensão mais aprofundada das alterações políticas e ideológicas percebidas no Partido dos Trabalhadores, ver os estudos de Mauro Iasi (2007), Singer (2012) e Mansur (2021).

a produção capitalista subordina todo o sentido da vida como algo funcional à reprodução do lucro: torna-se uma totalidade que, ao mesmo tempo em que é produção de mercadorias, é produção de relações sociais desiguais e opostas — e, portanto, das contradições de classes — e produção de determinada consciência social, que reatualiza na contemporaneidade tendências políticas e socioculturais fortalecedoras de ações corporativas, individuais, focalistas e despolitizantes[32].

A educação sempre teve função ideológica, mas nas últimas décadas criou-se uma nova estratégia em que ela é atrelada a uma perspectiva de "alívio de pobreza", sobretudo, para países periféricos como o Brasil. Isso ocorre via discurso de integração à "nova ordem global" que, além de disseminar uma lógica que ofusca a luta de classes e afirmar que a pobreza tem como causa a falta de conhecimento ou o não acesso a ele, transfere para a esfera da individualidade a busca por solução[33].

32. Os estudos de Neves (2005) mostram a sistematização feita por Giddens quanto às características do projeto de sociabilidade neoliberal: "apresenta a característica de negar o conflito de classes e até mesmo a existência dessa divisão nas sociedades ditas 'pós-tradicionais', ancorando uma sociabilidade com base na democracia formal, ou seja, na 'conciliação' de interesses de grupos 'plurais', na alternância de poder entre os partidos políticos 'renovados', na auto-organização e no envolvimento das populações com as questões ligadas às suas localidades, no trabalho voluntário e na ideologia da responsabilidade social das empresas. Permanecem intocadas, contudo, as relações de exploração, que estão longe de serem abolidas no mundo contemporâneo, sobretudo nos países capitalistas periféricos" (2003, p. 15). Logo, consideramos a terceira via como uma estrutura de pensamento e de prática política que visa adaptar a social-democracia a um mundo que se transformou fundamentalmente ao longo das duas ou três últimas décadas. É uma terceira via no sentido de que é uma tentativa de transcender tanto a social-democracia do velho estilo quanto o neoliberalismo (Giddens, 2001b, p. 36).

33. Para o liberal indiano Amartya Sen, por exemplo, a "pobreza deve ser considerada como privação de capacidades básicas, em vez de meramente baixo nível de renda, que é o critério tradicional de identificação da pobreza" (2000, p. 109). Nessa perspectiva, a pobreza não estaria mais ligada à base material, à apropriação privada das riquezas socialmente produzidas, mas a uma "disfunção do indivíduo".

Tal lógica, disseminada pelos organismos internacionais e referendada pelos Estados nacionais, passa longe de uma imposição de "fora para dentro", já que há uma burguesia nacional/local pronta, ávida pelo lucrativo campo educacional que compartilha uma concepção de educação e de escola voltada para o mercado. Nesse contexto, o Estado, nas sociedades ocidentais contemporâneas, não está mais restrito a nenhum poder absoluto; a obtenção do consenso e da coesão social torna-se imprescindível para que um projeto de sociedade configure-se como hegemônico, assumindo a direção político-cultural, na perspectiva da conservação ou da transformação do conjunto da existência social. Sendo assim, nas reflexões de Neves:

> O Estado assume cada vez mais um papel educador, na medida em que passa a propor a condução de amplos setores da população a uma reforma intelectual e moral adequada ao projeto de sociabilidade dominante e dirigente. A ampliação da democracia e o Estado educador têm relação direta. Nas sociedades em que o Estado estava restrito à aparelhagem burocrática, as regras da conservação e das mudanças eram mais facilmente impostas, enquanto no Estado democrático se torna primordial a partilha dos valores e ideias dominantes pelo conjunto da população (Neves, 2005, p. 16).

Voltando para a particularidade brasileira, a experiência do governo Luiz Inácio Lula da Silva (2003-2006 e 2007-2010), representa o exemplo indelével de tentar conciliar o inconciliável, pois se conformou na opção estratégica de buscar a conciliação entre as antagônicas classes fundamentais da sociedade capitalista — burguesia e trabalhadores — como expresso no documento-compromisso elaborado antes das eleições de 2003[34].

---

34. O documento "Carta ao povo brasileiro" elaborado por Luiz Inácio Lula da Silva antes das eleições de 2003 declarava a grandes corporações, como FIESP e FEBRABAN, que, se eleito, manteria a agenda macroeconômica em curso ao longo do seu governo, respeitando os contratos firmados.

Destaca-se que suas ações voltaram-se para a oferta de políticas sociais focalizadas e contrarreformas favorecedoras do capital estrangeiro, do empresariado nacional e, sobretudo, coadunadas com os ditames dos organismos multilaterais[35].

Com base nos estudos realizados por Neves (2005), Lima (2007) e Filgueiras e Gonçalves[36] (2007), o governo de Lula optou pela continuidade do governo anterior nos fundamentos da intervenção social, ou seja, pela subordinação da política social à política econômica, afirmando:

> O projeto de capitalismo dependente, mediante a não universalização e a baixa qualidade da educação básica e a concepção da formação profissional na perspectiva estrita de adaptação aos objetivos do mercado (Frigotto, 2007, p. 1129).

---

35. Ao fazermos referência aos organismos multilaterais, destacam-se a Conferência de Bretton Woods (EUA), realizada em 1944, em que foram instituídos o Banco Mundial e o Fundo Monetário Internacional (FMI), com o objetivo de reconstruir e recuperar os mercados dos países afetados pela guerra em curso à época. O Banco Mundial, desde sua criação, atende aos interesses dos EUA, seguindo as premissas fundamentais estabelecidas pelo capital, "centradas no tripé livre mercado, sem discriminação em relação aos EUA; clima favorável para investimentos dos EUA no exterior; e livre acesso às matérias-primas" (Leher, 1998, p. 103). Sob a lógica da contenção do comunismo, o Banco Mundial construiu uma linha de ações e programas de "alívio da pobreza", em que "os projetos de educação e de saúde tornaram-se seu alvo, sobretudo, para que a hegemonia do capitalismo se mantivesse inalterada, especialmente nos países periféricos". Para mais informações, ver os estudos de Kátia Lima (2002) e Ângela Siqueira (2001).

36. O estudo realizado por Filgueiras e Gonçalves (2007) caracteriza a política econômica do governo Lula como uma fiel executora do "modelo liberal periférico", em linha de continuidade com o segundo mandato de Fernando Henrique Cardoso (1999-2002), do qual herda, mantém e aprofunda o ajuste fiscal permanente, as metas de inflação e o câmbio flutuante. Segundo os autores, "o governo Lula reafirmou a política econômica herdada do governo anterior e, apoiado no melhor desempenho conjuntural do setor externo, deu novo fôlego ao modelo, legitimando-o politicamente e soldando mais fortemente os interesses das diversas frações de classes participantes do bloco de poder dominante" (p. 112).

Embora a educação venha aparecendo no bojo das prioridades governamentais, os dados mostram que têm sido deixadas marcas profundas desse descenso[37], já que aproximadamente 45% do orçamento geral da União (R$ 635 bilhões) foram investidos em amortizações, em juros e refinanciamento da dívida pública.

As modificações constitutivas da "tríade" — alterações na esfera produtiva (regime de acumulação flexível), contrarreforma do Estado e difusão do projeto burguês de sociedade em tempos de neoliberalismo — trazem no seu bojo um novo arranjo das relações entre Estado, capital e trabalho no que tange aos novos padrões de regulação, editados pelos organismos multilaterais e compartilhados pelos "empresários" do ensino que compõem a burguesia nacional e internacional.

> Do ponto de vista da educação, os novos padrões de regulação apontam duas direções que se integram: a crescente privatização mediante a concepção de educação como função pública não estatal e a fragmentação das ações através de programas fragmentados em substituição à formulação de políticas públicas, o que justifica e ao mesmo tempo cria os mecanismos para o repasse de recursos públicos para instituições privadas, em particular para as comunitárias e para as organizações não governamentais (Kuenzer, 2007, p. 21).

---

37. Segundo dados do Sistema Integrado de Administração Financeira do Governo Federal (SIAFI), aproximadamente 45% do orçamento geral da União (R$ 635 bilhões) foram investidos em amortizações, em juros e refinanciamento da dívida pública, ou seja, não faltam recursos, mas decisão política em priorizar a educação pública. Enquanto essa priorização não acontece, acirra-se consideravelmente a crise em que a educação se encontra. Para mais informações, ver: *Jornal ADUFF*, ano XIII, outubro-novembro/2001.

No ensino fundamental, buscando garantir a permanência da criança na escola, criou-se em 2003, o Programa Bolsa Família, que teve como condicionalidade a permanência da criança na escola. O programa registrou 85% de frequência, mas com indicadores questionáveis, já que não considerava a particularidade das escolas, da comunidade escolar e do território[38].

O governo Lula, por exemplo, valeu-se da retórica da "inclusão social", utilizando o programa Bolsa Família, pilar do programa Fome Zero. Mais uma vez temos o exemplo de uma política emergencial e focalizada nos pobres. Mesmo considerando as alterações na vida das 13 milhões de famílias que no período receberam o benefício, não há como não ressaltar o caráter compensatório defendido pelo Banco Mundial — e compartilhado pelos governos brasileiros — que se assemelha a experiências implantadas no México, na Argentina e no Chile, onde tais políticas sociais criaram um novo modelo de clientelismo político associado ao controle dos cadastros e à cooptação dos movimentos sociais.

Segundo a crítica da economia política, a distribuição da renda e da riqueza de uma economia nacional está atrelada ao modo de produzir, à forma pela qual os produtos são criados pelo trabalho coletivo dos trabalhadores. Assim, produção e distribuição, como consumo e circulação, formam partes indissociáveis de uma totalidade histórica. Isto é, a luta pelo fim do pauperismo e das desigualdades sociais não se resume somente às esferas da distribuição e da circulação, sendo ineficaz caso não contemple mudanças radicais na esfera da produção e, portanto, na propriedade privada dos meios de produção.

Com o Programa Bolsa Família (PBF) cria-se uma expectativa na população de significativa diminuição das desigualdades sociais no país. Contudo, a vinculação do PBF à educação pública tem como pano de

---

38. O programa Bolsa Família atendeu aproximadamente 14,6 milhões de famílias segundo o Ministério da Economia e terminou em outubro de 2021, sendo revogado através de uma medida provisória que o substituiu pelo programa Auxilio Brasil.

fundo dar respostas aos organismos multilaterais que impõem a execução de programas de combate à pobreza em troca de recursos. A partir de 1990 o debate sobre a "pobreza" passou a ser peça chave nos relatórios do Banco Mundial, já que as políticas de "combate à pobreza" estariam vinculadas a uma determinada leitura de mundo, uma visão neoliberal que incumbe o mercado como o principal organizador da sociedade. Dissemina-se, então, a ideologia do autoemprego, do empreendedorismo, dos negócios próprios, da sustentabilidade. Como se existissem oportunidades para todos e onde grassa a ideia de que os indivíduos, agindo atomizados e exclusivamente por iniciativa própria, devem "dar conta" das suas questões e mazelas; buscando o Estado apenas quando não conseguem avançar isoladamente (Ugá, 2002). Ou seja, difunde-se a ideia de que aquele que recorre ao Estado é o incompetente que não consegue crescer em um universo de possibilidades.

Sabe-se que as escolas públicas têm como público-alvo crianças e adolescentes de famílias oriundas de parcelas da classe trabalhadora que, nos últimos anos, têm apresentado menores êxitos nos processos de avaliação. A educação passa, então, a constituir-se como caminho para o "fim da pobreza" com o Programa Bolsa Escola[39] e, posteriormente, com o Programa Bolsa Família.

Para o ensino profissionalizante, prevaleceu a lógica de preparar a força de trabalho para o mercado da forma mais imediata possível. Embora o setor empresarial apresente propostas como a ampliação do ensino básico, os pressupostos nos quais se sustentam são extremamente polêmicos; por exemplo, afirmam a necessidade generalizada, pelo setor produtivo, do trabalhador polivalente e participativo, desconhecendo a

---

39. O Programa Nacional de Bolsa Escola (PNBE) foi implantado em março de 2001. Seu objetivo foi garantir que as crianças de 7 a 14 anos permanecessem na escola, mediante a concessão de bolsas que complementassem o orçamento mensal de famílias pobres. O critério para a seleção dessas famílias é de que tenham renda de até 90 reais per capita (à época). Em 2003 foi substituído pelo Programa Bolsa Família.

enorme diferenciação na organização do trabalho, mesmo nas empresas de produção flexível. Quanto às escolas, a ideia central é transformá-las em instrumento de preparação da força de trabalho.

Analisando a formação profissional brasileira em sentido estrito, Neves afirma que

> Além de destinar-se ao treinamento da mão de obra necessária à execução de tarefas simples nos vários setores produtivos, ou seja, aquelas tarefas que não demandam domínio de fundamentos científico-tecnológicos para a sua execução, ela se responsabiliza pela formação de um exército industrial de reserva, que vem sustentando, historicamente, as políticas governamentais de arrocho salarial (Neves, 1997, p. 26).

Ainda segundo a autora, a formação profissional deve ser:

> O ramo do sistema educacional destinado à atualização técnico-política e cultural permanente da força de trabalho escolarizada, após o seu engajamento no mundo da produção (Neves, 1997, p. 25).

Segundo o Relatório Mundial do Programa das Nações Unidas para o Desenvolvimento (PNUD) de 2004, o Brasil ostentava enormes discrepâncias econômicas, apresentando a pior distribuição de renda no mundo, em que os 20% mais ricos ganham até 32 vezes mais que os 20% mais pobres. Entretanto, os dados dos anos posteriores revelaram certa melhora nos índices de crescimento, embora os índices de desigualdade social permanecessem significativos. Entre 2001 e 2008, a renda dos 10% mais pobres cresceu seis vezes mais rapidamente que a dos 10% mais ricos. A renda dos ricos cresceu 11,2%; a dos pobres, 72%. No entanto, há 25 anos, de acordo com dados do Instituto de Pesquisa Econômica Aplicada (IPEA), esse índice não muda: metade da renda total do Brasil está nas mãos dos 10% mais ricos do país. E os 50% mais pobres dividem entre si apenas 10% da riqueza nacional.

A desigualdade social manifesta-se de forma perversa também no sistema educacional, caracterizado por baixos índices educacionais. Dos 135 milhões de brasileiros, 16% são analfabetos e 53% não terminaram o ensino fundamental (IPEA, 2008). É, portanto, um país com um sistema educativo elitista, em que o direito à educação em todos os níveis ainda é um alvo distante.

Nesse sentido, em uma sociedade regida pela lógica mercantil, em que o capital subordina todas as forças sociais existentes com o intuito de convertê-las em elementos propulsores de mercadorias, a transmissão de conhecimentos e ideias que possam operacionalizar as perspectivas do capital emerge como desdobramento necessário, o que não poderia ser diferente em uma sociedade capitalista[40].

Assim como Gramsci (2001), Marx (2003) aposta na emancipação humana, na possibilidade de construção do "homem novo". Embora não exista uma concepção teórica sistematizada sobre educação no modo de produção capitalista nos escritos de Marx, suas concepções sobre os princípios de uma educação pública socialista são encontradas de forma fragmentada ao longo de seus trabalhos.

Marx (2003) afirma a possibilidade de superação dessa ordem produtora de desigualdades e determinante de uma superestrutura da qual a educação faz parte a partir da análise que realiza da sociedade burguesa e das contradições do capitalismo e da alienação que produz. Logo, a educação que tenha por horizonte a emancipação humana só seria possível em uma etapa histórica que tivesse passado pela superação desse modo de produção. Embora o autor nunca tenha devotado à educação o

40. Essa questão já era apontada por Marx e Engels quando, em 1848, escreveram o "Manifesto do Partido Comunista": "E vossa educação não é também determinada pela sociedade, pelas condições sociais em que educais vossos filhos, pela intervenção direta ou indireta da sociedade, do meio de vossas escolas etc.? Os comunistas não inventaram essa intromissão da sociedade na educação, apenas mudam seu caráter e arrancam a educação da influência da classe dominante" (Marx; Engels, 1961, p. 34).

papel de promotora da transformação da sociedade, suas contribuições essenciais para a educação estão direcionadas à compreensão da totalidade social da qual a educação faz parte, sendo determinada e determinando, sendo influenciada e influenciando a "estrutura econômica".

Embora as escolas possam contribuir também para a construção de uma nova hegemonia, como será problematizado mais à frente, o que existe hoje é uma educação de massas, uma certificação em larga escala, ou seja, uma educação que ajuda a conformar os trabalhadores para um fazer, um sentir e um agir que mantenham as relações sociais vigentes. Há um triplo ataque do capital: a diminuição da intervenção do Estado nas políticas sociais educacionais; o incentivo à responsabilização individual pelo sucesso e pelo fracasso escolar; e o incentivo ao empresariamento da educação. A todo tempo presenciamos o incentivo de organizações como a UNESCO mostrando que "a escola transforma a vida das pessoas", desde que associada a indivíduos que façam a sua parte na educação, se quiser um sistema educacional de qualidade. Ou seja, a sociedade civil deve assumir a responsabilidade da "mobilidade social" via instituições filantrópicas, ONGs, igrejas, universidades, setores empresariais, sindicatos ou através da participação voluntária[41]. Ou seja, a chamada "sociedade civil", segundo os preceitos liberais, suas diversas instituições — dentre elas ONGs, empresas, associações de diversa natureza — são o principal sujeito do processo de implementação das políticas sociais.

No marco da financeirização do capital, a abordagem da pobreza direciona a atenção à responsabilidade privada dos trabalhadores, com a diminuição da atenção do Estado nas políticas e necessidades sociais, transferida para o mercado e a filantropia. Assim, o dever moral se sobrepõe à esfera pública, com o rompimento da universalidade dos

---

41. Um exemplo mundial no esvaziamento da função educativa da escola chama-se "Cidades Educadoras", resposta desenvolvida em diversos países, inclusive no Brasil, onde a fundamentação política baseia-se nas ações do terceiro setor como alternativa tanto para o mercado quanto para o Estado, como novo padrão de regulação social (Hidalgo, 2008, p. 130).

direitos e da possibilidade de reivindicação deles, com a descontinuidade das políticas e dos serviços sociais e com o retorno ao assistencialismo (Iamamoto, 2007).

Grifamos também a associação dos programas de renda mínima às políticas educacionais, justificando inclusive a inserção de outros profissionais na escola, como as assistentes sociais, na primeira década do século XXI. O debate sobre as políticas de renda mínima ocupa lugar importante na agenda política de vários países desde as décadas de 1980 e 1990, com as mudanças operadas na chamada "sociedade salarial" e a crise do capitalismo contemporâneo. Nos países centrais, esse debate se fez em torno de redefinições sobre o Estado do Bem-Estar Social e suas políticas universalizantes, considerando a precarização das relações de trabalho e o aumento do desemprego. No Brasil, os programas de renda mínima surgiram, num primeiro momento, na década de 1990 — em estreita vinculação com os programas educacionais voltados aos estratos mais pobres da população. Segundo Fonseca (2006), essas políticas apresentam três elementos importantes:

1. O foco em famílias pobres e extremamente pobres com crianças e adolescentes;
2. O princípio das contrapartidas ou condicionalidades restabelecidas;
3. O não pertencimento ao campo dos direitos sociais, o que significa apenas estratégias de enfrentamento da pobreza.

Essas modalidades assemelham-se às ocorrências brasileiras, sobretudo às experiências cariocas em que o acesso à assistência social está condicionado à realização de certas normas de conduta (sexual, familiar, educativa etc.), como é o caso do "controle" realizado pelo Programa Bolsa Família, já analisado anteriormente.

Entretanto, o debate sobre a articulação entre políticas de combate à fome, educação de qualidade e condições efetivas de empregos é realizado, ainda, de forma pouco eficaz. O Plano de Desenvolvimento da Educação (PDE), decretado em 24 de abril de 2007, propôs-se a enfrentar a questão da qualidade do ensino das escolas de educação básica do país. Seu lançamento ocorreu simultaneamente à promulgação do Decreto 6.094, que dispõe sobre o Plano de Metas Compromisso Todos pela Educação, que, segundo Saviani (2007), é o carro-chefe do plano — um "grande guarda-chuva" que abriga praticamente todos os programas em desenvolvimento pelo MEC.

O documento Compromisso Todos pela Educação (2006) trouxe um plano de metas que envolveu União, estados, Distrito Federal e municípios, em regime de colaboração, além de famílias e comunidades, com o intuito de promover a melhoria da qualidade da educação básica a partir da adesão dos municípios às 28 diretrizes que compõem o plano. Essas diretrizes pautaram-se em resultados de avaliação de qualidade e de rendimento dos estudantes. Nota-se que, até então, o projeto "Educação para Todos" apontava para a perspectiva de ampliar e expandir a educação básica. O documento "Todos pela educação" enfatiza a qualidade do ensino, o que "justifica" a necessidade de contar com a "colaboração" não só da sociedade política, mas, sobretudo, da sociedade civil.

Apresentado pelo governo em 2006 como uma iniciativa da sociedade civil, o documento chama "toda" a população a se comprometer com a educação, ou seja: ONGs, Fundações Privadas e Associações sem Fins Lucrativos no Brasil (FASFIL), empresas, tendo como marco, no seu lançamento, uma gama variada de representantes da burguesia brasileira[42]. Muitos empresários, ao mesmo tempo em que exortam a ampliação do PIB para a educação básica, estão ávidos para afastar do poder público a execução do ensino superior e receber deduções

42. Ao lançamento do documento compareceram representantes de entidades como Grupo Pão de Açúcar, Grupo Gerdau, Fundação Roberto Marinho e Fundação Bradesco, entre outros, o que faz este documento ser conhecido como o "Compromisso dos Empresários".

fiscais, já que há uma grande diferença em propor "10 por cento do PIB para a educação" e "10 por cento do PIB para a educação pública"[43].

Conforme o site do INEP aponta:

> Compreende como Investimento Público Total em Educação os valores despendidos nas seguintes Naturezas de Despesas: Pessoal Ativo e seus Encargos Sociais, Ajuda Financeira aos Estudantes (bolsas de estudos e financiamento estudantil), Despesas com Pesquisa e Desenvolvimento, Transferências ao Setor Privado, outras Despesas Correntes e de Capital, e a estimativa para o complemento da aposentadoria futura do pessoal que está na ativa (Essa estimativa foi calculada em 20% dos gastos com o Pessoal Ativo).

Ou seja, firma-se a presença do Estado financiando essa modalidade de ensino, a educação básica, mas com possibilidades de ser mais um campo aberto a serviço do capital privado. No lançamento do documento "Compromisso Todos pela Educação" foram definidas cinco metas:

---

43. Há que se destacar que esta polêmica foi o divisor de águas para que, no início do governo Lula, as instituições que compunham o Fórum Nacional em Defesa da Escola Pública (FNDEP) se separassem. O debate sobre o Programa Universidade para Todos (PROUNI), por exemplo, foi um ponto de divergência, já que feria um dos princípios do fórum: "verbas públicas para as escolas públicas". Como lembra Leher, sindicatos dirigidos pelas correntes da base governista, em especial do PT e do PC do B, como a Confederação Nacional dos Trabalhadores em Estabelecimentos de Ensino (CONTAE), parte da Federação dos Sindicatos dos Trabalhadores das Universidades Públicas Brasileiras (FASUBRA) e a direção Majoritária da UNE atuaram no sentido de desconstituir o FNDEP, na plenária do Fórum realizado no Fórum Social Mundial em 2005" (Leher, 2010, p. 378).

1. Todas as crianças e jovens de 4 a 17 anos deverão estar na escola;
2. Toda criança de 8 anos deverá saber ler e escrever;
3. Todo aluno deverá aprender o que é apropriado para sua série;
4. Todos os estudantes deverão concluir o Ensino Fundamental e o Médio;
5. O investimento necessário na educação básica deverá estar garantido e bem gerido.

Percebe-se que em nenhum momento é reiterada a responsabilidade do Estado quanto à destinação do recurso público e à sua execução. No documento são explicitadas algumas questões:

1. A ênfase em alfabetizar as crianças no tempo previsto pelas legislações. Há que se destacar que o Brasil encontra-se na 84ª posição em relação ao Índice de Desenvolvimento Humano[44] (IDH), o que pressupunha a necessidade de elevar seu índice de escolarização, conforme ocorrido recentemente. Buscava-se passar o período escolar para 13 anos, no sentido de aumentar a expectativa educacional; esse é um indicador que compõe o IDH, que na verdade afere o grau de pobreza de uma nação, determinando o quanto de recursos pode-se receber dos organismos multilaterais, um índice que não revela qualidade, mas números.

2. A valorização do magistério; no item XII consta "instituir programa próprio ou em regime de colaboração para formação inicial e continuada de profissionais da educação";

---

44. Índice de Desenvolvimento Humano (IDH) é uma medida comparativa utilizada para classificar os países pelo seu grau de "desenvolvimento humano", composto a partir de dados como: 1) a expectativa de vida (reflete as condições de saúde e dos serviços de saneamento ambiental); 2) a expectativa de escolaridade (quantidade de anos que o aluno fica matriculado na escola); 3) Renda média (RNB), renda nacional bruta *per capita* (baseada no poder de compra da população). Segundo o relatório de 2011, o Brasil ocupa a 84ª posição entre 187 países avaliados pelo índice. Ressalta-se que o IDH do Brasil em 2011 foi de 0,718, na escala que vai de 0 a 1, ou seja, uma posição muito ruim.

3. A preocupação *sine qua non* quanto aos índices de avaliação. No caso do Brasil, o Índice de Desenvolvimento da Educação Básica (IDEB) é considerado a "nota" do ensino básico no país, em uma escala que vai de 0 a 10. O MEC fixou a média 6 como objetivo a ser alcançado até 2021 — período estipulado tendo como base a simbologia do bicentenário da Independência em 2022, marco do documento mencionado. O IDEB corresponde ao que nos países centrais chama-se PISA[45];
4. O compromisso com a garantia de acesso e permanência do aluno na escola. Nota-se que o documento fala em "acompanhar cada aluno da rede individualmente, mediante registro da sua frequência e do seu desempenho em avaliações, que devem ser realizadas periodicamente";
5. Ênfase nas ações que coadunem com a perspectiva da gestão democrática e participativa, envolvendo atores "extraquadro" da escola (associação de moradores, pais, empresários) para acompanhar a evolução dos índices do IDEB.

---

45. Segundo dados no Instituto Nacional de Estudos e Pesquisas Educacionais Anísio Teixeira (INEP), o *Programme for International Student Assessment* (PISA) (Programa Internacional de Avaliação de Estudantes) — é um programa internacional de avaliação comparada aplicado a estudantes da 7ª série (8° ano do ensino fundamental) em diante, na faixa dos 15 anos, idade em que se pressupõe o término da escolaridade básica obrigatória na maioria dos países. Atualmente é desenvolvido e coordenado internacionalmente pela Organização para Cooperação e Desenvolvimento Econômico (OCDE); em cada país participante há uma coordenação nacional. No Brasil, o PISA é coordenado pelo INEP. Seu objetivo é "produzir indicadores que contribuam para a discussão da qualidade da educação ministrada nos países participantes, de modo a subsidiar políticas de melhoria da educação básica". A avaliação procura verificar até que ponto as escolas de cada país estão preparando seus jovens para exercer o papel de cidadãos na sociedade contemporânea". Para mais informações, ver: **http://portal.inep.gov.br/pisa-programa-internacional-de-avaliacao-de-estudantes**. Acesso em: 21 mar. 2012.

Mas o que está por trás desse documento? O PDE, nas suas particularidades, agrega 29 ações do MEC; a educação básica é contemplada com 17 delas, sendo 12 em caráter global e cinco específicas aos níveis de ensino. Na sistematização e análise de Saviani (2007), as ações vinculadas à educação básica são: o FUNDEB[46], o Plano de Metas do PDE-IDEB, duas ações dirigidas à questão docente (piso do magistério e formação), complementadas pelos programas de apoio ao transporte escolar, Luz para Todos, Saúde nas Escolas, Guias de Tecnologia, Censo pela Internet, Mais Educação, Coleção Educadores e Inclusão Digital[47].

É necessário destacar que as ações abarcadas pelo PDE incidem sobre questões já trazidas no PNE que, no caso, se constituem como estratégias para cumprir "teoricamente" os objetivos e as metas previstos, destituídos do diagnóstico, das diretrizes, objetivos e metas do PNE (Saviani, 2007). Destaca-se ainda que os pilares que sustentam o PDE encontram-se na dimensão técnica e financeira, que é atribuída ao nível federal, de acordo com a LDB e a Constituição de 1988. Entretanto, desde 2007, quando se instituiu o FUNDEB, não houve ampliação dos recursos financeiros, já que ele não contempla ações que se voltem às condições de trabalho dos docentes e à carreira profissional.

As críticas tecidas ao PDE voltam-se, sobretudo, às questões tratadas antes, e outras se agregam a elas:

---

46. O Fundo de Manutenção e Desenvolvimento da Educação Básica e de Valorização dos Profissionais da Educação (FUNDEB) foi aprovado em dezembro de 2006; substituiu o Fundo de Manutenção e Desenvolvimento do Ensino Fundamental e de Valorização do Magistério (FUNDEF). O FUNDEB amplia o raio de ação em relação ao anterior, estendendo-se para toda a Educação Básica. Com isso, a participação de estados e municípios na composição do fundo foi elevada de 15% para 20% do montante de 25% da arrecadação de impostos obrigatoriamente destinados, por determinação constitucional, para a manutenção e desenvolvimento do ensino, assegurando-se a complementação da União.

47. Para o aprofundamento de cada ação, ver Saviani (2007).

1. A fragmentação e a dispersão das ações e projetos que perdem o foco — que deveria ser a qualidade das ações, já que nas escolas se presentifica uma gama variada de projetos;
2. A multiplicidade de ações desenvolvidas nas escolas, onde sequer houve aumento do quadro de professores e de funcionários, muito menos ampliação salarial[48];
3. A falta de clareza nos mecanismos de monitoramento e avaliação das ações, já que existe a possibilidade de as administrações municipais manipularem os dados de modo a garantir o recebimento dos recursos, apresentando estatísticas que mascarem o desempenho efetivo, em detrimento, portanto, da melhoria da qualidade;
4. O ofuscamento dos interesses dos empresários em apoiar o PDE, já que, no atual estágio do capitalismo, a educação é um espaço novo de valorização do capital excedente de outros setores. Em função disso, são implementadas ações que aceleram a privatização de setores como a educação, sobretudo a educação superior, que aparece como terreno fértil de valorização e produção de mais valia;
5. Os ajustes realizados pelo governo nos processos de avaliação, sob a lógica empresarial da "pedagogia de resultados" e da "qualidade total", em que a escola tem como cliente as empresas e a sociedade e os estudantes aparecem como os produtos que os estabelecimentos de ensino produzem para seus "clientes";
6. Para concluir, embora ainda existam outros elementos, destaca-se a não ampliação do financiamento para a educação nos moldes que seriam adequados[49]. Note-se que, segundo o PNE, o governo teria

48. Nas escolas públicas situadas no Conjunto da Maré, em 2012 existiam aproximadamente 15 projetos sendo desenvolvidos em cada escola, sem aumento do corpo docente. Na Secretaria Municipal de Educação (SME) existiam aproximadamente 83 projetos sociais sendo desenvolvidos nas escolas da rede.

49. Ver: Campanha Nacional do PIB, já citada.

que aumentar o financiamento público para a educação pública, como um todo, até 10% do Produto Interno Bruto (PIB). Segundo dados da campanha "10% do PIB para a educação pública já", em 2010 o PIB do Estado brasileiro foi de R$ 3,67 trilhões. Foram investidos apenas 2,89% na Educação e 23% para o pagamento da dívida pública. Assim, afirma-se a necessidade de ampliação do investimento público para a educação pública, conforme ponderações já contidas no documento "Plano Nacional de Educação — Proposta da Sociedade Brasileira". O argumento governamental de que não existe verba disponível para ampliação dos recursos ofusca a não priorização do gasto público para a educação pública, já que a gestão do Partido dos Trabalhadores aumentou significativamente a destinação de recursos públicos para a educação privada. Segundo dados do INEP de 2008, das 2.016 instituições privadas existentes no Brasil, 1.519 são consideradas sem fins lucrativos e, segundo a Constituição de 1988, não deveriam receber verbas públicas.

Em consonância a essas reflexões destaca-se também o documento "Plano Brasil 2022", que já fornecia indícios dos caminhos que a educação pública percorreria no Brasil. A proposta deste documento foi elaborada, em 2009, pela Secretaria de Assuntos Estratégicos (SAE), por solicitação do presidente Lula da Silva, face à necessidade de preparar um plano (ainda nos marcos dos anos de 2010) para que o Brasil, em 2022, apresentasse "as aspirações do povo para a sociedade brasileira no ano de comemoração do bicentenário de nossa Independência" e se coadunasse com as duas principais atribuições da SAE: I — o planejamento nacional de longo prazo; II — a discussão das opções estratégicas do país. Contudo, não se imaginaria que o país estivesse hoje nas mãos de grupos negacionistas que ignoram a ciência, a pesquisa e atribuem um "não-lugar" à educação pública.

Uma análise cuidadosa desse documento mostra que sua origem remonta à necessidade de planejamento das ações do Estado. Ou seja, avançar nos objetivos firmados e não alcançados na Conferência de

Jomtien, nas Metas do Milênio[50] e nos diversos documentos pactuados e não cumpridos. Assim, os compromissos não atingidos projetam-se nesse novo plano sob o escopo de ações estratégicas que possam levar o Brasil à qualidade de potência, cuja elaboração se justifica a partir de cinco motivos:

> - a necessidade de prever a alocação estratégica de recursos para remover os gargalos do sistema produtivo e para estimular a melhor organização territorial da economia e da sociedade brasileiras;
> - a necessidade de alocar recursos, crescentes e estáveis, para um plano de desenvolvimento científico e tecnológico nas áreas de ponta, base da evolução autônoma da economia em uma sociedade internacional muito competitiva e restritiva;
> - a necessidade de alocar recursos para programas que visem à criação de um mercado de massas, com a integração dos enormes contingentes populacionais, hoje excluídos, em uma economia altamente produtiva, sustentável e justa;
> - a necessidade de definir metas estratégicas a serem atingidas, a exemplo dos Objetivos do Milênio, e que, ao serem definidas, permitam avaliar a trajetória do Brasil rumo ao estágio de economia desenvolvida;
> - finalmente, a necessidade de definir objetivos de crescimento no contexto de um plano de longo prazo, o que é, em si mesma, indutora dos investimentos privados, internos e externos, e contribui fortemente para determinar sua localização geográfica e seu volume (Brasil, 2010, p. 6).

50. As "8 Metas do Milênio" foram construídas em 2000 e aprovadas por 191 países da ONU em conferência realizada em Nova York, em que vários países, incluindo o Brasil, se comprometeram a cumprir, até 2015, 8 objetivos, dentre eles "educação básica e de qualidade para todos".

Nesse documento, os temas tratados diversificam-se nas seguintes áreas: violência urbana, defesa da agricultura, cultura, comércio, política externa, redução da concentração fundiária, preocupações ambientais, zoneamento ecológico do país, reforma do sistema carcerário, desoneração da folha de salários sem perda de direitos do trabalhador e erradicação do preconceito racial. Os temas são traduzidos em aproximadamente 150 metas, em que são priorizadas a diversificação e a ampliação substancial da produção nacional, sob uma previsão de crescimento anual entre 6% e 7% do PIB, para fazer do Brasil uma potência em duas décadas.

Como era de se esperar, no que tange às políticas educacionais, destacam-se as propostas vinculadas ao combate ao analfabetismo, via Plano Nacional de Alfabetização de Jovens, Adultos e Idosos. Especificamente no campo educacional estão as seguintes metas, a serem problematizadas:

- Erradicar o analfabetismo;
- Universalizar o atendimento escolar de 4 a 17 anos;
- Atingir as metas de qualidade na educação de países desenvolvidos;
- Interiorizar a rede federal de educação para todas as microrregiões;
- Atingir a marca de 10 milhões de universitários (Brasil, 2010, p. 79).

O que este documento traz de inovação, ao ser comparado aos demais, é o caráter regional. No caso, as questões políticas, econômicas e sociais são trazidas por região: o Brasil, a América do Sul e o mundo; afirmando forte apoio à África do Sul, país com que o Brasil busca relacionar-se de forma mais intensa, dada sua recém-inserção no grupo do BRICS, já que compartilham uma situação econômica com índices de desenvolvimento e situações econômicas parecidas.

Na verdade, trata-se de pensar estrategicamente o Brasil, assim como os demais países que, a partir de 2007, começaram a ter uma inserção diferente na Organização para a Cooperação e Desenvolvimento Econômico ou Económico (OCDE), na qualidade de países em desenvolvimento

— notadamente Indonésia e África do Sul. Países que se desenvolveram no campo produtivo, com uma massa significativa de força de trabalho a ser explorada, mas que ainda precisam constituir-se em massa de trabalhadores consumidores para que os mercados se expandam pagando poucos impostos e se aproveitando de países com legislações trabalhistas frágeis, já que os países considerados centrais, desenvolvidos, ricos, encontram-se em crise.

Assim, embora os índices educacionais tenham se alterado, a lógica em que a educação pública está envolta permanece a mesma dos anos iniciais da década de 1990: uma educação capaz de contribuir para o crescimento econômico e para o aumento da capacidade de consumo. Portanto, para o crescimento da competitividade e, sobretudo, para a formação de uma sociedade harmônica, consensual, que ofusque contradições e conflitos.

Nesse sentido, tratar das possibilidades da atuação profissional demanda-nos situá-la no âmbito das alterações que ocorrem na dinâmica entre as esferas da produção e da reprodução social, mostrando de que forma fenômenos como o desemprego estrutural, a contrarreforma do Estado e a hegemonia de uma elaboração cultural pautada na lógica da produção de mercadorias e de formação de consensos incidem sobre as políticas públicas e, consequentemente, sobre as escolas.

Para aqueles que apostam na transformação social, compreende-se que a escola, nas últimas décadas, tem assumido papel significativo na vida das classes trabalhadoras, sendo, como instituição, cada vez mais desafiada a articular o conhecimento com a realidade social. As escolas para os filhos da classe trabalhadora, sobretudo aquelas situadas nos bairros da periferia e das favelas, são marcadas pelas determinações típicas de um país elitista com raízes colonial e escravocrata. Nesses territórios, a escola é uma instituição marcada pelo racismo, pela inserção tardia das mulheres negras, pelas barreiras sociais, territoriais, de cor, de religião, de origem nacional e orientação sexual. Determinações essas que conferem diferenças em relação às escolas públicas situadas nas áreas de maior poder aquisitivo. Para tanto, no capítulo posterior teceremos algumas considerações sobre as experiências de escolas para a classe trabalhadora.

CAPÍTULO II

As escolas "da" e "para" a classe trabalhadora

Este capítulo tem como proposta compreender as particularidades das escolas públicas e, em especial as situadas em favelas, entendendo que nesses territórios vivem e resistem uma grande parcela da classe trabalhadora mais pauperizada. Partimos do pressuposto que a atual formação social, para além de produzir mercadorias e relações sociais que reproduzem e sustentam esse modo de produção da vida, constrói necessariamente espaços e territórios desiguais, como os espaços populares, periferias e favelas.

Esse pressuposto apoia-se na lógica de que o capitalismo não se desenvolve sem realizar alterações nos territórios[51]. Assim, esse tem recorrido à reorganização geográfica como solução para suas crises e impasses. Segundo Harvey (2004) o capitalismo constrói uma geografia marcada pela desigualdade que facilita a acumulação do capital, o que significa produzir territórios desiguais, proletarizados, destituídos de bens e serviços de qualidade, onde reside uma parcela importante da população destituída dos meios de produção da vida por vender sua força de trabalho; e outros territórios ocupados por aqueles que, na

51. "O Território é compreendido a partir do materialismo histórico, como o que i) privilegia sua dimensão material, sobretudo no sentido econômico, ii) está historicamente situada e iii) define-se a partir das relações sociais nas quais se encontra inserido, ou seja, tem um sentido claramente relacional" (Haesbaert, 2007, p. 45).

lógica tradicional da conformação das classes, são ocupados por quem compra força de trabalho, ávidos por produção de mais valor/mais valia.

Harvey (2004) trabalha com uma compreensão da dimensão espacial da geografia histórica de acumulação do capital, dimensão esta que, segundo o autor, promove o desenvolvimento de espaços geográficos desiguais, próprios da globalização do capital. Harvey (2006, p. 65) trabalha com a ideia de que o "capitalismo cria espaços novos para a acumulação". As cidades relacionam-se de forma subalternizada nos países periféricos diante da lógica mundial globalizada que envolve processos mais amplos de ações violentas nos territórios por parte do Estado, ampliação de grupos civis armados, criminalização das pessoas pobres e ampliação da pobreza.

Estudos mostram que, entre o final do século XVIII e a primeira metade do século XIX, quando os processos de industrialização e de definição jurídica da propriedade privada se combinavam, os trabalhadores sem-propriedade da terra, isto é, os trabalhadores que não possuíam os meios de vida e que contavam somente com a venda da força de trabalho para sobreviver, iniciavam sua migração, em grande número, para cidades e, nelas permaneciam, reproduzindo, por gerações, sua condição de despossuídos (Menegat, 2006). É nesse sentido que podemos afirmar que a maioria dos trabalhadores que vivem nas cidades constitui-se como segmento populacional de não-proprietários, que possui exclusivamente sua força de trabalho disponível para sobreviver, constituindo, assim, a classe que vive da venda da sua força de trabalho. Esses elementos contribuem para pensar o que são as favelas hoje, ou melhor, como se configuram esses espaços urbanos onde habitam e sociabilizam-se os trabalhadores pobres, muitos dos quais sequer conseguem vender sua força de trabalho.

Marcadas pela heterogeneidade (da sua territorialidade, das suas formações geográficas), multiplicidade (de manifestações culturais, religiosas, artísticas, econômicas e das distintas formas de vida) e, sobretudo, pela subalternidade em relação aos demais espaços da cidade, as favelas, além de explicitar o local possível de moradia de uma parcela da classe trabalhadora, conformam-se como espaço que o mercado se apropria como lócus rentável para atividades de produção de mais valia, e de ampliação do comércio e do setor de serviços.

Conforme Harvey (2004), o capitalismo está sempre motivado pelo ímpeto de acelerar os processos de acumulação e, com isto, altera os horizontes do desenvolvimento socioespacial. Podemos dizer que os espaços proletarizados são necessários e fundamentais ao desenvolvimento do capitalismo.

Numa perspectiva complementar, os estudos de Valadares (2005) mostram que o solo e as moradias estão entre os primeiros bens que propiciam o desenvolvimento dos negócios nas favelas. A ampliação dos setores de serviços nesses espaços cresceu vertiginosamente. Desenvolveu-se um enorme mercado de comercio-serviços, a fim de responder às necessidades da população: drogarias, salão de beleza, bares, empresas de telefonia, serviços médicos privados, entre outros. As negociações imobiliárias nas favelas, principalmente naquelas situadas na zona sul da cidade do Rio de Janeiro, por exemplo, ocorreram como um mercado ávido pelo lucro.

Para, além disso, no final do século XIX e início do século XX, as favelas afirmaram-se no espaço urbano brasileiro como "*lócus*" do crime (Valladares, 2000). Assim, foi atribuída aos moradores de favelas uma identidade "marginal", criminosa, aparecendo nos planejamentos urbanísticos como lugares proletarizados, precarizados, com políticas públicas de qualidade questionável — o que, por exemplo, inclui a política de Educação.

Davis (2006) mostra o crescimento das favelas no mundo — sejam elas denominadas "slums", "barrios", "gecekondus", "desakotas" ou mesmo favelas. Este é um fenômeno transnacional, que marca a precarização da moradia urbana. Temos aqui um termo polissêmico. O autor mostra que, em 2001, há mais de 20 anos, já existiam no mundo 921 milhões de moradores de favelas e, em 2005, mais de 1 bilhão de trabalhadores viviam em favelas, dados esses que tendem a crescer (Davis, 2006, p. 34). Segundo o IBGE (2010), no Brasil, dos 190.072.903 habitantes, 11.425.644 pessoas residem em 6.329 favelas espalhadas no país.

Elizete Menegat (2006) compreende os processos de urbanização do Brasil e da América Latina como partes indissociáveis da história da urbanização do mundo ocidental. Mostra que a gênese e o desenvolvimento do modo de urbanização do Ocidente constituem-se como um todo estruturado entre centro e periferia[52], o que nos ajuda a entender o processo de constituição das favelas como um fenômeno constitutivo e necessário ao desenvolvimento capitalista, já que esse demanda a produção de espaços e tempos desiguais.

Segundo Menegat (2006), a partir dos anos 1970, instauram-se novas formas de sociabilidade articulada com a proposta do neoliberalismo, a flexibilização da produção industrial, o aprofundamento das tecnologias de informação e comunicação, as mudanças na composição das famílias e o declínio irreversível do catolicismo e de valores morais e éticos. Esses elementos provocaram mudanças proeminentes na estrutura do espaço social do Ocidente moderno como um todo: ao crescimento demográfico correspondeu a aceleração da tendência de urbanização da sociedade. Para a autora, tais mudanças, produziram um processo de deslocamento das fronteiras tradicionalmente existentes entre o urbano e o rural e entre o público e o privado. Nas reflexões de Menegat:

> A partir dos anos de 1970 e até os dias de hoje, vivemos o aprofundamento continuado das desigualdades socioespaciais, isto é, do crescimento dos sem-propriedade em territórios

52. A autora nos seus estudos historiciza a expansão urbana no Brasil e na América Latina considerando este fenômeno como parte indissociável da totalidade da experiência urbana do mundo ocidental. Mostra que na época em que descobriu o continente americano, a Europa ocidental experimentava um processo interno de reordenamento socioespacial. Desta forma, os recursos naturais e as terras encontradas na América foram fundamentais para este processo. Com isto, considera a gênese e o desenvolvimento do modo de urbanização do Ocidente como um todo estruturado entre centro e periferia onde o processo de colonização do Brasil e da América Latina constituem-se como partes indissociáveis da história da urbanização do mundo ocidental. Para mais informações ver Menegat (2006).

clandestinamente ocupados da cidade, da consolidação de descontinuidades na malha urbana tradicional e da produção de um novo tecido nas periferias (Menegat, 2006, p. 18).

Davis (2006) associa ainda a expansão das moradias precarizadas, na década de 1980, com os Planos de Ajustes Estruturais (PAE) formulados pelos organismos multilaterais que impuseram condicionalidades importantes para os empréstimos de recursos financeiros. Com o PAE temos o aumento da pobreza, desindustrialização, retração na abertura de postos de trabalho, diminuição de investimentos em serviços sociais básicos. Usando as próprias palavras de Mike Davis:

> Os anos de 1980, em que o FMI e o Banco Mundial usaram a alavancagem da dívida para reestruturar a economia de maior parte do terceiro mundo, foi a época em que as favelas transformaram-se no futuro implacável não somente dos migrantes rurais pobres como também de milhões de habitantes urbanos tradicionais (Davis, 2006 p. 156).

Assim, tanto o Plano de Ajuste Estrutural como os Programas de Estabilização Macroeconômica impostos pelo FMI e pelo Banco Mundial aos países em desenvolvimento influenciaram de forma incisiva no processo de empobrecimento da classe trabalhadora. Como moeda de troca para negociação da dívida, esses programas, a princípio voltados à "reconstrução da economia" e à estabilidade cambial (conforme acordo de Breton Woods[53]) contribuíram para desestabi-

---

53. O acordo de Bretton Woods – nome de uma cidade do estado de New Hampshire, nos EUA, foi um acordo firmado entre nações aliadas aos EUA onde foram criadas formas de se estabelecer as bases do funcionamento capitalista no pós-guerra. A partir de Bretton Woods o dólar foi estabelecido como moeda forte do sistema financeiro internacional, sendo a moeda de troca internacional, e o governo dos EUA como garantidor de sua conversão em ouro. Foi criado também o Fundo Monetário Internacional (FMI) e o Banco Mundial, com o objetivo formal de financiar a reconstrução das economias destruídas pela guerra e garantir a estabilidade monetária.

lizar moedas nacionais e economias dos países em desenvolvimento (Chossudovsky, 1999).

Considerando as particularidades de cada país, o que temos hoje é a conformação de territórios marcados pela proletarização da classe trabalhadora de parcelas que ali vivem, ou seja, uma segregação socioespacial intensa, onde o modo desigual de apropriação dos recursos urbanos impõe, para a maioria dos trabalhadores, formas não dignas de sobrevivência na cidade.

Assim, pensar as escolas nas e das favelas pressupõe compreender as favelas e estas como parte da cidade e entender as cidades em sua totalidade: na sua multiplicidade de espaços e na conformação desses espaços desiguais e necessários para a perpetuação da forma de se produzir a vida na lógica do capital. Assim, compartilhando da análise do Observatório de Favelas[54], considera-se que as favelas não podem ser caracterizadas a partir do que elas não possuem, pelas marcas do discurso da ausência ou a partir de conceitos que as estigmatizam.

O Observatório de Favelas, em seminário intitulado "O que é favela, afinal", realizado em 2009, uniu esforços para construir um conjunto de reflexões que pudessem contribuir no entendimento do conceito sobre as favelas. De acordo com essa formulação, entender as favelas requer considerar os seguintes indicadores:

- Insuficiência histórica de investimentos do Estado e do mercado formal, principalmente imobiliário, financeiro e de serviços;
- Forte estigmatização sócio-espacial, especialmente inferida por moradores de outras áreas da cidade;
- Apropriação social do território com uso predominante para fins de moradia;

54. O Observatório de Favelas é uma organização da sociedade civil de interesse público (OSCIP), com sede na Maré, no Rio de Janeiro e tem como missão a elaboração de conceitos e práticas que contribuam na formulação e avaliação de políticas públicas voltadas para a superação das desigualdades sociais.

- Ocupação marcada pela alta densidade de habitações;
- Indicadores educacionais, econômicos e ambientais abaixo da média do conjunto da cidade;
- Níveis elevados de subemprego e informalidade nas relações de trabalho;
- Taxa de densidade demográfica acima da média do conjunto da cidade;
- Ocupação de sítios urbanos marcados por um alto grau de vulnerabilidade ambiental;
- Alta concentração de negros (pardos e pretos) e descendentes de indígenas, de acordo com a região brasileira;
- Grau de soberania por parte do Estado inferior à média do conjunto da cidade;
- Alta incidência de situações de violência, sobretudo a letal, acima da média da cidade;
- Relações de vizinhança marcadas por intensa sociabilidade, com forte valorização dos espaços comuns como lugar de convivência (Souza; Silva, 2009, p. 22-23).

Portanto, parte-se do princípio de que é inadmissível analisar as favelas de forma dissociada da compreensão da maneira como o Estado intervém politicamente nesses espaços. Historicamente, concepções distintas reforçam os conceitos que subalternizam e estigmatizam esses territórios e, sobretudo, os moradores desses lugares. Elas foram construídas com categorias explicativas que corroboraram para que as políticas públicas fossem elaboradas e implementadas por essa mesma égide, e a escola pública situada nas favelas não passa incólume a esse processo.

> O mais grave na relação entre a escola e formação da classe trabalhadora no Brasil é que se fez de tudo para que o trabalhador não fosse educado, não dominasse a língua, não conhecesse sua história, não tivesse a seu alcance instrumentos para elaborar e explicitar seu saber, sua ciência e sua consciência (Arroyo, 1980, p. 23).

Ao contrário, a escola pública que se reivindica é aquela que permita a plena emancipação dos sujeitos, a possibilidade de ler o mundo e tornar-se sujeito de sua própria história. Todavia, considerando os marcos do capitalismo, é necessário reconhecer a impossibilidade de construção de uma escola plenamente democrática, popular e emancipatória. Mas como afirma Gramsci (2000), é possível construir no hoje o germe do amanhã e ir articulando forças para a construção de novas experiências e uma nova sociabilidade.

As escolas e as favelas

As escolas, assim como as demais instituições públicas, sofrem direta ou indiretamente influências da segregação urbana produzida pelo crescimento das cidades. O desenvolvimento social, econômico e cultural dos espaços, por ocorrer de forma desigual, faz com que a vida social dos moradores restrinja-se, diminuindo a possibilidade de circulação e acessos a bens e serviços. De modo equivalente, as escolas situadas nesses espaços não estão alheias a este processo, sofrem as determinações produzidas nestes territórios, às reproduzem e cumprem um papel importante na vida dos sujeitos. Apesar disso, a escola pode atuar no sentido oposto, trazendo possibilidades múltiplas aos moradores desses espaços, pois também se constituem como *lócus* de construção de ações desnaturalizadoras das determinações impostas pela sociedade; já que, por vezes, é o único espaço de ampliação do universo cultural, político e simbólico dos moradores de favela.

Nesse sentido, as escolas das favelas, distintas das demais escolas públicas de bairros não favelizados, possuem características que, incorporando os estigmas e estereótipos que marcam esses territórios, demandam outras formas de compreensão sobre o seu papel e a intervenção dos sujeitos que nelas atuam. Embora todas as escolas recebam as mesmas orientações quanto ao desenvolvimento das ações, planos, cumprimento de metas, multiplicidade de projetos sociais, os estereótipos e discursos sobre as favelas conformam uma forma de pensar e agir que define e organiza as práticas profissionais de professores, coordenadores, e até de assistentes sociais e, assim, influenciam na formação dos sujeitos que estudam nas escolas inseridas em territórios favelizados.

A educação para as classes populares é objeto histórico de preocupação dos governos, pelo menos em tese. A intervenção estatal, seja através da educação formal, de adultos, extraescolar, não formal, ou popular, sempre esteve na pauta dos governos. Na década de 1930, por exemplo, com a criação da Fundação Leão XIII[55], várias iniciativas educacionais não formais foram desenvolvidas na perspectiva de controle da população moradora de favela por parte do poder público. Assim, através dos Centros de Ação Social, houve ações nas áreas da assistência social, da saúde, engenharia e administração.

Várias outras experiências foram construídas no país com diferentes perspectivas. As experiências de educação não formal, como resposta às exigências econômicas e sociais, foram muitas: programas nacionais e regionais de desenvolvimento, propostas para pessoas que não conseguiram inserção nos programas formais, propostas de apoio às atividades educacionais, entre outras[56]. Contudo, neste capítulo, o foco de análise são duas experiências formais. Para efeito do estudo, foram escolhidas as experiências dos Centros Integrados de Educação Pública (CIEPs), no Rio de Janeiro, e do projeto "Escola do amanhã", da prefeitura da cidade do Rio de Janeiro, ambas voltadas, sobretudo, para as escolas situadas em favelas e que atendem as classes populares.

55. A Fundação Leão XIII foi a primeira grande instituição assistencial criada com o intuito de atuar junto à população das favelas do Rio de Janeiro.

56. Para mais informações, ver Favero e Valla (1977).

Na cidade do Rio de Janeiro, conforme os dados produzidos pelo último Censo divulgado pelo IBGE, ocorrido em 2010[57], há 1.393.314 pessoas vivendo em 763 favelas, o que significa 22,03% da população carioca. Incluindo o número das pessoas em favelas, há um universo de 6.323.037 pessoas que, segundo o IBGE, moram em "aglomerados subnormais"[58]. Os dados revelam que as favelas aumentaram 27,65% em 10 anos, bem como desvelam os processos de crescimento urbano como produtores de lugares que, por excelência, conformam o espaço de moradia de um segmento populacional desprovido de acessos à moradia digna, no qual as ações do poder público são de baixa qualidade.

A taxa de analfabetismo é um dos indicadores que explicitam a desigualdade entre a favela e os demais bairros da cidade. No Brasil, 8,4% dos moradores de favelas com 15 anos ou mais de idade são analfabetos, enquanto nos demais espaços da cidade este índice se reduz à

57. Não houve Censo do IBGE em 2020. Adiado para 2021, sob a justificativa de falta de orçamento, apenas em 2022, após determinação do Supremo Tribunal Federal, o Governo de Jair Messias Bolsonaro (2018-2022) iniciou a realização do Censo.

58. "Aglomerados Subnormais" são entendidos da seguinte forma: "É um conjunto constituído de, no mínimo, 51 unidades habitacionais (barracos, casas etc.) carentes, em sua maioria de serviços públicos essenciais, ocupando ou tendo ocupado, até período recente, terreno de propriedade alheia (pública ou particular) e estando dispostas, em geral, de forma desordenada e densa. A identificação dos aglomerados subnormais deve ser feita com base nos seguintes critérios: a) Ocupação ilegal da terra, ou seja, construção em terrenos de propriedade alheia (pública ou particular) no momento atual ou em período recente (obtenção do título de propriedade do terreno há 10 anos ou menos); e b) Possuírem pelo menos uma das seguintes características: urbanização fora dos padrões vigentes — refletido por vias de circulação estreitas e de alinhamento irregular, lotes de tamanhos e formas desiguais e construções não regularizadas por órgãos públicos; ou precariedade de serviços públicos essenciais. Os aglomerados subnormais podem se enquadrar, observados os critérios de padrões de urbanização e/ou de precariedade de serviços públicos essenciais, nas seguintes categorias: invasão, loteamento irregular ou clandestino, e áreas invadidas e loteamentos irregulares e clandestinos regularizados em período recente (IBGE, 2010, p. 18).

metade: 4,2%. A taxa de analfabetismo das favelas no Rio de Janeiro, contudo, é menor que a de três capitais e 15 estados brasileiros. Além disso, mais de quatro mil municípios do país têm índice de analfabetos maior que os 8,4% das favelas cariocas.

Nesse universo particular urbano, as relações sociais construídas pelos sujeitos estão diretamente relacionadas à forma como o Estado intervém nas políticas públicas e à maneira como os moradores das favelas relacionam-se com os territórios, por exemplo, a ocupação dos solos, as formas de trabalho, as relações comunitárias desenvolvidas, a utilização dos serviços públicos existentes, a mobilidade residencial e o exercício do direito dentro da favela, entre outros.

Dialogando com esta reflexão, Ribeiro e Kaztman (2008, p. 17) afirmam que, "nas cidades em que a distância social combina-se com a distância territorial entre classes e grupos, a vida social se empobrece e deixa de se propiciar interações e trocas sociais próprias do fenômeno urbano".

As desigualdades socioterritoriais forjadas constituem-se como formas das classes dominantes reproduzirem seu poder econômico, o que significa que há uma apartação entre locais onde moram as pessoas com maior poder aquisitivo e áreas tipicamente populares. "Impedidas" por fatores econômicos e simbólicos, as pessoas que moram nestas áreas constroem uma sociabilidade própria, restrita e, por vezes, excluída dos bens e serviços produzidos para os demais espaços da cidade. Noções e pré-julgamentos construídos sobre esses espaços e seus moradores também dificultam a apropriação dos diversos espaços constitutivos da cidade por esses moradores, já que preconceitos e estereótipos convergem para que segmentos populacionais não circulem em espaços ricos da cidade.

Assim, a escola, enquanto uma das poucas instituições que "todos" os sujeitos acessam ou deveriam acessar, cumpre um papel fundamental nos espaços populares enquanto instituição que propicia aos moradores acessos, trocas e oportunidades para além daquelas ofertadas pelo mercado. Há que se destacar que as formas dominantes de compreensão sobre as favelas e seus moradores contribuem para o aumento do isolamento social e da distância sociocultural e política que a segregação social produz entre as favelas e os demais espaços da cidade.

No caso do Rio de Janeiro, por exemplo, no final de 2009, um muro, caracterizado como "barreira acústica" foi construído pelo poder público nas margens da Linha Vermelha e da Linha Amarela, próximo ao conjunto de favelas da Maré e do Caju, sob a justificativa de beneficiar a população com a diminuição dos ruídos sonoros e garantir a segurança de todos. Entretanto, a compreensão de movimentos sociais e pesquisadores da questão urbana é que este muro constituía mais uma estratégia de esconder as favelas da vista das comitivas que, à época, viriam ao Rio de Janeiro para participar dos megaeventos, como Copa do Mundo de 2014 e Olimpíadas de 2016, segregando materialmente a favela das cidades.

Além das aquisições cognitivas, valorativas e atitudinais, as escolas das favelas, por vezes, se traduzem, conforme já dito, como única possibilidade de ampliação do universo cultural, político e simbólico dos moradores. Considerando a polarização social perante os espaços constitutivos das cidades, as escolas representam o lugar do encontro, de socialização, de troca de experiências e vivências. Essa relação entre escola e favela não deixa de ser marcada por tensões, já que o bairro pode conformar um contexto social que pode levar a criança a adquirir comportamentos e hábitos que expressem a conformação das relações sociais construídas no lugar, ou seja, espaços populares marcados pela existência de relações violentas podem ou não contribuir para a construção e reprodução de comportamentos violentos. Há que se destacar que os segmentos mais pauperizados da classe trabalhadora convivem com as dificuldades de condições objetivas para seu desenvolvimento pleno, na medida em que a violência, a falta de moradia digna e o desemprego restringem as possibilidades de construir projetos de longo prazo, como é o caso da educação.

Porém, a perspectiva dos estudiosos que falam a partir de uma visão de fora da favela tende a compreender os moradores e o cotidiano do espaço de forma estereotipada, homogeneizada, como se todas as favelas fossem iguais e todos os moradores estivessem suscetíveis ao fracasso escolar. Esta perspectiva desconsidera o movimento e a singularidade dos sujeitos, a compreensão de que a realidade é construída por múltiplas determinações que influenciam na trajetória dos sujeitos oriundos das favelas e, assim, reforçam a "distância entre os intelectuais e o povo", como dizia Gramsci. Produz-se conhecimento teórico sobre as favelas, mas muito distante de quem mora, trabalha e vive nela.

A compreensão da favela como um lugar ruim, triste, abandonado, "vulnerável" e destituído de vida e sentido difundiu-se academicamente. Sob essa ótica, consubstancia-se a ideia de que as pessoas que residem nas favelas — e que não conseguem expor-se socialmente nos circuitos tradicionalmente integrados aos espaços abastados da cidade — não conseguem viver plenamente. Há uma lógica elitista e reprodutora das diferenças sociais, que parte da hierarquização das classes, que define valores, práticas e formas de compreensão do que é bom, belo e pleno, e que só está disponível a quem não vive e estuda em favelas. Assim, a favela é compreendida pelas assistentes sociais pesquisados como um espaço de moradia de segmentos populacionais de baixa renda, "excluídos" e, por vezes, marginalizados ou "invisibilizados" pela sociedade. Território da cidade com precariedade de políticas públicas que se expressa em ausência ou insuficiência de infraestrutura no que tange a moradia, saneamento e recursos sociais.

Os elementos presentes na percepção dos entrevistados sobre o território da favela apontam para uma percepção parcial desse espaço, já que em nenhuma resposta a favela é considerada como expressão do desenvolvimento industrial e urbano. Nessa percepção, a questão dos moradores das favelas fica centrada na "inclusão" via políticas públicas nos marcos do capitalismo. Segue abaixo algumas descrições:

> Espaço de moradia popular muitas vezes não contempladas pelas políticas públicas.
>
> Região onde a população não goza de todos os recursos sociais, muitas vezes é vista pelo resto da sociedade como marginais.

Estratégia utilizada pela classe trabalhadora de baixa renda para obter moradia em função de um processo histórico de exclusão dos seus direitos sociais básicos, bem como de uma política habitacional inexistente.

Espaço originalmente formado por ocupações populares.

Local onde há pessoas com dificuldades financeiras e lá moram pela dificuldade de acesso a políticas públicas de habitação.

Local com baixo IDH.

Local de domicílio de boa parte da população sem condições de oferecimento de serviços públicos satisfatórios.

Segregação espaço-social, carência de serviços públicos.

Local de "invisibilidade" social. Com falta de políticas, falta de saneamento básico e extrema pobreza.

Área habitacional com recursos públicos restritos, em sua maioria.

Espaço que carrega forte preconceito no ideário social, vista por suas faltas, ausências. Local produtivo, criativo onde a potência da vida pulsa.

Espaço urbano geograficamente estratégico, com infraestrutura precária.

Local onde residem famílias com pouca ou nenhuma intervenção do Estado para que saiam da situação de vulnerabilidade em que foram deixadas. Onde alguns encontraram também outros meios de sobreviver e satisfazer suas demandas por aquilo que necessitam.

Conjunto de moradia onde as pessoas não conseguiram acessar uma política habitacional de qualidade.

Um espaço contraditório.

Local de moradia para as parcelas mais pauperizadas da classe trabalhadora sem infraestrutura necessária (esgoto, água, recolhimento de lixo) e tradicionalmente dominada por grupos armados ilegais e venda ilegal de serviços e/ou drogas.

Grupo de pessoas, comunidade que reside num espaço desprivilegiado de políticas públicas.

Resultado de ausência de política pública.

Penso que é uma definição para as comunidades menos favorecidas, com tom pejorativo.

Aglomerado de residências organizado com moradores de renda econômica razoável.

São comunidades com pessoas e famílias que em sua maioria vivem com muitas carências e sofrem com o "descaso" do poder público.

Estou nesta escola há um mês, mas pela experiência que tive em CRAS próximo, a relação tem potencial para melhorar.

Favela/comunidade se caracteriza principalmente por sua falta de estrutura e ausência do poder do Estado.

Espaços marginalizados sem acessibilidade à rede de serviços que são discriminados pela sociedade.

Local de moradia de milhares de pessoas onde possuem infraestrutura precária e poucas ações do Estado.

Espaço historicamente ligado à população pobre, sem infraestrutura ou menor investimento público em relação à parcela favorecida. Lugar onde a "questão social" é tratada como caso de polícia.

Localidade com ausência dos serviços básicos garantidos pela constituição federal. População que nunca foi incluída, não reconhecida como cidadão de direitos.

Lugar desfavorecido de direitos e serviços.

Local de moradia popular.

Espaço carente de serviços públicos, marcados pela desigualdade local da maioria de seus habitantes.

Não entendi a pergunta. O que é uma concepção de favela? Seria de grupo de pessoas que vivem em situações de carências múltiplas, seja de saúde, saneamento básico, lazer, etc. e que tem seus direitos civis e sociais violados a todo o momento pelo próprio poder público?

Território onde são tecidas relações sociais que é "negligenciado" pelo Estado. A intervenção estatal ocorre através do poder de polícia.

Território determinado da cidade onde reside a população mais pobre e onde há uma intervenção precária por parte do Estado. É espaço de produção de cultura e redes de solidariedade.

Constituem moradas singulares no conjunto da cidade que não seguem aqueles padrões hegemônicos que o Estado e o mercado definem como sendo o modelo de ocupação.

Busco a superação do discurso das ausências e de análises da favela sob a ótica de território de infraestrutura precária e desregularização fundiária, me pautando na favela como território legítimo de composição da cidade, considerando seu rico processo de formação e sustentação ao longo de nosso processo histórico de desenvolvimento, e na valorização de seus moradores como cidadãos e sujeitos de sua história.

Para mim é a ocupação do espaço urbano, onde o poder público pouco entra ou entra pontualmente.

Uma forma das classes populares ocuparem, habitarem os espaços urbanos. Uma ocupação que em sua grande maioria se fez com pouca ou quase nenhuma intervenção do poder público na melhoria das condições de vida e habitabilidade destas populações. Isto propiciou que estas pessoas encontrassem outras formas de organização comunitárias, construíssem suas próprias redes internas de ajuda e ainda, devido à lacuna deixada pelo poder público, favorecesse a instalação de organizações criminosas. Hoje, a favela tem

> sido o foco de atenção dos governantes, principalmente voltado para a questão da segurança pública. No entanto, isso tem dado maior visibilidade para a cultura e o modo de vida dos moradores das favelas, como também para as iniciativas comunitárias existentes nestas comunidades, que traduzem uma forma de organização social.
>
> Local de moradia da classe popular que não é atendida pelo poder público.
>
> A favela é o espaço onde as expressões da questão social mais se apresentam, mas contraditoriamente tem o potencial de gerar maior mobilização para o seu enfrentamento.

Não há como negar que, as escolas das favelas são a síntese de um sistema escolar que não foi pensado para enfrentar os desafios construídos pela sociabilidade forjada nesses espaços: há um descompasso, ou melhor, uma assimetria entre os projetos pedagógicos e a construção social do cotidiano da maioria dos estudantes. O projeto político pedagógico, quando existe, apresenta uma perspectiva de mundo que nem sempre possui sentido para os estudantes. Geralmente se expressa no desconhecimento sobre sua realidade territorial, sua cultura, seus hábitos e sua linguagem.

> A ambivalência entre homogeneidade e separação é que deve ser ressaltado na análise da escola pública brasileira, em especial nas grandes cidades com espaços segregados: de um lado, ao mesmo tempo em que o currículo escolar pretende ser nivelador, ele separa, uma vez que não atende às especificidades de grupos determinados; por outro lado, o sistema escolar brasileiro está cada vez mais funcionando na chave segregadora [...] Essa dupla ambivalência ajuda a matizar não só o fosso existente entre as políticas educacionais e a diversidade dos estudantes a serem atendidos por esse sistema, mas também a segregação escolar operada com a massificação da escola pública (Paiva, 2010, p. 29).

Paiva, ao analisar os dados de sua pesquisa, mostra a compreensão dos professores da rede municipal de ensino do Rio de Janeiro quanto às escolas das favelas. Apontando uma série de "faltas" nas escolas, que seriam:

> Falta de autoestima dos estudantes; falta de estímulo no sistema escolar, pois com a aprovação automática os estudantes não se sentem desafiados porque sabem que vão passar; falta de recursos no sistema escolar para suprir as diversas demandas individuais dos estudantes, tanto materiais, quanto pessoais; falta de "ambiente" para que o aprendizado se realize, seja pela própria ecologia da favela, seja pelo pouco estímulo que os estudantes trazem de suas casas; falta de comunicação com os pais, sendo a sua presença no acompanhamento dos filhos vista como uma exceção pelos professores; e, por último, falta de entendimento do que é possível ser feito por parte dos próprios professores (Paiva, 2010, p. 28).

Na lista de problemas fica evidenciado que mais uma vez o discurso da ausência emerge[59]: assim como a favela é o lugar que falta tudo, a escola da favela é o espaço que tudo falta. A autora mostra que tais problemas não são exclusivos das escolas na favela, mas aí se acentuam porque concentram problemas que materializam a questão urbana: a violência, a falta de planejamento habitacional e a presença insuficiente do Estado, em especial no que tange aos vários tipos de direitos, como o acesso à educação, saúde, segurança ou lazer.

---

59. O "discurso da ausência", criticado e problematizado por Jailson de Sousa e Silva, é uma perspectiva analítica que se sustenta na crítica da compreensão da favela por aquilo que ela não teria. Segundo o autor, é construída uma análise "sociocêntrica", típica dos grupos sociais dominantes no espaço urbano brasileiro, em que as favelas são definidas por aquilo que elas não teriam: "favela é aquele lugar que não tem acesso a serviços básico, asfalto, escolas, postos de saúde, creches, beleza, diz o senso comum..." (2003).

Essa padronização na forma de tratar as favelas e as escolas situadas nesse espaço relaciona-se com padrões de vida construídos de forma exógena, sem considerar os múltiplos determinantes que conformam a realidade do morador da favela. Coadunado com Silva: "[...] a permanência escolar decorre da dinâmica estabelecida entre as características singulares do agente e as redes sociais nas quais ele se insere" (2005, p. 1). Outra observação importante é que na perspectiva do autor, há um sociocentrismo que marca e conforma a maneira como os moradores e suas possibilidades educacionais são compreendidas. A partir dessas prerrogativas hegemônicas, o Estado também programa e implementa suas ações.

> O sociocentrismo se materializa quando, a partir dos padrões de vida, valores e crenças de um determinado grupo social, se estabelece um conjunto de comparações com outros, colocados, em geral, em condições de inferioridade. Os discursos estabelecidos em relação aos espaços populares, dentre outros, seguem esse padrão (Silva, 2005, p. 01).

Há que destacar que as populações das favelas não são como um corpo único, já que as favelas são diversas e plurais. Produções recentes de Silva (1999), Valadares (2005), Torquato da Silva (2010), Silva (2012), Franco (2014) e Souza (2020) vêm mostrando a ampliação do número de pessoas que, residentes nas favelas, constroem trajetórias que revelam os processos de "diferenciação social"[60] que ocorrem na sociedade brasileira.

Costuma-se afirmar que a educação revela-se como um "investimento de longo prazo", onde os "benefícios" são percebidos muitos anos depois, e que não é algo simples para as os segmentos mais pauperizados da classe que precisam de respostas mais rápidas às suas necessidades de sobrevivência. Nesse sentido, a escola para as classes populares nem sempre é uma prioridade na vida dos sujeitos. A falta de "prioridade" sugere uma série de hipóteses: (i) a necessidade do trabalho

---

60. Termo cunhado por Valadares (2005).

precoce, (ii) a falta de sentido nos conteúdos transmitidos, desconectados com a produção social da vida, (iii) o caráter desinteressante da escola, envolto em práticas pedagógicas que não dialogam como o cotidiano do entorno, (iv) a dificuldade das famílias acompanharem o cotidiano escolar dos seus filhos, (v) além da produção de práticas violentas, para além das que se materializam nas próprias favelas, pelos grupos que dominam os territórios e pela polícia.

A questão da violência e da forma como a intervenção do Estado ocorre nos meios populares merece destaque na medida em que interfere no bom desenvolvimento da educação escolar. O Estado gradativamente vai deixando de ganhar centralidade nos espaços populares, na medida em que uma sociabilidade violenta, como manifestações de grupos que dominam os territórios se ampliam: demarcam e controlam os territórios ditando normas, valores e padrões de sociabilidade e regras para a vida cotidiana[61]. Há ainda que se considerar a violência por meio de uma política de segurança pública repressora, violenta, que nem sempre garante o direito básico de ir e vir dos moradores e que dissemina medo e insegurança. Seja pelo tráfico de drogas ou pelas milícias, a maioria das favelas cariocas hoje está sob domínio de grupos armados que, para além da construção de regras de convivência, manipulam e/ou gerenciam diversos serviços e até equipamentos públicos que funcionam dentro das favelas[62].

---

61. Não estamos negligenciando que a própria sociabilidade do capital é, por si própria, muito violenta.

62. Os estudos de Silva mostram que: "Quando analisamos a configuração territorial do Rio de Janeiro levando em conta o conceito expresso, identificamos que o Estado não exerce o poder político e jurídico sobre vastas áreas da cidade, em especial sobre os territórios onde vivem os grupos sociais populares. Ele não regula as relações de propriedade, as normas para as edificações e o zoneamento urbano; não afasta da vida social e/ou responsabiliza civil e criminalmente os que não respeitam as suas leis; não garante a segurança dos cidadãos; não controla de forma autônoma a oferta dos serviços públicos e o funcionamento dos equipamentos urbanos; e, de modo mais geral, não garante o direito de circulação no espaço local e entre os diversos territórios da cidade" (Silva, 2012, p. 05).

A partir do momento em que o Estado gradativamente deixa de exercer seu poder nos espaços populares, outros "atores" realizarão atos sustentando-se no uso da força, inibindo, coibindo e/ou reforçando práticas que comunguem ou não com seus interesses. Nas palavras de Silva:

> Os grupos criminosos armados ocuparão este espaço deixado pelo Estado utilizando formas coercitivas e produzindo uma determinada forma de ordem local, territorialmente demarcada como instrumento de legitimação do seu poder, o que fará com que sujeitos individuais e coletivos se submetam a este novo ordenamento não legal construído pelos Grupos Criminosos Armados (Silva, 2001, p. 9).

Mas, afinal, o que muda no cotidiano das favelas quando o Estado vai deixando gradativamente de ter centralidade? Pensemos nas escolas públicas e sua relação com o entorno. A forma do Estado se "movimentar" traz para as escolas uma série de mudanças no seu cotidiano. Inicialmente, ao "perder o controle" sobre a gestão do espaço físico, as escolas são frequentemente utilizadas como espaços comunitários gerenciados pelos *grupos que dominam o território*, que se constituem como entes reguladores e mediadores das relações violentas produzidas pelos estudantes, professores e entre eles.

As relações violentas e a presença dos grupos que dominam o território também alteram as rotinas escolares e a arquitetura dos espaços. Cercadas de grades e trancas, muitas escolas situadas nas favelas diminuem seus horários de atendimento sob a justificativa de sua localização ser em "área de risco". Outras inviabilizam o recreio escolar para evitar possíveis acidentes, frutos de "balas perdidas", desconsiderando que os estudantes moram no território, que estudam e estão suscetíveis a estas adversidades a todo tempo.

O descrédito e a desconfiança sobre o morador não é algo episódico, mas recorrente. A suposição de que o morador de favela é um bandido em potencial é frequente. Muitos são os professores lotados nas escolas e favelas que não desejam trabalhar nesses territórios. O medo, a ausência de condições de trabalho e o desconhecimento sobre a realidade tendem a justificar a construção de argumentos que associam o fracasso escolar ao território. A mídia, os grandes veículos de comunicação e até a Universidade incorporam o discurso midiático e a visão desfocada sobre o morador, como se a este restasse apenas as possibilidades de inserção em atividades ilícitas ou as profissões que não requerem trabalho complexo[63].

Conforme análises de Frigotto (1989), a desqualificação da escola é antes de tudo uma desqualificação para a escola frequentada pela classe trabalhadora, embora possa não sê-la para as classes dominantes. O autor mostra que a escola pública frequentada pelos filhos da classe trabalhadora — desde seus aspectos físicos e materiais até as condições de trabalho docente — é amplamente precária. Existe uma distribuição regressiva dos recursos e um estado precário de funcionamento dessas escolas. Na década de 1980, conforme dito no capítulo anterior, a sociedade brasileira trazia a marca da luta pela ampliação da escola pública. A aparência democrática, dando a todos igual oportunidade de acesso, faz-nos assumir a lógica da pirâmide, onde a base é expandida ao máximo, podendo até incluir toda a população no grau mínimo de escolaridade obrigatória e, ao mesmo tempo, desde que a altura da pirâmide aumente. Contudo, a estrutura social capitalista nada tem de igualitária e o papel da escola é essencialmente selecionador, entre base e altura da pirâmide há uma alta proporção em que apenas uma fração adequada da "clientela" consegue alcançar os estratos mais altos.

A luta pela ampliação ao acesso trouxe ganhos, sobretudo para a população residente em favelas no Rio de Janeiro. Nesse sentido, não poderíamos deixar de falar da experiência dos CIEPs, que marca a expansão do número de escolas na década de 1980. Há a construção de aproximadamente 500 escolas, localizadas em sua maioria na periferia das cidades do Estado do Rio de Janeiro e, sobretudo, em locais onde nunca antes haviam sido construídas escolas.

---

63. Para adensar o debate sobre Trabalho simples e complexo, ver Marx (2001).

Experiências educacionais para os filhos da classe trabalhadora: os Centros Integrados de Educação Pública: CIEPs e o projeto Escola do Amanhã

A proposta desse item é trazer algumas reflexões sobre as escolas voltadas para a classe trabalhadora moradora de favela, sinalizando a experiência que marcou a educação pública na década de 1980 e 1990[64]. Ao se estender a reflexão da escola pública para a realidade da década de 80, percebe-se que, àquela época, o foco das discussões estava voltado para a luta pela democratização da escola pública em nível nacional. Concomitantemente, surgia no Estado do Rio de Janeiro uma das propostas mais significativas para a educação das classes populares, os CIEPs. Com todas as contradições, limites e as críticas que lhe foram feitas face ao seu caráter populista, a experiência dos CIEPs representou uma contribuição muito importante para a ampliação do número de escolas públicas e para a diminuição da evasão escolar no período.

A experiência dos Centros Integrados de Educação Pública (CIEPs)

No Rio de Janeiro, na década de 1980, face à precariedade da situação educacional da época — caracterizada, sobretudo pela falta de escolas, a exiguidade do tempo de permanência da criança na escola, a alimentação inadequada e a falta de qualificação de professores — surge a proposta dos CIEPs, conhecido popularmente como "Brizolões", muito influenciados pelas bandeiras de luta pela expansão da oferta e do acesso à escola.

Os CIEPs foram criados na gestão do então Governador Leonel Brizola (1983-1987), sob a orientação da equipe de trabalho do Darcy

---

64. Para mais informações, ver Helfreich (2006).

Ribeiro[65], enquanto programa de governo. A proposta trazia no seu bojo a possibilidade de se construir uma escola pública, de horário integral — 8h às 17h — voltada para as classes populares, o que se tornou uma experiência singular, pelo fato de ser uma escola que garantia/garante[66] não só o ensino formal, mas também o aprendizado de linguagens artísticas, esportes, estudo dirigido, e participação em eventos culturais, além de assistência médico-odontológica e banho diário.

Inovadora, por subverter o que costuma ser usual, a experiência dos CIEPs partiu do reconhecimento da necessidade de se elaborar uma "escola voltada para os pobres", *a priori* reconhecida como um espaço que recebia crianças oriundas de classes populares, para que "as tratasse como se fossem oriundas dos setores privilegiados" (Ribeiro, 1986, p. 14).

Darcy Ribeiro, antropólogo e educador, idealizador do Programa Especial de Educação, entendia a escola da época como inadequada, pois funcionava tomando como sua "clientela própria", uma minoria. Nesse sentido, ele diz que:

> [...] Uma escola para os 20%, não é uma escola para os 80% da população. Uma escola desvairada que vê como desempenho normal, desejável e até exequível de toda criança o rendimento" anormal "da maioria dos estudantes [...] (Ribeiro, 1986, p. 15).

---

65. Darcy Ribeiro, antropólogo e educador, dedicou-se à educação e à política. Nesse período, após voltar do exílio, juntou-se com Leonel Brizola e foi vice-governador do Estado do Rio de Janeiro (1982). Na época acumulou a função de secretário de Estado da Cultura e coordenou o Programa Especial de Educação, com a tarefa de implantar 500 CIEPs no Estado do Rio de Janeiro. Na sua compreensão, a crise da educação no Brasil não era compreendida como uma crise, mas sim um projeto.

66. Atualmente os CIEPs do conjunto da Maré, no Rio de Janeiro, por exemplo, e as demais escolas funcionam em turno único: das 7h30 às 14h30 ou das 8h às 15h.

O primeiro programa de reforma do sistema escolar público de primeiro grau, desenhado na gestão de Leonel Brizola (1983-1987), contou com aproximadamente 400 milhões de dólares, mediante elaboração e execução de um Plano Especial de Educação (PEE), que se contrapunha à ideia de se multiplicar a escola conservadora-tradicional. Várias medidas de emergência na área da educação foram tomadas, tais como a reconstrução da rede escolar — que se encontrava em estado precário —, transformação da merenda escolar, de forma a garantir refeições completas às crianças[67], o transporte gratuito para estudantes que vestissem o uniforme escolar, entre outras.

O projeto pedagógico dos CIEPs destacou-se pelo caráter participativo do corpo docente do Rio de Janeiro. Sua construção coletiva envolveu 52 mil professores que interagiram através de espaços criados para debates, analisando e discutindo um conjunto de teses elaborado pela Comissão Coordenadora. Tais professores, em reuniões locais, elegeram mil representantes para os encontros regionais, dos quais cem foram indicados para elaborar a redação final das bases do PEE, em conjunto com a Comissão Coordenadora.

Este processo impulsionou a elaboração de 30.000 cartas remetidas por professores, que expressaram suas opiniões sobre as teses. Com base nesses documentos, foram fixadas as metas fundamentais do PEE, sintetizadas nos seguintes itens:

---

67. Nota-se que a merenda escolar existe desde a década de 1930, porém foi na década de 1960 que se instituiu o Programa Nacional de Merenda Escolar. O Programa foi inserido no contexto educacional brasileiro a partir da reivindicação de pais e professores em relação às necessidades nutricionais e à saúde das crianças. Até então, a merenda escolar era oriundo de doações dos Estados Unidos que escoavam para o Brasil seus produtos excedentes agrícolas através do Fundo Internacional de Socorro à Infância, da ONU.

1. Expansão da rede pública com o objetivo de extinguir o terceiro turno, garantindo pelo menos 5 horas de aula a todas as crianças; simultaneamente, a criação da Casa da Criança, que acolheria a faixa etária de 3 a 6 anos no Programa de Educação ao Pré-escolar;
2. Criação dos CIEPs, na qualidade de uma nova rede educacional de horário integral, implementados em áreas de maior densidade demográfica e pobreza, de modo a atender educandos das 8 às 17h. Além das aulas formais, os estudantes frequentariam aulas de ginástica, recreação, teriam três refeições e um banho diário. Cada professor ministraria 4 horas de aulas e nas outras 4 horas planejaria suas ações e participaria dos treinamentos;
3. Aperfeiçoamento do magistério: tanto os professores em atividade, quanto os novos contratados participariam de programas de treinamento em serviço e de Seminários de Avaliação Pedagógica;
4. Investimento maciço na produção de material de apoio didático para os CIEPs e para a rede comum (Ribeiro, 1996, p. 17).

A estrutura dos CIEPs era diferente de todas as escolas existentes na década. Uma escola em tempo integral, com capacidade para 1.000 estudantes, projetada pelo arquiteto Oscar Niemeyer. O bloco principal, composto por três andares, abrigava as salas de aula, um centro médico, a cozinha e o refeitório, além das áreas de apoio e recreação. No segundo bloco, ficavam o ginásio coberto, a arquibancada e os vestiários; o chamado Estádio Polivalente, destinado a shows e eventos. No terceiro bloco, construído de forma ortogonal, situava-se a biblioteca e, sobre ela, a moradia dos Estudantes Residentes.

No Bloco principal onde estão as salas de aula, as paredes originais eram baixas. Havia uma concepção delineada de que a escola deveria ser limitadora da voz dos professores e estudantes construindo assim outro padrão de comportamento e educar a voz. As paredes baixas também eram justificadas pela maior circulação de ar no espaço interno do prédio. Porém, gradativamente, obras reparadoras foram realizadas, pois o barulho intenso dificultava as aulas.

Outra questão pertinente é que, em alguns CIEPs foram construídas piscinas olímpicas que viabilizavam a educação física e eram abertas à comunidade nos finais de semana. Contudo, poucas foram mantidas em funcionamento devido à falta de recursos para sua manutenção e questões administrativas.

Cada unidade teria o objetivo de oferecer cursos, da alfabetização à 4ª série ou de 5ª a 8ª série, de modo a agrupar em cada unidade crianças da mesma faixa etária.

As principais críticas sobre os CIEPs consistiam na ideia de que os mesmos atenderiam a uma pequena parcela da população, o que tornaria sua construção um luxo excessivo em face da relação custo-benefício. Na época de sua implementação, outras escolas se adequaram ao atendimento integral, bem como à sua metodologia de trabalho.

Os CIEPs foram construídos em vários espaços da cidade, inclusive em espaços populares onde nunca nenhum governo havia construído escolas. Além de um projeto arquitetônico inovador, uma proposta pedagógica diferenciada foi construída, no sentido de incentivar uma participação social maior das classes populares e potencializar o processo de aprendizagem a partir da realidade do aluno. Nesse sentido, a proposta pedagógica original se baseava nos seguintes elementos:

- Visão interdisciplinar da educação, na qual o professor é o líder deste processo, embora todos os membros do CIEPs devessem estar envolvidos no processo educativo;
- Respeito ao universo cultural dos estudantes. A tarefa central do CIEP é introduzir as crianças não só ao domínio do código culto, mas valorizar a vivência e os saberes de cada uma delas: "A escola deve servir de ponte ente os conhecimentos práticos já adquiridos pelo aluno e o conhecimento formal exigido pela sociedade letrada" (Ribeiro, 1986, p. 43).
- Promoção da auto-confiança da criança;
- Recreação e brincadeiras como elementos essenciais ao processo ensino/aprendizagem;

- Prioridade no atendimento para as classes de alfabetização e 5ª série[68], tratadas como classes experimentais, com materiais específicos e orientação pedagógica intensiva;
- Grupamento das turmas de alfabetização em categorias diferenciadas: turmas de estudantes novos, de repetentes e de renitentes (aqueles que frequentam pela terceira vez, no mínimo as classes de alfabetização);
- Turmas de alfabetização com no máximo 25 estudantes (Ribeiro, 1986, p. 17).

Muito embora tenha sido considerada polêmica, a experiência dos CIEPs foi um marco da política educacional brasileira. Ao final do primeiro mandato de Leonel de Moura Brizola, no final de 1985, haviam sido construídos 127 CIEPs, entregues ao seu sucessor Moreira Franco (1987-1991).

Em 1986, o novo governador promete manter em funcionamento os CIEPs, todavia, em setembro do mesmo ano, a proposta pedagógica já havia sido extinta e vários prédios dos CIEPs, abandonados[69]. Os 80 CIEPs que estavam em funcionamento no 1º Plano Especial de Educação, tiveram sua política pedagógica desmontada e voltaram a

---

68. Estágios em que se registravam, à época, os maiores índices de repetência.

69. Segundo Tatiana Chagas Memória, em entrevista, nos canteiros de obras das empreiteiras responsáveis pela construção de novas unidades, centenas de peças já prontas foram abandonadas. Devido aos planos decenais serem reformulados a cada quatro anos, com a mudança dos governantes, 47 prédios de CIEPs já prontos e equipados foram doados a prefeituras de municípios do interior do estado do Rio de Janeiro, que passaram a utilizá-los das mais variadas formas. Alguns mantiveram o propósito original, outros foram cedidos para seitas religiosas, ou alugados para instituições privadas de ensino, outros ainda, abrigando sobreviventes de enchentes, até mesmo sendo invadidos e transformados em favelas, como o caso do CIEP Hélio Smidt, no Conjunto da Maré, que alguns anos mais tarde foi retomado pelo poder público. Vale ressaltar que os prédios das capitais eram escolhidos pelos governos estaduais, o que contribuía para que o Estado e os municípios tivessem uma visão próxima às diretrizes de governo.

funcionar com os mesmos dois e três turnos da rede pública convencional, sob a alegação de que faltavam salas de aulas.

Entre 1991 e 1994, Leonel Brizola voltou a governar o Estado do Rio de Janeiro com a plataforma política de reimplantar o PEE nos 127 CIEPs que havia construído no seu primeiro mandato. Assim, ao término de sua gestão finalizou os 373 CIEPs que deixara inacabados no primeiro governo.

Paralelamente, retomou o projeto pedagógico, criando a Secretaria Extraordinária de Programas Educacionais sob a orientação de Darcy Ribeiro, com o objetivo de implementar o II PEE e montar e abastecer as unidades escolares. Foi, então, idealizado um projeto pedagógico único, que se contrapunha à ideia da descentralização na educação, o qual delineava as diretrizes administrativas e pedagógicas, reproduzindo os equívocos da rede comum de ensino.

Em fevereiro de 1992, com o Programa Pedagógico revisto, teve início a execução do II PEE e, no mesmo ano, foram implementadas 160 unidades.

Em 1995, começava a gestão de Marcelo Alencar (1995-1999) prometendo a continuidade dos CIEPs, o que não foi feito. Em janeiro de 1995 iniciou-se o término do projeto. Aos poucos a proposta inicial dos CIEPs foi sendo desmontada, já que seu principal objetivo, o ensino integral, aos poucos foi desvirtuado.

A abertura da economia, empreendida pelo então presidente Fernando Collor de Melo (1990-1992)[70], contribuiu para a diminuição do repasse de verbas aliada às diretrizes dos organismos multilaterais já problematizadas no item anterior. Embora a proposta pedagógica dos CIEPs apresentasse fragilidades, alguns autores, como Maria da Gloria Gohn (1999), reconhecem que o programa contribuiu para diminuir a evasão

---

70. Na gestão do presidente Fernando Collor de Melo as novas unidades passaram a se chamar Centros Integrados de Atendimento à Criança (CIACs). A partir de 1992, estes últimos passaram a ter novo nome: Centros de Atenção Integral à Criança (CAICs).

escolar. Entretanto, a autora afirma que na época não houve um projeto educacional claro e que as questões salariais dos professores não foram resolvidas. Aponta ainda que:

> A experiência dos CIEPs acabou servindo de slogan político. Ela foi apropriada, a nível federal, para a construção dos Ciacs, cuja realidade mais visível, até o momento é a fonte de acumulação e ganhos que gerará, ao se projetarem fábricas para sua construção (Gohn, 1999, p. 73).

Podemos dizer que a proposta dos CIEPs, enquanto experiência de educação para as classes populares acrescentou dimensões importantes à educação no Rio de Janeiro. Em uma pesquisa realizada em 2001, quinze anos após a implementação dos CIEPs, existiam, segundo os dados oficiais:

> 197 escolas na rede estadual e 164 na rede pública da capital funcionando em horário integral, perfazendo um total de 361 escolas no estado, oficialmente reconhecidas pelas secretarias de educação como as que oferecem, seja em bloco seja para algumas turmas, o turno único (Cavaliere, 2003, p. 173).

Segundo a pesquisadora, um dos principais aspectos que dificultaram a manutenção dessas escolas, segundo seu projeto original, relaciona-se com a municipalização do ensino fundamental e a pressão por vagas no ensino médio.

Atualmente, a concepção de educação integral associada ao ensino fundamental vem perdendo sentido face à demanda e ao processo de sucateamento do ensino público: salas de aulas superlotadas, baixos salários dos professores, ausência de gestão democrática, aplicação mínima de recursos na educação, entre outros.

O processo de municipalização[71] é um dos aspectos que mais dificultou a manutenção do projeto pedagógico dos CIEPs que, mesmo reafirmado como algo possível na LDB, perdeu gradativamente o sentido mediante os imbróglios político-administrativos. Contudo, há que se constatar que, enquanto vigorou a proposta, houve uma ampliação tanto do tempo de permanência da criança na escola quanto da própria rede educacional nos espaços populares, já que a maioria dessas escolas foram construídas no interior das favelas ou em seu entorno.

Devido à presença dos CIEPs nas favelas, o poder público se faz presente também na política de saúde, já que muitos CIEPs ainda mantém na sua estrutura arquitetônica o espaço físico destinado aos postos de saúde. Em alguns municípios, os chamados "postinhos" permanecem até hoje. Embora sua estrutura física tenha sido mantida, as propostas pedagógicas atuais apresentam outras configurações que diferem da original[72].

Ressalta-se, também, que as escolas ainda são uma das poucas instituições públicas que, ainda, não sofreram investimentos mais fortes no intuito de serem retiradas das favelas. As políticas públicas voltadas para atender as necessidades das classes trabalhadoras, como a assistência social e a saúde, vêm sofrendo fortes ataques para que sejam retiradas destes espaços em nome da segurança dos trabalhadores, deixando de lado as prerrogativas legais que apontam a oferta das políticas públicas em localidades próximas às moradias dos usuários, o que corrobora para reforçar os estereótipos construídos sobre as favelas como lugar das ausências e não de potências[73].

---

71. Com o processo de municipalização do Ensino Fundamental no Estado do Rio de Janeiro, as propostas político-pedagógicas das escolas ficaram sob responsabilidade da gestão educacional municipal.

72. Para mais informações, ver Cavaliere e Coelho (2013). Disponível em: https://www.ufjf.br/revistaedufoco/files/2014/06/8.pdf.

73. Para mais informações sobre o discurso da ausência que busca explicar as favelas por aquilo não tem e o contraponto das potências encontradas nesses espaços ver: Silva e Barbosa (2005).

Nota-se que durante a gestão do prefeito Cesar Maia de 2001 a 2009 — Partido Democratas (DEM) — houve a retirada de vários Centros de Referência da Assistência Social (CRAS) de dentro de algumas favelas, como foi a situação dos equipamentos situados nas comunidades de Nova Holanda e Roquete Pinto (Conjunto da Maré), Morro Azul, Mangueira e Vigário Geral. Dando continuidade, no Governo de Eduardo Paes vários equipamentos públicos da saúde passaram pela mesma investida ao serem gerenciados pelas Organizações Sociais (O.S.), sobretudo aqueles sob gestão da O.S. "Viva Comunidade[74]".

Por fim, a experiência dos CIEPs como um dos maiores investimentos públicos de ampliação do acesso à escola, ainda precisa ser pensado. Embora o debate atual gire em torno da qualidade do ensino, ainda existe a demanda de ampliação da quantidade de escolas e de sua melhor distribuição nos territórios. A localização das escolas públicas, em especial em espaços de favelas, é um elemento central de reivindicação por parte dos moradores, diante do domínio dos territórios por parte dos grupos armados, que acaba por impedir a livre circulação das crianças, dificultando o acesso à educação.

Vale destacar que o projeto dos CIEPs, mesmo sendo um programa do governo do estado — ente que segundo a LDB tem obrigação prioritária com o ensino médio —, os prédios construídos serviram à educação básica em vários municípios. Em algumas localidades, até hoje o CIEP é a única unidade escolar, em especial nos bairros periféricos e em municípios de pequeno porte e baixa arrecadação. Mas além da escola em si, os CIEPs fortaleceram naquele momento, na rede pública do município do Rio de Janeiro, uma luta deveras antiga, em especial para as famílias das favelas, que foi a educação integral. A demanda por creches e escolas em tempo integral é uma necessidade

74. O "Viva Comunidade" é uma Organização Social criada pela FASFIL Viva Rio para concorrer às licitações de desenvolvimento de ações "em áreas de elevados níveis de conflitos e violência urbana na cidade do Rio de Janeiro". Atualmente desenvolvem ações, sobretudo, na área da saúde.

dos segmentos mais pauperizados da população, pois se torna uma condição para que os responsáveis possam trabalhar e deixar as crianças de forma segura e assistida.

Passadas mais de duas décadas, ao repensar a qualidade das escolas públicas, instituiu-se na cidade do Rio de Janeiro o projeto Escolas do Amanhã, para atender 151 escolas com menor Índice de Desenvolvimento da Educação Básica (IDEB) na cidade, implementado em áreas de favelas ou em suas proximidades. Este projeto justificou inicialmente a lotação de assistentes sociais nessas unidades educacionais e será problematizado a seguir.

Outro destaque: a experiência das "Escolas do Amanhã"

Diferente da experiência dos CIEPs, do ponto de vista pedagógico, da abrangência e das suas particularidades, a experiência do programa Escolas do Amanhã, de abrangência municipal (cidade do Rio de Janeiro), possibilitou a inserção de assistentes sociais em escolas. As unidades de ensino foram selecionadas a partir dos menores resultados no Índice de Desenvolvimento da Educação Básica (IDEB), o que, na avaliação pedagógica da época, demandava a inserção de equipes multiprofissionais.

O projeto se propôs a "reduzir a evasão escolar e melhorar o desempenho de estudantes que moram em áreas conflagradas da cidade"[75], totalizando o atendimento de 105 mil estudantes nas 151 unidades escolares envolvidas no projeto, que em sua maioria estão situadas na proximidades das favelas ou dentro das mesma. Destaca-se que na proposta do projeto constam ações que envolvem "educação em tempo integral, artes, esportes, reforço escolar para os estudantes nos contraturnos, laboratórios de ciência, além de salas de saúde, leitura e informática".

---

75. Todas as informações foram obtidas no *site* da SME. Disponível em: https://educacao.prefeitura.rio/. Acesso em: mai. de 2012.

Segundo a SME, a taxa de evasão escolar das escolas inseridas no programa apresentou acentuado declínio em 2008 (5,1%) e 2010 (3,26%). E o número de professores dessas unidades escolares aumentou em 54%.

Quanto às atividades realizadas pelo projeto, destacam-se as seguintes ações:

Quadro 4. Atividades realizadas pelo projeto "Escolas do Amanhã"

Educação em tempo integral	No contraturno das aulas, são oferecidas mais de 50 oficinas culturais (arte, teatro, dança, música, leitura) e esportivas, que são ministradas em parceria com a Secretaria Municipal de Esportes e Lazer, Secretaria Municipal de Cultura, além de outras instituições da sociedade civil. Ressalta-se que não se trata de ampliação de tempo de sala de aula com conteúdos do currículo. Destaca-se também que esta ampliação de ações ocorre sem alteração de salário para os docentes que acumulam as tarefas, já que todas estas atividades e gerenciamento de pessoal fica sob responsabilidade do diretor da Unidade de ensino.
Bairro Educador	Trata-se de uma nova modalidade de gestar as ações com intuito de alterar a relação da escola com a comunidade para extrair mais sentido das atividades da escola com o cotidiano dos alunos. Foi um projeto inspirado na experiência desenvolvida pela secretaria Municipal de Nova Iguaçu onde, mediante ajustes significativos, uma ONG contrata profissionais da própria comunidade, que desenvolvem atividades na escola e no bairro através de parcerias com intuições de ensino, lideranças comunitárias, organizações sociais, empresariado. Segundo dados oficiais, 49 "Bairros Educadores" estão inseridos no projeto.
Capacitação no método Uerê-Mello	Trata-se de uma capacitação para os professores e coordenadores pedagógicos através da "metodologia Uerê-Mello de desbloqueio cognitivo". Mediante um curso de 60 horas de duração, onde são problematizados os sentidos e as razões pelas quais ocorrem as dificuldades de aprendizagem.

Quadro 4. Atividades realizadas pelo projeto "Escolas do Amanhã"

Salas de saúde	Refere-se à implementação de uma sala para primeiros atendimentos, com o programa Saúde nas Escolas[76], em parceria com a Secretaria Municipal de Saúde e Defesa Civil. O que parece um retorno às ações realizadas pelos antigos CIEPs, porém, com estrutura reduzida.
Cientistas do Amanhã	Projeto realizado em parceria com a Sangari Brasil[77], que traz um laboratório de ciências para as escolas. Traz um método de ensino de ciências que articula: formação de professores, material de apoio pedagógico para professores e estudantes e materiais de investigação. Além de livros, inclui vídeos, jogos, imagens, reagentes e seres vivos.
Salas de leitura	Trata-se da ampliação do acervo das salas de leituras das escolas.
Termo de Compromisso de Desempenho Escolar	Ação baseada na meritocracia que estabelece metas de aprendizagem que "visam à melhoria da qualidade do ensino e das escolas de toda a rede municipal. Professores e servidores das escolas que conseguirem atingir as metas estabelecidas receberão o Prêmio Anual de Desempenho" [...] o valor do prêmio é de um salário e meio para professores e funcionários das unidades que atingirem as metas ao fim do ano.

76. O programa de saúde nas escolas tem como objetivo contribuir para a formação integral dos estudantes, por meio de ações de promoção, prevenção e atenção à saúde. As equipes que atuam nas escolas orientam, por exemplo, estudantes e responsáveis sobre noções básicas de higiene, além de encaminhar para a rede pública de saúde os casos que forem necessários, e também identificar estudantes com necessidade de atenção médica especial.

77. Trata-se de empresa de criação, desenvolvimento e produção de um programa integrado de Educação em Ciências no Ensino Fundamental.

Quadro 4. Atividades realizadas pelo projeto "Escolas do Amanhã"

Mães e avós comunitárias	Trata-se de um programa de voluntariado, também inspirado na experiência da SME de nova Iguaçu onde "As mães e avós comunitárias atuam no sentido de mobilizar estudantes e familiares sobre a importância da escola em suas vidas, monitorando as faltas e buscando saber o motivo das mesmas, reduzindo diretamente a possibilidade de evasão escolar. As mães e avós atuam também, na hora do recreio, monitorando as ações e orientando o comportamento dos estudantes e suas relações"
Informática com internet em banda larga	Trata-se da implementação de sala de informática.
Escola 3.0	Trata-se da compra de equipamentos para as turmas de 2° segmento: computador com projetor e caixas de som em cada sala de aula e um netbook para cada três estudantes, além de rede wireless.

FONTE: Lucas (2011) Tabela elaborada pela autora.

Analisar o projeto "Escola do Amanhã" não é algo simples. Devido aos poucos estudos realizados no período e a escassez de documentos oficiais, há uma dificuldade em elaborar análises adensadas sobre o projeto. Lucas (2011) mediante o acesso a material de apresentação em língua estrangeira pela SME[78] mostra que o projeto Escolas do Amanhã tem como centralidade: tempo Integral; Participação da Comunidade; Saúde Escolar; Forma dinâmica de aprendizagem; Programa de Ciências. Há um entendimento de que é fundamental a ampliação do tempo de permanência da criança na escola, aprofundamento da relação entre escola e comunidade mediante o envolvimento da escola no cotidiano do território, e o acesso à saúde. No documento consta ainda a seguinte equação: (Educação + Infraestrutura urbana + agente comunitário local = Educar-comunitário).

78. Único documento disponibilizado à pesquisadora pela SME até 2012.

Um elemento a ser problematizado é a extensão da carga horária de estudo nas escolas que possuem o projeto. Na época da implementação dos CIEPs esta questão foi muito debatida e reaparece sob novas bases. Existe uma distinção entre ampliação da carga horária para aprofundar os conteúdos pedagógicos e ampliação para garantir mais tempo na escola, mas com outros conteúdos (esporte, arte, música entre outros).

Considerando que a Lei de Diretrizes e Bases da Educação Nacional (Lei nº 9.394/96), em seus artigos 34 e 87[79] prevêem:

> Art. 34: A jornada escolar no ensino fundamental incluirá pelo menos quatro horas de trabalho efetivo em sala de aula, sendo progressivamente ampliado o período de permanência na escola. 2º parágrafo: O ensino fundamental será ministrado progressivamente em tempo integral, a critério dos sistemas de ensino.
>
> Art. 87: parágrafo 5º — Serão conjugados todos os esforços objetivando a progressão das redes escolares públicas urbanas de ensino fundamental para o regime de escolas de tempo integral (Brasil, 1996).

Destaca-se que as ações realizadas pela maioria das escolas que propõe o horário integral ocorrem na perspectiva de diminuir o tempo com ações extraclasse no contraturno. Elas ocorrem via projetos sociais, atividades lúdicas, culturais e recreativas, que, guardada sua importância, deveriam ser realizadas também pelo professor e sob gestão do Estado, e não das ONGs que acabam por se responsabilizar por

---

79. Segundo o art. 3 da LDB: "a jornada escolar no ensino fundamental incluirá pelo menos quatro horas de trabalho efetivo em sala de aula, sendo progressivamente ampliado o período de permanência na escola".

ações que deveriam ser da escola[80]. Coadunado com Gadotti "A escola pública precisa ser integral, integrada e integradora" (2009, p. 32). Em outras palavras, ainda que escola pública não possua horário integral, a educação deve ser integral, totalizadora, completa.

Ainda nos documentos sobre o projeto consta uma preocupação com a relação com a comunidade do entorno, que se materializa nas seguintes questões:

> Como articular este território?
>
> - Visão integrada da escola na vida da comunidade, desenvolvendo parcerias com instituições governamentais e não governamentais, bem como identificar agentes sociais locais visando à criação e expansão dos espaços educacionais no bairro.
> - Desenvolver a autoestima dos/as estudantes/as, pais e cuidadores em torno da escola e da comunidade.
> - Desenvolver uma sinergia entre as escolas que atendem a uma mesma comunidade (Lucas, 2011, p. 94).

A preocupação com o território expressa-se no documento ao considerar a necessidade de uma maior relação com a comunidade e com as organizações sociais do entorno — que é desenvolvido pelas organizações sociais que realizam o projeto Bairro Educador. Na verdade, a aproximação com o território é delegado a outra instituição, que fica responsável por construir relação com a comunidade e que, ao concluir

---

80. Destaca-se aqui o projeto "Mais Educação", vinculado ao MEC, que viabiliza os recursos para operacionalizar o projeto "Escolas do Amanhã". Esse programa foi criado pela Portaria Interministerial nº 17/2007 e sua operacionalização se efetiva por meio do Programa Dinheiro Direto na Escola (PDDE), do Fundo Nacional de Desenvolvimento da Educação (FNDE). Através de parcerias com Organizações Não-Governamentais, o programa MAIS EDUCAÇÃO fomenta projetos que buscam melhorias das escolas da rede pública de ensino realizados no contraturno, aumentando a jornada escolar, na perspectiva de um projeto de educação integral.

o trabalho pode ou não fortalecer vínculos que, em princípio, deveriam ser construídos pelos próprios membros da escola.

No Rio de Janeiro, em 2012, havia aproximadamente 83 projetos sendo realizados no âmbito da SME. Tais projetos sociais alteram a rotina escolar e eram alvos de estudos e pesquisas que vinham apontando que, em sua maioria, havia prerrogativas de estabelecimento ou reforço de vínculos com os territórios do entorno. Burgos e Paiva (2010), em um estudo sobre os projetos sociais e a escola, afirmam:

> No caso da escola pública, apresenta-se como uma das faces do Estado, fundando-se em uma premissa universalista, baseada no direito à educação e em suposta "indiferença aos diferentes", que não reconhece as especificidades territoriais e culturais de seu público. Já os projetos sociais, especialmente nos territórios segregados, são chancelados por uma sociedade que reconhece a completude do trabalho da escola e da família, e que delega a atores da sociedade civil dos mais variados matizes um importante trabalho de formação social (Burgos; Paiva, 2010, p. 60).

Na pesquisa de campo junto a assistentes sociais que atuavam em escolas, ao serem perguntados sobre quais projetos sociais identificam em seu cotidiano, citaram os seguintes: projeto Pais Voluntários, projeto Amigos da escola, projeto Acelera, projeto Tecendo Saber, projeto Voluntário Educativo, projetos desenvolvido pelo Instituto Ayrton Senna, projetos de ONGs parceiras, projetos com universidades, Mais Educação e Escola do Amanhã.

É pertinente sublinhar que, na realidade carioca, os projetos sociais não são elaborados e/ou planejados pela comunidade escolar, e sequer a assistente social participa deles, em sua maioria são elaborados pela própria SME ou pelas próprias instituições que apresentam os projetos à secretaria, sem diálogo com o território e com a comunidade escolar. Trata-se da expressão da lógica colaboracionista e a perspectiva do voluntariado que se relacionam com a "pedagogia da hegemonia". São parcerias público-privadas, ações do terceiro setor que adentram as escolas, ampliam o tempo de permanência, e quase sempre difundem o projeto de sociabilidade que se alinham às diretrizes dos organismos multilaterais conforme mencionado no capítulo anterior.

Quanto às ações realizadas por assistentes sociais, estas se referem a projetos de intervenção profissional elaborados mediante a confecção de um plano de ação, desenvolvido em conjunto com a psicologia — parte integrante da equipe do Núcleo Interdisciplinar de Apoio às Unidades Escolares (NIAP). Destaca-se, na pesquisa, que a maioria das assistentes sociais reivindica a participação na elaboração dos projetos, compreendendo que essa participação pode ser um possível potencializador das ações nas unidades escolares. As demais respostas ao questionário elaborado apontam que, para potencializar as ações nas escolas, é preciso: ampliar o número de profissionais nas escolas — 23 (24%), maior participação da família/comunidade nas ações das escolas — 22 (23%), maior participação das próprias assistentes sociais nos projetos da escola — 18 (19%), reajuste salarial — 14 (14%), maior investimento na infraestrutura dos prédios — 12 (12%), horário integral das escolas — 5 (5%), transferência das unidades escolares para fora das favelas — 3 (3%).

Conforme estudos de Algebaile (2009) há em curso um processo de "robustecimento da escola", com a expansão da função escolar para além dos aspectos referentes ao processo educativo. Para a autora há um processo de engessamento da escola no que se refere às suas funções precípuas, onde a mesma gradativamente se configura como um "posto avançado" de ações sociais. O funcionamento da escola pública aparece operando como gestora da pobreza mediante a migração para a escola de tarefas atreladas às demais políticas sociais. Esse processo de ampliação de projetos sociais nas escolas públicas, mesmo sendo muito particular da cidade do Rio de Janeiro, ainda não foi o que justificou a requisição de assistentes sociais. A hipótese mais factível remete-nos à compreensão de que a ampliação da requisição profissional decorre da necessidade de ampliar os índices do IDEB.

É interessante notar que na tentativa de melhorar os índices da educação cria-se um processo de ampliação das ações da escola, mas sem ampliar o quadro de funcionários e sem necessariamente ampliar a qualidade. Nota-se que aos poucos as escolas perdem os coordenadores de turno, os supervisores educacionais, os inspetores de estudantes, porteiros; suas tarefas são acumuladas pelos diretores, diretores adjuntos e coordenadores pedagógicos, que também precisam cuidar do gerenciamento da multiplicidade de ONGs e profissionais externos ao quadro que atuam dentro da escola; sem contar com as dificuldades intrínsecas ao não desejo de lotação dos profissionais nas escolas situadas em favelas.

Segundo a pesquisa, ao se reportar sobre a relação entre a escola e o território, 55% das assistentes sociais autodeclaram possuir uma boa relação com a comunidade do entorno da escola. Entretanto, quando inquiridas sobre os instrumentos técnico-operativos mais utilizados, estas não realizam com frequência visitas domiciliares, recurso fundamental para conhecer o território, as comunidades e a realidade social dos estudantes. Percebe-se que a distância entre escola e favela também se faz presente no trabalho profissional, o que nos permite construir as seguintes reflexões: 1) há uma dificuldade de circulação dos profissionais nas favelas em função da violência; 2) existe um parco conhecimento da comunidade escolar sobre os territórios nas quais as escolas estão situadas; 3) o medo, reforçado pelos veículos de comunicação, produz sentimentos e sensações que por vezes paralisam os profissionais e inviabilizam suas ações nas comunidades, o que se expressa na quantidade ínfima de profissionais que, na pesquisa, por exemplo, afirmam realizar visitas domiciliares e conhecer o entorno das escolas.

É inegável que a violência urbana é um fenômeno real no cenário das favelas e que adentra a escola. Contudo, é inegável também a função do medo para a manutenção do *status quo*. Por meio da disseminação de notícias parcial ou inteiramente falsas, que visam atender a interesses políticos e/ou econômicos, de indivíduos ou grupos específicos, a mídia favorece a produção do medo. Esse é contaminado por um processo ideológico em que uma parte do fenômeno — imediatamente observado e sentido — é tomado como sendo o fenômeno por inteiro (Chauí, 1993). Nesse sentido, o medo contribui para agravar a distância entre profissionais e território, reforçando a ideia da favela como lugar onde o "salve-se quem puder" impera e onde o "exótico" se faz presente.

Ao abordar o tema da violência, Luís Antônio Machado (2004) discorre sobre a coexistência nas favelas de "sociabilidades contíguas": a sociabilidade citadina ou estatal, aquela cuja ordem é compartilhada pela maioria e controlada por instituições construídas a partir de ideais supostamente democráticos e aceitos coletivamente, e a sociabilidade violenta. Em uma longa, porém contundente citação o autor afirma que:

> Sugere-se aqui que a representação da violência urbana reconhece um padrão específico de sociabilidade, que será chamado de sociabilidade violenta. Na sua descrição, é possível começar lembrando que a característica central da violência urbana é captar e expressar uma ordem social, mais do que um conjunto de comportamentos isolados. Ou seja, as ameaças à integridade física e patrimonial percebidas provêm de um complexo orgânico de práticas, e não de ações individuais. Assim, pode-se apresentar a característica mais essencial da sociabilidade violenta como a transformação da força, de meio de obtenção de interesses, no próprio princípio de regulação das relações sociais estabelecidas.
>
> Uma vez que o princípio que estrutura as relações sociais é a força, não há espaço para a distinção entre as esferas institucionais da política, da economia e da moral etc. Quanto à dimensão subjetiva da formação das condutas, os agentes responsáveis pela gênese e consolidação desse ordenamento não se pautam por referências coletivas moderadoras da busca dos interesses individuais de curtíssimo prazo, deixando o caminho aberto para a manifestação mais imediata das emoções. Para eles [aqui o autor está se referindo a uma espécie de núcleo duro ou um tipo ideal de bandido, ou traficante, da favela. Aqueles muitas vezes denominados

> como "bicho solto ou bicho ruim". Não está generalizando, incluindo todos os bandidos nessa categoria], o mundo constitui-se de uma coleção de objetos — nela incluindo todos os demais seres humanos, sem distinguir seus "pares", os demais criminosos — que devem ser organizados de modo a servir a seus desejos. É claro que limites à satisfação desses impulsos são reconhecidos, mas apenas sob a forma de resistência material, e não como restrição de caráter normativo ou afetivo. Assim, o que caracteriza a sociabilidade violenta é que as práticas se desenvolvem monocordicamente como tentativas de controle de um ambiente que só oferece resistência física à manipulação do agente. O que une essas condutas em um complexo organizado de relações sociais é justamente o reconhecimento de resistência material representada pela força de que podem dispor os demais agentes, produzido pela reiteração de demonstrações factuais, e não por acordo, negociação, contrato ou outra referência comum compartilhada. Todos os agentes obedecem apenas porque sabem, pela demonstração de fato em momentos anteriores, que são mais fracos, com a insubmissão implicando retaliação física. No limite, poderemos dizer que não há "fins coletivos" nem subordinação; todas as formas de interação constituem-se em técnicas de submissão que eliminam a vontade e as orientações subjetivas de demais participantes como elemento significativo da situação (Machado, 2004, p. 39-40).

De fato, a violência é um elemento que marca as escolas e as favelas. Conforme a pesquisa realizada, a violência é entendida como parte constitutiva do agravamento das expressões da questão social, que se adensa e desorganiza a vida cotidiana. Devido a ela justifica-se, por exemplo, a diminuição da carga horária das escolas públicas das favelas[81],

81. Nota-se que as escolas do Conjunto da Maré fecham às 14h ou às 15h devido à sua localização em áreas consideradas como de risco. Todas possuem apenas um turno, conforme verbalizado pelos profissionais que lá atuam.

a ausência de recreio, as constantes interrupções de dias letivos devido aos conflitos armados e a falta de identidade dos professores com estas escolas. De forma geral, a violência vem sendo pensada pelas escolas e algumas estratégias são construídas para melhor lidar com a mesma, já que ela se materializa nas relações entre estudantes, nas relações entre professores e estudantes, dentro e fora das escolas.

Segundo dados da pesquisa, as principais estratégias para enfrentar a violência relacionam-se com a realização de acompanhamento dos casos em conjunto com os profissionais de outras áreas de conhecimento, e, quando necessário, encaminhados para serviços especializados. Outra estratégia se relaciona com o trabalho junto às famílias. E destacam que existem projetos sociais específicos para trabalhar a violência entre os estudantes.

Embora as estratégias sejam reconhecidas e validadas como possíveis ações de enfrentamento da violência, cabe uma reflexão sobre o lugar que a escola ocupa na produção da violência. Em maio de 2012, a Prefeitura da Cidade do Rio de Janeiro autorizou a presença de policiais militares nas escolas — fardados e armados —, a fim de coibir práticas violentas. Tratava-se do Programa Estadual de Integração da Segurança, do qual participam 423 policiais realizando a segurança de 90 escolas. O que as evidências revelam é o não reconhecimento de que escolas podem potencializar a produção de valores, práticas e comportamentos que se oponham à cultura da violência. A escola, que *a priori* seria protagonista de ações com essas características, passa a ocupar o lugar de vítima da violência, despertando a necessidade do aparato policial para protegê-la de atitudes e práticas que a mesma deveria coibir. Neste sentido, o repensar sobre a função da escola pública também se constitui como um dos desafios da assistente social. Trabalhar nestas instituições significa problematizar o papel do Estado e repensar a relação deste com o território.

Quadro 5. Como as situações de violência são trabalhadas na escola?

	OCORRÊNCIAS	%
Há projetos pedagógicos para trabalhar com a questão da violência na escola	12	14%
Acionamos a família para lidar com a violência entre os alunos	24	27%
Encaminhamos os problemas para a direção ou coordenação pedagógica	08	9%
Acionamos o conselho tutelar	06	7%
A guarda municipal é acionada quando há problemas de violência	02	2%
Recorremos à associação de moradores nos casos de violência que partem dos alunos	01	1%
Recorremos à CRE nos casos de violência que partem dos professores	03	3%
A equipe acompanha o caso junto com profissionais de outras áreas e, quando necessário, encaminha para serviços especializados.	32	36%
TOTAL	**88**	**100%**

FONTE: Elaboração própria (2012).

Outro elemento pertinente diz respeito ao rareamento de estudos produzidos pela categoria profissional sobre as favelas. Como venho abordando em outros textos, se historicamente a assistente social foi um dos primeiros profissionais que se aproximou das favelas e construiu reflexões sobre a mesma, atualmente essa profissional pouco escreve, pouco sistematiza e publica sobre o espaço urbano e principalmente sobre as favelas. A discussão do trabalho profissional nos espaços populares ainda é um tema que precisa ser mais explorado na produção bibliográfica do Serviço Social. É ínfima a publicação de livros, artigos e pesquisas realizadas pelas assistentes sociais sobre esse espaço. É importante registrar que essa baixa produção ocorre mesmo com a ampliação do mercado de trabalho, com a requisição de profissionais para atuarem em equipamentos públicos dentro das favelas com políticas educacionais, de assistência social, nas obras de saneamento, reassentamentos, entre outros.

Contudo, as demandas que se apresentam para as assistentes sociais envolvem questões explícitas e implícitas de violação aos direitos historicamente conquistados: ausência de acesso de qualidade à saúde pública, falta de documentação, acesso precário à justiça, uso abusivo de drogas, ausência de moradia digna, entre outros. Nesse contexto adverso, onde a contrarreforma do Estado e os diversificados processos oriundos da acumulação do capital primam pelo controle e disciplinamento da classe trabalhadora, são percebidas violações aos direitos humanos, ao direito à cidade, à moradia, à mobilidade urbana, ao meio ambiente, ao trabalho e à participação, colocando, dessa forma, os profissionais em situações que conflitam com os princípios e valores constitutivos do Projeto ético-político do Serviço Social.

Mediante tais subsídios e reflexões, propomos no capítulo subsequente, um mergulho na processualidade histórica do trabalho profissional nas escolas, buscando problematizar alguns elementos sobre o exercício profissional no interior das mesmas.

CAPÍTULO III

Considerações sobre o Serviço Social na Educação Básica brasileira

> O início da elaboração crítica é a consciência daquilo que realmente somos, isto é, um «conhece-te a ti mesmo» como produto do processo histórico desenvolvido até hoje, que deixou em ti uma infinidade de traços recebidos sem benefício no inventário. Tem-se de iniciar, este inventário (Gramsci, 1981, p. 12).

É notório que, ao longo dos últimos 20 anos, a produção teórica sobre o trabalho de assistentes sociais na educação vem se ampliando Há inúmeras experiências que demonstram as possibilidades de ação do profissional de Serviço Social no campo educacional, seja nos movimentos sociais, no campo da Educação Popular, nas universidades, na formação política, nas escolas públicas e privadas, todos na perspectiva da mediação de garantia de direitos.

O campo da educação é muito vasto especialmente no que se refere a educação escolar pública, sobretudo as experiências com o primeiro e segundo segmentos do ensino fundamental (1º ao 9º ano). Destaca-se que, atualmente, além do estudo sobre o município do Rio de Janeiro, no estado do Rio de Janeiro há prefeituras onde a categoria atua na rede de educação básica, quais sejam, Quissamã, Campos dos Goytacazes, Macaé, Itaboraí, Rio Bonito, Tanguá, Niterói, além de experiências em escolas particulares como Colégio Santo Inácio, Instituto Abel e Colégios de Aplicação, como é o caso do COLUNI-UFF. No mês de março de 2022, a Secretária Estadual de Educação (SEDUC) contratou temporariamente 1.290 profissionais do Serviço Social para atuar em escolas estaduais no combate à infrequência escolar.

Nos demais estados, há experiências sistematizadas em Alagoas, Bahia, Minas Gerais, Rio Grande do Sul, Rio Grande do Norte, Paraíba e São Paulo. Neste existem mais de 28 prefeituras municipais em que há atuação de assistente social: Assis, Barão de Antonina, Batatais, Borebi, Botucatu, Cosmópolis, Dracena, Embu, Franca, Garça, Hortolândia, Ipiguá, Itu, Jacareí, Laranjal Paulista, Leme, Limeira, Lorena, Mauá, Presidente Prudente, Santa Bárbara do Oeste, Santa Rita do Passa Quatro, Santo André, São Bernardo do Campo, São Carlos, São José dos Campos, Tupã e Vargem Grande Paulista, entre outras.

As demandas oriundas das escolas, no que se refere à ação profissional do Serviço Social, recaem sobre diversas questões. Autores como Almeida (2003), Witiuk (2004) e Martins (2007) apontam tendências de aproximação teórica e prática da pertinência da atuação da assistente social em função da dimensão educativa de seu trabalho e das potencialidades da ação profissional na educação escolar: atuação nas expressões da questão social; ações de incentivo à participação das famílias nas escolas, por meio do desenvolvimento de ações via trabalho de grupo; ações formativas com docentes, a fim de buscar conjuntamente soluções para questões trazidas pelos estudantes; e assessoramento a gestores da escola na perspectiva da gestão democrática.

A inclusão do profissional de Serviço Social pela via governamental nas escolas públicas ainda é pouco expressiva se compararmos à inserção no campo da saúde ou da assistência social. Embora a escola constitua-se como uma instituição pela qual todos os sujeitos passam (ou deveriam passar) e que apresenta uma multiplicidade de ações para a profissão, por muito tempo são as demandas institucionais que justificaram e ainda justificam a inserção profissional. E mesmo assim, a quantidade de profissionais era restrita. Contudo, observa-se um crescimento substantivo de assistentes sociais nas escolas durante a primeira década do século XXI. Delineia-se a hipótese de que a educação básica constitui-se, atualmente, como prioridade dos organismos internacionais, já que para estes há uma relação direta entre desenvolvimento econômico e educação. Nesse sentido, a inserção de profissionais do Serviço Social nas escolas pode vir a contribuir para a melhoria dos índices educacionais ao atuar nas refrações da questão social, já que esse conjunto de questões atrapalha o desenvolvimento educacional das crianças e adolescentes.

O impacto da educação no desenvolvimento econômico justifica-se, por exemplo, por meio de estimativas de que há um aumento maior no salário de uma pessoa analfabeta do que no salário de um profissional com pós-graduação, se em ambos for investido o mesmo montante de recursos em ações educativas. Essa é a linha argumentativa utilizada pelos organismos multilaterais, os quais afirmam que há mais vantagem "social" em investir na educação básica do que em outras modalidades de educação, o que também possibilitaria, além de aumentos na renda pessoal, o aumento da renda nacional por unidade de valor adicional investido.

Assim, quando o documento "Compromissos pela Educação" explicita as preocupações com os índices de avaliação, o MEC fixa a média 6,0 (seis) como objetivo a ser alcançado até 2021 — período estipulado tendo como base a simbologia do bicentenário da Independência, em 2022 —, é destacado o compromisso com a garantia de acesso e permanência do estudante na escola e abrem-se caminhos para a ampliação da presença e atuação da assistente social nas escolas. Nota-se que no mesmo documento é ressaltada a necessidade de "acompanhar cada aluno da rede individualmente, mediante registro da sua frequência e do seu desempenho em avaliações, que devem ser realizadas periodicamente" (Brasil, 2007, p. 1).

Acrescente-se, ainda, a ênfase no desenvolvimento de ações sob a perspectiva da gestão democrática e participativa, que pode envolver assistentes sociais e, sobretudo, atores políticos que atualmente estão diretamente envolvidos no cotidiano das escolas: Fundações Privadas e Associações sem Fins Lucrativos (FASFIL), empresas, entre outros.

Ademais, há uma proliferação de medidas de erradicação da pobreza por parte do Estado que, ao se constituírem como propostas e projetos que perpassam o universo escolar, tendem a ampliar o mercado de trabalho profissional no campo da educação, na medida em que o controle de condicionalidades e o acompanhamento de projetos e programas conformam-se como demanda por profissionais.

No contexto desses processos que ampliam o campo de atuação profissional das assistentes sociais, o Grupo de Trabalho do Conselho Federal de Serviço Social (CFESS) publicou na cartilha Serviço Social na Educação o Parecer Jurídico nº 23, de 22 de outubro de 2000, que destaca as funções que cabem ao profissional de Serviço Social nas escolas:

> - Pesquisa de natureza socioeconômica e familiar para caracterização da população escolar;
> - Elaboração e execução de programas de orientação sócio-familiar visando a prevenir a evasão escolar, a disparidade série/idade, e melhorar o rendimento do aluno e sua formação para o exercício de sua cidadania;
> - Participação em equipe multidisciplinar, da elaboração de programas que visem prevenir a violência, o uso de drogas e o alcoolismo, bem como prestar esclarecimento e informações sobre doenças infecto-contagiosas e demais questões que envolvam saúde pública;
> - Articulações com instituições públicas, privadas, assistenciais e organizações comunitárias locais, com vistas ao encaminhamento de pais e estudantes para atendimento de suas necessidades;
> - Realizações de visitas sociais com o objetivo de ampliar o conhecimento acerca da realidade sócio-familiar do aluno, de forma a possibilitar assisti-lo e encaminhá-lo adequadamente;
> - Elaboração e desenvolvimento de programas específicos nas escolas onde existam classes especiais (CFESS, 2000, p. 13).

As demandas para o profissional nesse campo recaem sobre diversas possibilidades de trabalho e com diferentes perspectivas teórico-políticas, as quais, ao longo da história, foram se modificando. A inclusão do Serviço Social no campo educacional ocorreu inicialmente na década de 1930[82], com alguns experimentos que se concretizam na década de 1950-1960, período marcado pelo desenvolvimentismo em que a profissão se consolida na divisão social do trabalho.

A Educação, embora não seja um campo de trabalho novo para as assistentes sociais, está em fase de ampliação. Algumas experiências vêm mostrando a necessidade e a possibilidade de o Serviço Social contribuir para o planejamento da gestão e para a execução da política educacional, seja no acompanhamento direto a estudantes e famílias, seja na inserção em equipes multidisciplinares, dentro e fora das escolas. Há também destaque para as experiências de inserção em escolas privadas que, ao se constituírem como instituições sem fins lucrativos para aumentar as deduções fiscais, concedem bolsas de estudo. Nesses casos, muitos profissionais atuam em processos seletivos de avaliação socioeconômica para a concessão deste e de outros benefícios.

O combate à evasão aliado às ações de garantia da permanência escolar vem levando os gestores a realizar concursos e celebrar contratos, na medida em que demanda ações profissionais, sobretudo para a tarefa da diminuição dos índices de evasão escolar. Nesse sentido, torna-se fundamental compreender o que justifica a inserção profissional das assistentes sociais nas escolas. Para isso, demanda-se inventariar como ocorreu esta inserção ao longo da história, quais os interesses políticos em jogo em cada período e, sobretudo, compreender o porquê da ampliação desse espaço de atuação.

82. Maria Esolina Pinheiro, na obra "Serviço Social, Infância e Juventude Desvalidas: aplicações, formas, técnicas e legislação", constata que em 1928, em Pernambuco, através de um ato governamental, foi determinada a criação de "um corpo de visitadoras, [que tinha como função] [...] zelar pela saúde dos escolares e visitar as famílias dos estudantes, a fim de conhecer o meio em que estes viviam, e incentivar nos pais, hábitos sadios" (Pinheiro, 1985, p. 46).

Absenteísmo, evasão escolar, repetência, comportamentos violentos, gravidez na adolescência, uso abusivo de álcool e outras drogas, *bullying* e falta de acesso aos direitos sociais são exemplos comuns de manifestações da questão social que se materializam nas escolas públicas como tradução dos efeitos da apropriação desigual da riqueza socialmente produzida na sociedade capitalista.

As múltiplas manifestações da questão social no interior da escola pública é matéria do exercício profissional da assistente social, visto que a profissão "se particulariza nas relações sociais de produção e reprodução da vida social como uma profissão interventiva no âmbito da questão social, expressa pelas contradições do desenvolvimento capitalista monopolista" (ABESS/CEDEPSS, 1997, p. 60). Entretanto, ainda é pouco discutido o que faz o profissional na escola, portanto, esse é um item que merece destaque neste estudo.

A expressão "questão social" define-se e atualiza-se sistematicamente, revelando-se, sobretudo, nas conjunturas mais tensas, por meio das renovadas formas de desigualdade social e política, porém, mantendo inalterada a sua base de sustentação, materializada na contradição capital versus trabalho, inerente à sociabilidade burguesa. Logo:

> O desenvolvimento capitalista produz, compulsoriamente, a 'questão social' — diferentes estágios capitalistas produzem diferentes manifestações da 'questão social'; esta não é uma sequela adjetiva ou transitória do regime do capital: sua existência e suas manifestações são indissociáveis da dinâmica específica do capital tornado potência social dominante. A 'questão social' é constitutiva do desenvolvimento do capitalismo. Não se suprime a primeira conservando-se o segundo (Netto, 2001, p. 45).

Nesse sentido, é possível considerar que a "questão social" é indissociável do processo de acumulação e dos efeitos que este produz sobre o conjunto das classes trabalhadoras, o que não se restringe às formas recentes pelas quais o Estado regula a vida social e legitima direitos, dentre eles a educação[83]. Como Neto (2001, p. 45) mostra, "diferentes estágios capitalistas produzem diferentes manifestações da 'questão social'", existindo, assim, diferentes respostas da sociedade no decorrer da história.

Pensando na particularidade das escolas brasileiras, as expressões da questão social desafiam as assistentes sociais quanto à formulação de respostas aos estudantes, famílias e docentes que apresentam as situações, impondo respostas imediatas às questões complexas. Questões essas que são oriundas da herança do século passado com seus processos de transformações no mundo do trabalho, da sociabilidade e da forma como o Estado redefine os sistemas de proteção social e as políticas sociais nesse contexto.

Portanto, pensar o trabalho profissional de assistentes sociais nas escolas requer pontuar as tensões, as ambiguidades e os distintos contextos nos quais se insere a profissão. Somente a partir de tal apreensão é possível compreender a forma como a profissão responde às requisições profissionais que lhes são apresentadas. É o que faremos no item a seguir.

83. É necessário apontar, ainda que de forma sucinta, que o debate da questão social constitui-se de embates, tendo notável destaque as interpelações acerca da nova questão social. Nessa reflexão há os que afirmam a inexistência de uma "nova questão social", o que se contrapõe a autores como Rosanvalon (1998) e Castel (1997). Ambos os autores afirmam, resguardando suas diferenças teóricas e argumentativas, que nos encontramos diante de uma "nova sociedade", com "novos atores sociais", com "novos problemas", o que evidenciaria uma "nova questão social". Castel (1997), embora tenha privilegiado o cenário francês, entregou-nos uma pesquisa de fôlego sobre essa questão intitulada "As metamorfoses da questão social". Valendo-se da assertiva de Netto (2001), neste trabalho parte-se do princípio de que, ao discutir a "questão social", não se afirma a existência de uma "nova questão social", que se contrapõe a uma "antiga questão social", ainda que haja concordância de que existam novos elementos, novas expressões imediatas da questão social, os quais induzem a pensar que ela de fato seja nova.

Os caminhos percorridos pelo serviço social na Educação Básica

O trabalho das assistentes sociais nas escolas, assim como todas as formas de inserção profissional, é balizado pela sua inserção nas estruturas institucionais prestadoras de serviços e políticas sociais. Como dito em linhas iniciais, não se trata de uma ação nova, de uma inserção socioocupacional recente, mas que se presentifica nas escolas desde a gênese da profissão. Trata-se de uma profissão que se insere predominantemente na esfera de atividades que não estão vinculadas diretamente à produção material, mas à regulação das relações sociais, à criação de condições necessárias ao processo de (re)produção social, por meio de ações que recaem sobre as condições de vida.

Nesse sentido, para analisar a trajetória do trabalho profissional de assistentes sociais, essa profissão deve ser entendida não a partir dela mesma, mas a partir da história e da sociedade da qual é parte e expressão. Presume-se, então, que para compreendê-la é preciso inseri-la no quadro das relações sociais, da luta entre as distintas classes sociais e das relações destas com o Estado.

No Brasil, a profissão institucionalizou-se e legitimou-se mobilizada pelo Estado e pelo empresariado, com o suporte da Igreja Católica, no intuito de enfrentar e regular a questão social, que a partir dos anos 1930 se intensificou, explicitando as contradições de um país que vivenciava a ruptura com o modelo econômico vigente, agroexportador. Nesse processo, as manifestações da questão social materializam-se no cotidiano da vida social, gradativamente adquirem expressão política e, assim, constituem-se como "matéria-prima" do Serviço Social — embora naquele período histórico essa perspectiva analítica ainda não fosse possível, dada a carência de referenciais teóricos que possibilitassem uma análise mais unitária e coerente da profissão.

O trabalho de assistentes sociais nas escolas brasileiras desenvolve-se na medida em que o Estado percebe a necessidade de intervir no combate à evasão escolar e às dificuldades de aprendizagem dos estudantes nas escolas, dificuldades essas entendidas como "disfunções" oriundas das suas próprias "patologias sociais".

Na década de 1930, a educação no Brasil apresentava um cenário muito ruim no que se refere aos aspectos materiais e pedagógicos, à formação de professores, ao acesso e à permanência das crianças nas escolas. A oferta do ensino público à população ainda era precária e restrita; em 1929, mais da metade (65%) da população brasileira de 15 anos ou mais não tinha frequentado a escola.

No início do período republicano ocorreu expansão significativa de matrículas no ensino primário, elevando a população em idade escolar matriculada de 12%, em 1889, para cerca de 30%, em 1930 (Ribeiro, 1986).

A perspectiva educacional da era Vargas (1930-1945) estava diretamente relacionada à nova classe que se consolidava no poder: a burguesia urbano-industrial, que se identificava com a perspectiva tradicional de educação. Primava-se por uma lógica em que o não acesso do indivíduo à escola era fator gerador de "ignorância, de marginalidade". Assim, delega-se à escola o papel de difundir a instrução e o conhecimento acumulado pelo homem, promovendo a equalização social. Essa teoria da educação, definida como tradicional, sofre severas críticas por não conseguir cumprir o papel de promover essa equalização social, acabando com a ignorância e, consequentemente, com a marginalidade (Saviani, 1997). Por outro lado, em 1932 surgiu a Escola Nova, que trazia uma proposta de reforma no ensino promovida por um grupo de intelectuais — pioneiros da educação, baseada nas ideias dos educadores norte-americanos John Dewey e seu discípulo Wiliam Kilpatrick. Esse movimento fundamentava-se na necessidade de uma nova educação, que deveria ser a reação sistemática contra a velha estrutura agrária vencida, ou seja, tornar a educação adequada ao seu tempo. Reivindicava uma ação mais incisiva do Estado na direção de uma educação pública, gratuita, obrigatória e leiga e se constituiu como marco na luta pela ampliação da escola pública básica no Brasil.

O movimento defendia uma educação voltada para as necessidades de um país em processo de industrialização, uma educação que preparasse os sujeitos para a nova realidade do país. Contudo, as resistências identificadas por Saviani (1997) indicavam a Igreja Católica como defensora da escola particular que buscava recuperar a concepção religiosa de vida, com uma visão ético-teológica, entendendo ser a educação o instrumento adequado para isso. Os escolanovistas, identificados com a burguesia industrial, buscavam reconstruir a sociedade com base em ideais puramente humanos de convivência e solidariedade (Saviani, 1997).

O ponto central nesse período foi que a nova realidade brasileira passou a exigir uma força de trabalho especializada e, para tal, era preciso investir em educação. Nessa década emergiu um processo de reformas educacionais ancorado nos preceitos da Constituição de 1934, que enfatizava a educação. Esse processo ampliou o número de unidades escolares de tal modo que em 1936 o poder público já mantinha sob seu controle 73,3% das escolas do país. Contudo, a seletividade continuava sendo uma característica da organização escolar, o que reforçava a cisão entre trabalho manual e trabalho intelectual.

O censo de 1940 revelou que a taxa de analfabetismo no país atingia 56,17% da população com idade superior a 15 anos. A obrigatoriedade escolar, novidade que apareceu somente em 1946 com a Constituição da época, fez emergir uma série de questões que até então a escola pública desconhecia. Por um grande decurso de tempo, a escola como instituição das elites, do tempo livre, pouco conhecia a realidade das classes populares, que agora usufruíam da escola. E desconhecia os mecanismos de combate à evasão, já que a escola era para quem tivesse acesso a ela. Portanto, um dos dispositivos legais preponderantes para impulsionar a presença das assistentes sociais nas escolas foi a Constituição editada em 1946, que posteriormente regulamentou o ensino de primeiro grau como obrigatório. Além disso, o Ministério da Educação da época aprovou as seguintes legislações: Decretos Lei nº 8.529, de 2 de janeiro, que regulamentava o ensino primário, nº 8.530, da mesma data, que regulamentava o ensino normal, e nº 9.613, de 20 de agosto, que regulamentava o ensino agrícola. Com a promulgação dessas legislações, ocorreu o estímulo à prestação de serviços assistenciais aos estudantes com frequência escolar irregular e que evadiam (Freitas, 1980; Amaro, Barbiani, Oliveira, 1997).

Na década de 1940, período em que a profissão inscreveu-se de forma mais definitiva na divisão social do trabalho, ocorreram alguns experimentos importantes no campo da educação. Observou-se a inclusão de assistente social nas equipes profissionais, por exemplo, com a criação do Centro de Orientação Juvenil (COJ), vinculado ao então Ministério da Educação e Cultura (MEC), que atendia às crianças e adolescentes com problemas de "ajustamento". Esse trabalho, cuja equipe profissional era composta por médicos, psicólogos e assistentes sociais, objetivava a condução dos "menores" a uma adaptação positiva às suas "condições de vida" (Freitas, 1980, p. 11).

No processo de institucionalização do Serviço Social, as requisições ao trabalho de assistentes sociais conformavam-se entre assistência e repressão (Iamamoto, 2014). Portanto:

> As expressões do processo de formação e desenvolvimento da classe operária e de seu ingresso no cenário político da sociedade, exigindo seu reconhecimento como classe por parte do empresariado e do Estado. É a manifestação, no cotidiano da vida social, da contradição entre o proletariado e a burguesia, a qual passa a exigir outros tipos de intervenção, mais além da caridade e repressão (Iamamoto, 2014, p. 84).

Na mesma época, o trabalho educativo e disciplinador da assistente social na Fundação Leão XIII[84] desenvolvia-se, mesmo não ocorrendo na educação formal. O Serviço Social desenvolvia ações "educativas" nas

84. A Fundação Leão XIII, criada em 1947, foi primeira intervenção em políticas públicas direcionadas para atuar no interior das favelas cariocas, desenvolvendo ações assistenciais e de saúde e educacional mediante a implantação de Centros de Ação Social (CAS). Atualmente, está vinculada à Secretaria de Estado de Desenvolvimento Social e Direitos Humanos (SEDSODH).

favelas, já que a postura de Getúlio Vargas no meio urbano, de conduzir as políticas públicas numa lógica industrialista e urbanizadora, pressupunha o trato aos pobres, o que era fundamental para o êxito das suas propostas e para reprimir os focos do comunismo.

Segundo Freitas (1948), o exercício profissional nas escolas ocorria mediante o desenvolvimento de ações voltadas à redução dos "problemas sociais", compreendidos como desajustes individuais e atendidos a partir de ações como: atendimentos individualizados de casos, atuação por meio de visitas domiciliares (procedimento do serviço social de caso), atendimentos em grupo com os estudantes da escola, atuação no espaço comunitário visando ao processo de desenvolvimento das relações locais, além de ações educativas realizadas no Sistema S (SENAI, SENAC, SESI, SESC).

Nos estudos realizados por Wituik (2004), a partir das leituras dos trabalhos de conclusão de curso sobre a época, é notória a falta de clareza na proposta do "serviço social escolar", como era denominado à época. As atribuições eram difusas e apresentavam viés moralizador e psicologizante. Além disso, existiam:

> Procedimentos metodológicos que combinam funções curativas e preventivas dos problemas sociais individuais. (...) A ajuda psicossocial inscreve-se na perspectiva de adaptação às regras socioinstitucionais onde existe tendência pragmática, explicita uma ação socioeducativa disciplinadora do operariado e família (Wituik, 2004, p. 36).

Salienta-se que o Serviço Social, a partir da década de 1940, incorporou gradativamente os referenciais franco-belga, doutrinários, para uma junção com o funcionalismo oriundo dos Estados Unidos, com fortes influências da Psicologia (Iamamoto; Carvalho, 1982). Em um dos trabalhos, reivindica-se a formação de professor para o exercício profissional da assistente social. Segundo Nascimento (1948): "a assistente social deve ter também o curso e a prática de professora".

Conforme estudos de Witiuk (2004), que realiza uma análise da construção histórica do Serviço Social nas escolas, a influência estadunidense foi significativa na década de 1940 no que se refere ao denominado "Serviço Social escolar brasileiro". Suas concepções e métodos, sobretudo em 1941, ficam mais explícitas, pois nesse ano representantes das escolas latino-americanas de Serviço Social participaram da Conferência Nacional de Serviço Social, realizada em Atlantic City.

O denominado Serviço Social escolar adotado no Brasil, influenciado pela perspectiva americana, baseava-se no método de Serviço Social de Casos Individuais, realizado através de atendimentos individuais a famílias, docentes e estudantes. Utilizava-se a "aplicação de inquéritos no domicílio da criança, o Serviço Social procura detectar as causas da dificuldade de aprendizagem bem como aproximar casa e escola ou escola e comunidade":

> Ao Serviço Social escolar cabe o atendimento, por meio do Serviço Social de caso, à população mais empobrecida, dentro da concepção vigente de questão social como caso de polícia e de acesso à educação como forma de repasse de valores e princípios. O assistente social atua junto ao educando e sua família identificando os problemas sociais que repercutem no aproveitamento escolar, propondo ações ou requisitando serviços que possibilitem a adaptação do escolar ao seu meio e ao ambiente escolar, promovendo o ajustamento social. Percebe-se uma tendência de estigmatização e culpabilização dos indivíduos sob as bases do funcionalismo que hierarquiza as relações sociais e procura identificar disfunções na sociedade (Witiuk, 2004, p. 25).

A influência norte-americana não ocorreu com exclusividade no denominado Serviço Social escolar, mas na profissão como um todo. As principais influências acontecem com a disseminação do Serviço Social de caso e a ênfase na busca de conhecimentos científicos, especialmente no contexto da Psicologia, da Psicanálise, da Medicina e até mesmo do Direito (Iamamoto, 1992). Identifica-se também a ênfase na abordagem individual e a apreensão do Serviço Social como atividade reformadora do caráter. Nos Estados Unidos, no âmbito do Serviço Social escolar, as ações de intervenção junto aos estudantes e às famílias deram origem às "professoras visitadoras" e aos "inspetores de assistência", chamados também de "conselheiros escolares", "conselheiros sociais visitadores", "visitadores da comunidade e da escola", "professores visitadores ou assistentes sociais escolares" (Richmond *apud* Wituik, 2004).

Nos estudos da autora, analisando os TCCs das quatro primeiras escolas de Serviço Social — Rio de Janeiro, Pernambuco e Paraná —, identificou-se que, após 1946, há aumento da produção bibliográfica sobre o trabalho da assistente social escolar. São identificados quinze TCCs na década de 1940, 28 trabalhos na década de 1950 e 32 trabalhos na década de 1960.

Recorrendo aos fundamentos do Serviço Social em seu processo de legitimação profissional, percebe-se que, para além da influência do Serviço Social de caso, no universo escolar o trabalho em grupo configura-se como imprescindível. Konopka aponta que:

> A escola é, decididamente, um ambiente de grupo, e os professores trabalham com grupos. Quando o serviço de grupo estava mais intimamente relacionado à educação informal, não constituía parte dos programas de Serviço Social escolar como é compreendido na atualidade, mas os grupos informais eram amplamente empregados nas escolas para ajudar os jovens. O Serviço Social escolar, conforme se desenvolveu nos Estados Unidos, era mais o tradicional Serviço Social de caso combinado com a tarefa de 'fiscal dos vadios'. Isso era simbolizado pela designação que os assistentes sociais escolares tinham de 'professores'. A função do assistente social de grupo modificou-se, e com a mudança veio a compreensão da possível contribuição a ser prestada, nesse setor, pela assistente social de grupo. Os representantes desse campo do

> Serviço Social estão especialmente inclinados a experimentar os serviços do Serviço Social como parte de sua especialização. Alguns departamentos têm empregado assistentes sociais de grupo. Suas funções compreendem: 1) Trabalho direto com grupos de crianças que demonstram dificuldades escolares; 2) Consultas com os professores para ajudá-los a lidar com as crianças de comportamento difícil na sala de aula (Konopka, 1960, p. 296).

Nas reflexões da autora, o Serviço Social escolar representa a possibilidade de atender as necessidades de crianças com problemas sociais e emocionais que interfiram no seu processo de aprendizagem. Além disso, as ações de grupo, intrínsecas ao Serviço Social e ao trabalho do docente, constituíam-se como elo potencializador para diluir os problemas sociais trazidos pelos estudantes e suas famílias.

Pelas pesquisas realizadas por Silveira (1982), Witiuk (2004), Guilherme (1945) e Amaro *et al.* (1997) é identificada uma gama de experiências ao longo do país, entre as décadas de 1940 e 1950, que, sistematizadas, demarcaram o Serviço Social escolar (Quadro 6).

Quadro 6. Experiências do Serviço Social nas escolas no Brasil entre 1940 e 1950

LOCAL	DIRETRIZES/REFERENCIAIS ORIENTADORES	ATRIBUIÇÕES
São Paulo	Há uma afirmação do pensamento social católico, na perspectiva da unidade "família, Igreja e Estado". A escola seria a instituição social que complementará a família, com a qual precisa harmonizar-se, juntamente com a Igreja Católica.	A atribuição do Serviço Social no espaço da escola era "curar e prevenir desajustamentos, contribuir com eficiência em todos os setores escolares para o desenvolvimento harmonioso e integral da criança" (Guilherme, 1945, p. 15).
Curitiba	Portaria assinada em 10 de setembro de 1946 instituiu nas escolas públicas do município o Serviço de Assistência Social, a ser executado pelo Serviço Social.	Não há dados que expressem as atribuições profissionais, mas "segundo a portaria, os estabelecimentos públicos de ensino primário e secundário prestarão à Escola todo o auxílio e colaboração no sentido de fazerem eficientes os meios de assistência social nas escolas".
Rio Grande do Sul	Decreto nº 1394, de 25 de março de 1946. O Serviço Social é implantado na Secretaria de Educação e Cultura, vinculado ao programa geral de assistência ao escolar.	As atividades do Serviço Social estavam voltadas para a identificação dos problemas sociais emergentes que repercutiam no processo de aprendizagem do aluno, bem como na promoção de ações que possibilitassem a 'adaptação' dos escolares ao seu meio e o 'equilíbrio social' da comunidade escolar. Dentre as funções que cabiam ao Serviço Social destacam-se: • "Examinar a situação social e econômica dos estudantes e suas famílias;

Quadro 6. Experiências do Serviço Social nas escolas no Brasil entre 1940 e 1950 (CONT.)

ESTADO	DIRETRIZES/REFERENCIAIS ORIENTADORES	ATRIBUIÇÕES
Rio Grande do Sul (cont.)		• Identificar casos de desajuste social e orientar pais e professores sobre o tratamento adequado; • Orientar a organização e o funcionamento de entidades que congreguem professores e pais de estudantes; • Orientar as famílias no encaminhamento dos estudantes a instituições previdenciárias; • Realizar triagem de estudantes que necessitem de auxílio para material escolar, transporte, tratamento médico e dentário; • Preparar relatórios e prestar informações sobre suas atividades; • Manter articulação com os grupos da escola (professores, pais) e outras entidades comunitárias; • Esclarecer e orientar a família e a comunidade para que assumam sua parcela de responsabilidade no processo educativo" (Amaro; Barbiani; Oliveira, 1997, p. 52).

Quadro 6. Experiências do Serviço Social nas escolas no Brasil entre 1940 e 1950 (CONT.)

ESTADO	DIRETRIZES/REFERENCIAIS ORIENTADORES	ATRIBUIÇÕES
Rio de Janeiro	Nos anos 1950 foram criados pela Resolução nº 48, de 31 de agosto de 1956, os Centros Distritais de Orientação (CDO), subordinados ao Departamento de Educação Primária, com o objetivo de dar assistência médico-psico-pedagógica, com equipes de multiprofissionais, às crianças portadoras de necessidades especiais, onde se insere o Serviço Social. Criou-se o Instituto de Educação do Excepcional — I-EEx na Secretaria Geral de Educação, que tinha por objetivo promover a formação profissional em educação e assistência ao portador de necessidades especiais.	O assistente social integrava a equipe interdisciplinar atuando nos serviços de assistência médico-psico-pedagógica junto às crianças portadoras de necessidades especiais. Posteriormente, esse atendimento se estendeu às crianças das classes comuns portadoras de "problemas de desajustamento".

FONTE: Elaboração própria a partir dos dados de: Silveira (1982), Witiuk (2004), Guilherme (1945) e Amaro, Barbiani e Oliveira (1997).

Na interlocução com as experiências norte-americanas, alguns eventos realizados por assistentes sociais organizados pela Organização das Nações Unidas e pela Organização dos Estados Americanos (OEA) deixaram contribuições importantes que reivindicaram o Serviço Social escolar. A utilização do Desenvolvimento de Comunidade como nova metodologia desencadeou uma mudança teórico-prática do Serviço Social, objetivando maior integração escola-família-comunidade. Tais mudanças podem ser verificadas nas proposições de eventos como:

II Congresso Pan-Americano de Serviço Social: nesse congresso recomendou-se a implementação do Serviço Social nas escolas, destacando que essa é uma "atividade técnica [Serviço Social escolar] considerada 'supletiva', todavia 'necessária'" (Oliva, 1987, p. 39 *apud* Witiuk, 2004, p. 40);

III Congresso Pan-Americano de Serviço Social: realizado em Porto Rico em outubro de 1957, com a perspectiva de padronizar a terminologia utilizada pelo Serviço Social no continente americano, elaborou-se um dicionário no qual o Serviço Social escolar é incluído como um termo comum usado no continente e assim definido: Serviço Social escolar, servicio social escolar, school social work: é o que é prestado nos estabelecimentos de ensino e que visa a atender problemas ou circunstâncias que perturbem ou impeçam a utilização das potencialidades dos educandos. (III Congresso Pan-Americano De Serviço Social, 1957, p. 132 *apud* Witiuk, 2004, p. 34);

I Congresso Brasileiro de Serviço Social: Desenvolvimento Nacional para o Bem-Estar Social (1961). Iamamoto (1982, p. 337) mostra a multiplicidade de questões abarcadas nesse congresso, dentre elas a temática do Serviço Social escolar e da educação popular.

Para além dos eventos que debatiam o Serviço Social, com o acréscimo de um capítulo na LDB de 1961 — Decreto nº 4.024, de 20 de dezembro de 1961, que versa sobre a necessidade do serviço de assistência social ao educando —, a profissão ganha mais possibilidades de atuação nas escolas[85].

---

85. "Título XI – Da assistência social escolar: Art. 90: Em cooperação com os outros órgãos ou não, incumbe aos sistemas de ensino técnica e administrativamente prover, bem como orientar, fiscalizar e estimular os serviços de assistência social, médico-odontológica e de enfermagem aos estudantes.
Art. 91: A assistência social escolar será prestada nas escolas sob a orientação dos respectivos diretores, por meio de serviços que atendam ao tratamento dos casos individuais, a aplicação de técnicas de grupo e a organização social da comunidade (Brasil, 1961).

O final da década de 1950 e a década de 1960 marcam a emergência dos projetos de educação popular, as lutas pela educação de base e os movimentos de cultura popular aos quais vários assistentes sociais inseriram-se de forma intensa (Kameyama, 1986).

O início da década de 1960, em função das experiências dos movimentos progressistas, marcou a emergência do uso da expressão "educação popular". O Estado também se apropriou do termo realizando várias experiências, como o Movimento de Educação de Base (MEB)[86]. Algumas experiências do MEB realizadas em parceria com a Igreja Católica tiveram forte cunho progressista, o que demonstra a contradição existente no interior das próprias ações do Estado e a possibilidade de, dentro dele, realizar ações contra-hegemônicas. Destaca-se ainda as mobilizações em prol da educação na década de 1960, como as ações dos Círculos de Cultura e demais ações de mobilização circunscritas no âmbito da Educação Popular.

Segundo Bezerra e Rios:

> A grosso modo, num período que vai de 1945 a 1958, três modos de intervenção educativa que marcaram o momento e que, somadas às novas contribuições que surgiram na fase 1959/64, vão repercutir sobre as práticas educativas desenvolvidas na década de 60. São elas: a presença educativa da Igreja, sobretudo a Católica, nos meios populares; a extensão rural; e o desenvolvimento de comunidade (Bezerra; Rios, 2005, p. 11).

A inserção do Serviço Social brasileiro nas práticas educativas de Desenvolvimento de Comunidades relaciona-se às condições históricas mundiais, em particular ao cenário político latino-americano.

---

86. O MEB foi criado pela Conferência Nacional dos Bispos do Brasil (CNBB) em 1961, com o objetivo de desenvolver um programa de educação de base por meio de escolas radiofônicas nos estados do Norte, Nordeste e Centro-Oeste do Brasil. Entre 1961 e 1966 ocorreu seu período mais expressivo, contando com a participação de assistentes sociais (Kameymana, 1986).

Institucionalizado pela Organização das Nações Unidas, o Desenvolvimento de Comunidade é postulado no momento em que as grandes potências — lideradas por EUA e URSS — deflagram a "Guerra Fria". Como a consolidação do socialismo e sua expansão começavam a representar perigo para os países capitalistas atingidos pela perda de suas colônias, esses propõem o Desenvolvimento de Comunidade sob o argumento de que:

> A pobreza é um entrave e uma ameaça tanto para as populações pobres quanto para as áreas mais prósperas, e que a melhoria da condição da vida dos povos eliminaria os focos do comunismo e redundaria em benefício dos EUA (Ammann, 1980, p. 31).

Sob esse argumento, os EUA iniciam, a partir da II Guerra Mundial, um programa de assistência técnica aos países pobres (principalmente na América Latina). Os estudos de Safira Ammann sobre o tema mostram que no Brasil, em 1945, foi realizado um acordo para a educação rural com o objetivo de preparar a entrada do Desenvolvimento de Comunidade no país; posteriormente seria estabelecido um acordo com o Ministério da Educação visando à educação industrial. A perspectiva era de que, com essas medidas, a veiculação da ideologia e dos interesses norte-americanos, tanto no meio rural quanto nas áreas urbanas, seria garantida.

Durante os anos 1950, a ONU empenhou-se em sistematizar e divulgar o Desenvolvimento de Comunidade no país[87] como uma medida para solucionar "o complexo problema de integrar esforços da população aos planos regionais nacionais de desenvolvimento econômico e social" (Carvalho *apud* Ammann, 1980, p. 32). Essa integração, na perspectiva de Ammann (1980), foi concebida de forma:

---

87. Para a ONU, o Desenvolvimento de Comunidade sintetiza o "processo através do qual os esforços do próprio povo se unem aos das autoridades governamentais, com o fim de melhorar as condições econômicas, sociais e culturais das comunidades na vida nacional e capacitá-las a contribuir plenamente para o progresso do país" (CBCISS, 162, p. 25).

> Acrítica e aclassista quando, tendo como base o estrutural-funcionalismo parsoniano isentando a intervenção profissional de qualquer envolvimento político, interditando a critica às estruturas responsáveis pelas desigualdades sociais (Ammann, 1980, p. 32).

Essa perspectiva teve como um dos seus vetores de divulgação os seminários regionais de assuntos sociais organizados pela OEA, que investiam na educação de adultos, tendo em vista os grandes índices de analfabetismo, e contavam com grande audiência das assistentes sociais brasileiras.

Acompanhando o cenário político regional, marcado pelo crescente protagonismo dos trabalhadores rurais e urbanos e pela radicalização da Revolução Cubana, iniciada em 1959, novas tendências apresentaram-se no campo teórico-metodológico concernentes ao Desenvolvimento de Comunidade e à Educação Popular. Entre 1960 e 1963, registrou-se grande ênfase na Educação Popular com inspiração freireana, que buscava contribuir para a gestação de uma consciência de caráter nacional-popular assentada no engajamento político das classes subalternas na luta por reformas sociais. Contudo, esse processo foi bloqueado pelo Golpe Militar em 1964.

Durante a Ditadura Empresarial-Militar, a integração, por meio da "ação comunitária", passou a ser postulada como fundamental para a harmonia do sistema, devendo ser estimulada a participação comunitária para preservar a harmonia, a continuidade e a estabilização do sistema. Segundo Ammann, a abordagem de comunidade era vista como um todo regido pelo consenso, com base na identificação de problemas e interesses comuns. Comunidade, como unidade consensual, leva a um tipo de intervenção em que os problemas são tratados não por interesse de classes, mas por grupos sociais definidos por faixa etária, sexo etc. (Ammann, 1980, p. 85).

* * *

Embora este estudo não se proponha a adensar as análises freirianas sobre a educação popular, é pertinente trazer para o debate alguns pontos discutidos por Freire que colaboram para sintetizar seu pensamento e a aproximação das práticas de educação popular voltadas à "transformação da opressão". Sua experiência no campo da Educação Popular, sobretudo na educação de jovens e adultos, e sua contribuição teórica, original à época, de pensar a Educação Popular como campo de características específicas, revelou o compromisso com a "libertação dos oprimidos" e a elaboração de uma metodologia de educação para jovens e adultos.

Nas reflexões sobre suas próprias práticas e o contexto sociopolítico – que se inserem, sobretudo nas obras "Pedagogia da Esperança e Pedagogia da Autonomia" – Freire (2002) criticou a sociedade burguesa, afirmando ser radicalmente "contra a ordem capitalista vigente, que inventou esta aberração: a miséria na fartura" (Freire, 2002, p. 116).

Nas palavras do autor:

> É reacionária a afirmação segundo a qual o que interessa aos operários é alcançar o máximo de sua eficácia técnica e não perder tempo com debates "ideológicos" que a nada levem. O operário precisa inventar, a partir do próprio trabalho, a sua cidadania, que não se constrói apenas com sua eficácia técnica, mas também com sua luta política em favor da recriação da sociedade injusta, a ceder seu lugar a outra menos injusta e mais humana (Freire, 2002, p. 114).

As análises empreendidas pelo patrono da educação marcam a opção por uma educação humanizadora que permita a transformação e a libertação de mulheres e homens da situação de submissão em que o capitalismo os põe.

A partir da linguagem e da elaboração de suas sínteses, que marcam um período de grandes formulações para a educação brasileira, Freire (1994; 1981; 2002) traz alguns elementos e conceitos que contêm sua posição sobre o processo educativo popular:

1. **PROCESSOS DE CONSCIENTIZAÇÃO:** a conscientização deveria acompanhar o processo educativo; por meio de uma proposta de intervenção participativa, o método não poderia impor formas únicas, mas estar sempre aberto a inovações e à criação.

> A pessoa conscientizada é capaz de perceber claramente, sem dificuldades, a fome como algo mais do que seu organismo sente por não comer, a fome como expressão de uma realidade política, econômica, social, de profunda injustiça (Freire, 1994, p. 225).

2. **PRÁTICA DIALÓGICA:** Freire defende as relações dialógicas entre educando e educador, em que a dialogicidade faz parte da construção de uma nova racionalidade. O diálogo parte de todo o processo educativo, bem como do caráter político e transformador da educação. Em "Pedagogia do Oprimido", no capítulo "O diálogo começa na busca do conteúdo programático", ele afirma que:

> Para esta concepção como prática da liberdade, a sua dialogicidade começa não quando o educador-educando se encontra com os educandos-educadores em uma situação pedagógica, mas antes, quando aquele se pergunta em torno do que vai dialogar com estes. Essa inquietação em torno do conteúdo do diálogo é a inquietação em torno do conteúdo programático da educação (Freire, 1981, p. 96).

Para Freire, o diálogo é, portanto, o encontro de homens e mulheres mediatizados pelo mundo para dar nome e sentido ao mundo. Pelo diálogo, as pessoas atuam, sentem e pensam como sujeitos e permitem que outras pessoas com as quais convivem construam sua própria história.

3. **CÍRCULOS DE CULTURA:** o Círculo de Cultura, como forma de trabalhar com as classes populares, tem sua gênese no Movimento de Cultura Popular[88] do Recife (MCP), em 1964, quando Freire e outros intelectuais inauguraram duas instituições: o Círculo de Cultura e o Centro Popular de Cultura, que ele explicou da seguinte forma:

> Na primeira instituíamos debates em grupo, em busca de aclaramento de situações. A programação desses debates nos era oferecida pelos próprios grupos, através de entrevistas que mantínhamos com eles e de que resultava a enumeração de problemas que gostariam de debater. Esses assuntos, acrescidos de outros, eram, tanto quanto possível, esquematizados e, com ajudas visuais, apresentados aos grupos em forma dialogal. Os resultados eram surpreendentes (Freire, 2002, p. 111).

O objetivo dessas ações coadunava-se com sua ideia de educação popular, em que se buscava construir junto aos indivíduos uma compreensão crítica que possibilitasse uma ação transformadora da realidade social, política e cultural, na perspectiva de uma sociedade igualitária e emancipatória. Pelas ações grupalizadoras, Freire apresentava uma proposta de substituição da lógica da sala de aula formal, tradicional, da "educação bancária" e reafirmava sua teoria de educação dialógica ou libertadora.

---

88. Sintetizando, os objetivos do Movimento de Cultura Popular de Recife (MCP), segundo Maria Isabel de Araújo Lins, eram: "1) Promover e incentivar, com a ajuda de particulares e dos poderes públicos, a educação de crianças e adultos. Educação concebida como desenvolvimento de todas as virtualidades humanas. 2) Elevar o nível cultural do povo, preparando-o para a vida e o trabalho. 3) Colaborar com a melhoria de seu nível material através de educação especializada. 4) Formar quadros destinados a interpretar, sistematizar e transmitir os múltiplos aspectos da cultura popular" (2004, p. 89).

4. **PALAVRAS GERADORAS:** Freire introduziu uma nova forma de educação no campo, a partir das experiências realizadas no nordeste do país. Voltava-se às classes populares para que estas pudessem ter acesso, na formação, a uma leitura crítica e engajada da realidade social que apontasse para sua organização e a transformação da realidade de opressão. Nas experiências no meio rural, questionava o currículo escolar, pautando seu método nas condições concretas do mundo dos camponeses; recorrendo aos "temas geradores", ou seja, às palavras que davam sentido à vida dos sujeitos; e buscando a formação de sujeitos críticos para a construção de uma nova sociedade. Essa metodologia marcou a ruptura em relação ao ensino tradicional e foi disseminada para a educação de jovens e adultos. Sinteticamente significava: 1) escutar para formar os temas geradores; 2) criar/identificar a forma de representar temas ao povo; 3) dialogar sobre os temas; 4) criar ações/estratégias; 5) reescutar. Dessa forma, os pilares da sua metodologia voltavam-se para a lógica "ação-reflexão-ação" sobre o mundo, em que as pessoas se educam e crescem juntas, numa construção individual e coletiva.

A experiência e a sistematização de Paulo Freire agregadas a outras múltiplas experiências no país consubstanciaram novas formas de fazer educação, em especial a concepção de Educação Popular.

As concepções que orientaram as diferentes experiências de Educação Popular apresentaram significados políticos distintos: nas ações realizadas pelos governos, as experiências de Educação Popular eram vistas como uma resposta à demanda do capital por uma força de trabalho mais qualificada e para a adequação à ordem; para os movimentos progressistas, era uma forma de contribuir para o desenvolvimento da consciência crítica da classe trabalhadora.

* * *

Com o período do regime empresarial militar (1964-1985), as práticas educativas que resistiram junto às camadas populares levaram muitos educadores à clandestinidade e à semiclandestinidade, fruto da repressão política do período. Nos espaços urbanos, muitos militantes e ativistas que se propunham a desenvolver ações no campo da formação política e da educação popular classista procuraram os subúrbios e as favelas para o desenvolvimento de suas atividades.

O período da ditadura empresarial militar brasileira — compreendido por Fernandes (1976) e Netto (1991) de contrarrevolução preventiva — significou a concretização da revolução burguesa dependente no Brasil. Os conflitos e as pressões internas e externas, presentificados no regime de exceção, expressaram as contradições do capitalismo competitivo dependente no Brasil que, hegemonizado pelo capital financeiro internacional, utilizava o Estado como forma de consolidar uma nova fase de acumulação capitalista no país.

Segundo as elaborações de Ianni (2019), os governos militares agiram no plano econômico obedecendo ao grande capital, o que repercutia na piora das condições de vida da população e, simultaneamente, impedia qualquer possibilidade de contraposição à ordem com um importante aparato repressivo que coibia a ação dos trabalhadores extremamente explorados no período. Ainda segundo o autor, a economia política operada pelo Estado na ditadura materializou-se na política de expansão da fronteira agrícola — sobretudo na Amazônia e no Centro-Oeste — e no entreguismo dos bens naturais ao capital internacional.

Sob a retórica do planejamento econômico que, em tese, levaria ao progresso e à grandeza, a política econômica era construída na medida em que "a acumulação continuava a realizar-se livremente e altamente estimulada pelo próprio poder estatal prisioneiro deste mesmo capital" (Ianni, 2009, p. 40).

Na leitura de Neto (1991), o desenvolvimento capitalista na particularidade brasileira não operou contra o "atraso", mas mediante sua reposição em patamares mais complexos, funcionais e integrados à ordem burguesa. Ao longo desse processo, os segmentos populares foram excluídos no que se refere ao direcionamento da vida social e à participação política. O Estado submeteu a sociedade civil a uma opressão contínua contra a emersão da vontade coletiva e de projetos societários alternativos ao que estava colocado. Se por um lado, avançavam os movimentos que questionavam a ditadura; do ponto de vista ideológico, espraiava-se a ideia de que as ações governamentais trariam melhorias à população e o "desenvolvimento do país", corroborando para que amplos segmentos populacionais reproduzissem e acolhessem a ideia.

A despeito das configurações da profissão, nos anos de 1965 a 1975 o movimento de Reconceituação vivenciado pelo Serviço Social consolidou-se como marco decisivo na deflagração do maior e mais importante processo de revisão crítica na história da profissão. A partir deste fenômeno, de caracterização latino-americana e dominado pela contestação ao tradicionalismo, a profissão de Serviço Social, com profundos questionamentos quanto a sua natureza, operacionalidade e perspectivas teóricas, rompe com as influências europeia e estadunidense que marcaram historicamente a profissão até aquele momento.

Portanto, o movimento de Reconceituação criou as bases para a erosão do Serviço Social tradicional, muito influenciado pelas lutas sociais que questionavam o *status quo* e se refletiram nas universidades, nas ciências sociais (imantadas por dimensões críticas e nacional-populares) e nos segmentos mais progressistas da Igreja Católica. Netto (1991), em suas análises, considera a autocracia burguesa não a formuladora, mas a precipitadora desse processo de erosão.

As direções da renovação do Serviço Social no Brasil apontaram para caminhos distintos. Ao longo dos dez anos em que a profissão vivenciou seu redirecionamento político, teórico e prático, perspectivas distintas foram formuladas e são, assim, sistematizadas por Netto (1991):

1. **PERSPECTIVA MODERNIZADORA** — significou um esforço no sentido de adequar o Serviço Social, como instrumento de intervenção inserido no arsenal de técnicas sociais a ser operacionalizado no marco de estratégias de desenvolvimento capitalista às exigências postas

pelos processos sociopolíticos emergentes no pós-64. Na década de 1970 explicitar-se-ia a particularidade da perspectiva modernizadora brasileira como a expressão da renovação profissional mais adequada à autocracia burguesa. De fato, foi na fase de emergência dessa perspectiva que a reflexão brasileira interagiu inicialmente com os renovadores latino-americanos, fornecendo-lhes claras inspirações, num movimento de influência que posteriormente foi revertido.

2. **REATUALIZAÇÃO DO CONSERVADORISMO** (segmento de inspiração fenomenológica) — essa direção condensa a renovação compatível com o segmento do Serviço Social mais impermeável às mudanças. O esforço se beneficia, de um lado, pelo descrédito cada vez mais generalizado do acervo proveniente do campo positivista; de outro, por sua recusa às vertentes crítico-dialéticas, que se favorecem do vulgarismo com que foram geralmente apropriadas nos marcos do Serviço Social.

3. **INTENÇÃO DE RUPTURA** — direção que se propõe como intenção de ruptura com o Serviço Social "tradicional". Em contraponto às anteriores, possui no seu cerne uma crítica sistemática ao desempenho "tradicional" e aos seus suportes teóricos, metodológicos e ideológicos. Para Netto:

> Ao contrário das anteriores, esta possui como substrato nuclear uma crítica sistemática ao desempenho 'tradicional' e aos seus suportes teóricos, metodológicos e ideológicos. Com efeito, ela manifesta a pretensão de romper quer com a herança teórico-metodológica do pensamento conservador (a tradição positivista), quer com os paradigmas de intervenção social (o reformismo conservador) (Netto, 1991, p. 4).

Na primeira metade dos anos 1980, essa perspectiva deu o tom da polêmica profissional e fixou as características da retórica politizada (com nítidas tendências à partidarização) de vanguardas profissionais de maior incidência na categoria. Dessa perspectiva, dialogando com Ortiz:

> [...] a Conceituação põe na ordem do dia uma nova concepção de profissão na medida em que nega a prática meramente executiva, burocrática, subalterna e paliativa tão funcional à ordem burguesa, e desvela a dimensão política da intervenção profissional, a qual, a meu ver, contribuirá mais tarde e decisivamente para a renovação da autoimagem profissional, assentada na defesa dos direitos (Ortiz, 2010, p. 170).

No período do movimento, intensifica-se o debate sobre a especificidade do Serviço Social. Há uma situação de estranhamento entre os profissionais do Serviço Social e de Orientação Educacional quanto às suas respectivas atribuições profissionais. Segundo Witiuk (2006), há nesse período uma expansão das possibilidades de atuação do Serviço Social escolar, já que o Estado, preocupado com a permanência da criança na escola, inclui na LDB o "serviço de assistência social viabilizando a inserção do assistente social neste espaço". Entretanto, com a instituição do Decreto nº 72.846, de 12 de setembro de 1973, os serviços de orientação educacional irão cumprir um "papel prioritário de encaminhar os jovens trabalhadores aos cursos profissionalizantes para os quais eram vocacionados", gerando assim conflitos entre as duas profissões, "já que as competências e atribuições eram similares".

Ainda segundo a autora, as tensões oriundas dessa questão perduraram a ponto desse debate ser pautado coletivamente no I Congresso Brasileiro de Assistentes Sociais (CBAS), em Alagoas. Concomitantemente, a Psicologia, que também compunha a equipe técnica da época, apresentava seu trabalho de forma muito mais definida e sistematizada, como consta nos estudos de Coimbra (1980)[89].

Para além das experiências sinalizadas nas décadas de 1940 e 1950 e dos experimentos no campo da Educação Popular, poucas foram as

---

89. Para mais detalhes sobre o tema, ver: COIMBRA, Cecília. *Psicologia institucional*: dificuldades e limites. Dissertação de Mestrado. Instituto de Estudos Avançados em Educação. Fundação Getúlio Vargas, 1980.

sistematizações nas décadas de 1960, 1970 e 1980 sobre o Serviço Social escolar. Destaca-se a experiência de inserção profissional nas escolas de Campina Grande (PB) em 1970, que se consolidam em 1980[90]. E em João Pessoa (PB) que iniciou em 1980 e se consolida na década seguinte.

Em Natal (RN) também houve experiências de Serviço Social nas escolas, já que era latente a necessidade de abertura de campos de estágio para estudantes de Serviço Social. Segundo Lima Souza:

> O Serviço Social escolar desenvolvido em Natal nos anos 1980 objetivava o desenvolvimento de uma ação que fosse de encontro à reprodução social e às contradições da sociedade. Uma ação que possibilitasse aos estudantes o direito efetivo à educação e a uma escola mais digna. Para tanto, os pais desses estudantes deveriam ser esclarecidos sobre esse direito e orientados para o desempenho de uma ativa participação na garantia do mesmo. O estabelecimento do efetivo diálogo e a participação da família na escola aparecia como ações do Serviço Social, uma vez que a participação imposta aos pais, segundo os entrevistados, não pressupunha 'fazer parte de', mas aceitar o que já havia sido decidido 'por'. Concepção esta que fazia parte do próprio tratamento dado à Educação na época, com encaminhamentos ou políticas de ação nem sempre compatíveis com as reais necessidades da população (Souza, 2010, p. 54).

Na literatura pesquisada[91] não identificamos um amplo panorama de sistematizações quanto às experiências de Serviço Social na escola nas décadas de 1980 e 1990. Entretanto, mesmo com as parcas sistematizações de experiências na área, ao analisar a totalidade de questões que envolvem a profissão, fica evidente que é nesse período histórico

---

90. Para mais informações conferir em Amorim e Ramalho (2020).

91. Ver: Wituik (2004); Ferriz, Martins e Almeida (2020); Almeida (2020, 2007, 2005, 2003, 2000); Santos (2012, 2015).

que o Serviço Social amadurece na definição dos rumos técnicos, acadêmicos, éticos e teóricos.

Segundo Netto (1996), na década de 1980 teve início a fase de amadurecimento teórico da profissão, em especial no que se refere à elaboração teórica e à "divisão do trabalho", que exige maior especialização dos profissionais e ocorre por conta de três aspectos: a influência da tradição marxista nas publicações; a interlocução do Serviço Social com outras áreas do conhecimento, em parceria; as mudanças societárias no mundo (com o fim do chamado socialismo real) e no Brasil, (com o início do neoliberalismo), que mudam os padrões teórico-culturais. Nas palavras do autor:

> A década de 80 consolidou no plano ideo-político a ruptura com o histórico conservadorismo do serviço social. Entendamo-nos: essa ruptura não significa que o conservadorismo (e com ele, o reacionarismo) foi superado no interior da categoria profissional; significa, apenas, que – graças aos esforços que vinham, pelo menos, de finais dos anos 70, e no rebatimento do movimento da sociedade brasileira – posicionamento ideológicos e políticos natureza crítica e o contestadora em face da ordem burguesa conquistaram legitimidade para se expressarem abertamente. É correto afirmar-se que, ao final dos anos oitenta, a categoria profissional refletia o largo espectro das tendências ideo-políticas que tencionam e animam a vida social brasileira. Numa palavra democratizou-se a relação no interior da categoria e legitimou-se o direito à diferença ideo-política (Netto, 1996, p. 111).

As reflexões do autor apontam para a consolidação da profissão na década de 1990, tendo em vista os distintos aspectos acumulados anteriormente que demonstram um salto qualitativo na profissão, quais sejam: elaboração do novo currículo do Serviço Social; ampliação dos cursos de pós-graduação e de graduação; aumento da produção científica; aumento e elaboração de bibliografia própria; lançamento de publicações como a revista "Serviço Social e Sociedade"; aumento do número de profissionais; a dinamização do CFESS e dos CRESS e a politização progressiva da vanguarda da categoria profissional. Além desses aspectos, ressaltam-se os amplos debates realizados, que contribuíram para a aprovação do novo Código de Ética profissional, em 1993; esse sobressai pela defesa de valores éticos fundamentais como liberdade, direitos humanos, consolidação da cidadania e da democracia, equidade e justiça social, eliminação dos preconceitos, garantia do pluralismo, opção por um projeto profissional comprometido com a construção de uma nova sociedade, compromisso com o aprimoramento intelectual e competência profissional, articulação com movimentos e categorias que defendem o mesmo projeto ético e político e compromisso com a luta geral dos trabalhadores.

Nos princípios fundamentais do Código de Ética de 1993, além de ficar nítida a necessidade de se construir outra ordem societária, afirma-se a luta contra a "exploração-dominação de classe, etnia e gênero". Salienta-se que a opção em favor da classe trabalhadora, firmada em 1979 no Congresso da Virada, marcou o compromisso da profissão com a enorme e significativa parcela da população que, destituída da riqueza socialmente produzida, constitui-se em grande parte como usuária dos serviços sociais.

Assim, o Serviço Social pode ser considerado uma das ou até a única profissão que, dentro do seu código de ética profissional, abarca uma série de princípios que apontam para a luta e a superação do capitalismo, apresentando nos pressupostos do seu projeto ético-político profissional a ampliação e a consolidação da cidadania e, sobretudo, a afirmação da necessidade de superação de uma sociedade dividida em classes.

Esse acúmulo, traduzido na afirmação do projeto ético-político, é posto à prova nas primeiras décadas desse século, por meio das reorganizações societárias que se expressaram nas mudanças do mundo do trabalho, no advento do Estado neoliberal e nas alterações na sociabilidade. É no bojo dos resultados de uma conjuntura extremamente árida, como apontado no capítulo 1, que se observa o crescimento da escola como espaço sócio ocupacional da assistente social. Essa profissional é requisitada a intervir nas expressões da questão social, no fortalecimento das redes de acesso aos direitos sociais e nos espaços constitutivos da gestão democrática no interior da escola. Como afirma Almeida (2012, p. 12): "a educação organizada sob forma de política pública se constitui em uma das práticas sociais mais amplamente disseminadas de internalização dos valores hegemônicos na sociedade capitalista".

Nesse percurso, a partir da década de 1990, a atuação profissional nas escolas passa a ser mais problematizada através de pesquisas e publicações. E, a partir de 2000, o conjunto CFESS/CRESS inclui a temática na sua agenda política, realizando palestras e criando comissões e grupos de trabalho nos CRESS que expressaram a demanda por debates e discussões sobre o exercício profissional na educação. No Rio de Janeiro, por exemplo, a Comissão de Educação, criada em 2003, produziu diversas atividades no intuito de debater o exercício profissional. Cursos, palestras, publicações e rodas de debate, entre outros eventos, foram se tornando lugar comum no Conselho, ao ponto de o conjunto CFESS/CRES, em 2012 realizar o I Seminário Nacional de Serviço Social na Educação em Maceió (AL).

Para tanto, foi elaborado um documento de grande importância, denominado "Subsídios para o Debate sobre Serviço Social na Educação", que tem por objetivo:

> A partir do acúmulo teórico e político da categoria, construído, em especial, nas duas últimas décadas, sobre a inserção do Serviço Social na educação, contribuir para o aprofundamento da reflexão sobre uma concepção de educação coerente com o projeto ético-político-profissional, que, por sua vez, oriente o debate das particularidades do trabalho do/a assistente social nessa política pública, assim como as ações profissionais no sentido de fortalecer as lutas sociais em defesa de uma educação emancipadora (CFESS, 2011, p. 3).

O documento expressa o mapeamento das experiências profissionais existentes e promove a reflexão sobre o Serviço Social na Educação, o que, de fato, é de fundamental importância, já que as pesquisas e os trabalhos são pouco divulgados. Apresenta ainda produções teóricas sobre a política social de educação e as particularidades da inserção do Serviço Social nessa política. Esse arcabouço subsidia a pesquisa e o trabalho profissional na área e defende: apresentar trabalho em congressos e publicar artigos em periódicos; apresentar orientação para a proposição de projetos de lei sobre a inserção do Serviço Social na Educação; contribuir para a intensificação da luta pela educação como direito social; e consolidar o Serviço Social nessa política pública, a partir da participação em conferências, conselhos de educação e conselhos da criança e do adolescente e da articulação com os conselhos profissionais, sindicatos, Executivo, Legislativo, Ministério Público e outras forças políticas.

Com base nos elementos tratados, cabe apresentar de forma breve os caminhos da experiência carioca de inclusão das assistentes sociais na escola. Desde 2007, a prefeitura da cidade do Rio de Janeiro tornou-se a maior empregadora de assistentes sociais concursados. Embora o concurso tenha sido para a área da assistência social, 90 profissionais foram designados para atuar nas escolas de Ensino Fundamental através de projeto específico, à época denominado Rede de Proteção ao Educando.

A inserção profissional de assistentes sociais nas escolas públicas da Cidade do Rio de Janeiro

Como já apresentado, a experiência de trabalho da assistente social nas escolas do Rio de Janeiro inicia-se na década de 1950, quando são criados os Centros Distritais de Orientação (CDO), subordinados ao Departamento de Educação Primária, com o objetivo de dar assistência médico-psico-pedagógica, com equipes multiprofissionais, às crianças com necessidades especiais, em que se insere o serviço social.

Nesse período, foi criado também o Instituto de Educação do Excepcional (I-E Ex), na Secretaria Geral de Educação, que tinha por objetivo promover a formação profissional em educação e assistência às pessoas com necessidades especiais.

A assistente social integrava a equipe interdisciplinar, atuando nos serviços de assistência médico-psico-pedagógica junto às crianças com necessidades especiais. Posteriormente, esse atendimento se estendeu às crianças das turmas regulares junto com "problemas de desajustamento"[92].

Até então, segundo Maria Lidia Silveira (1982), a atuação da assistente social adotava uma linha curativa e terapêutica, visando a "ajustar" o educando ao contexto social, conforme os componentes emocionais e inconscientes do comportamento, adaptando-o funcionalmente ao seu meio ambiente. O trabalho profissional era requisitado para atender a uma demanda institucional, intervindo em questões que estavam presentes no interior da escola, consideradas desvio, defeito ou anormalidades sociais. Nas suas análises, Witiuk diz que:

> As dificuldades da criança quanto ao seu aprendizado eram vistas como um limite seu, não se levava em consideração a estrutura do sistema de ensino. A intervenção do Serviço Social estava voltada à promoção de ações que permitissem a adaptação do educando ao seu meio e o equilíbrio social da comunidade escolar. [...] O que se percebe, e as autoras reforçam essa perspectiva, é uma vinculação ideológica do Serviço Social ao projeto político do Estado, caracterizando o Serviço Social como legitimador da ordem vigente (Witiuk, 2004, p. 34).

A partir da expansão do setor da Educação Especial, por volta dos anos 1960, organizou-se na Secretaria Geral de Educação e Cultura

92. Termo utilizado na época.

a Subseção de Ensino Especial, subordinada à Seção de Orientação Pedagógica, por meio do Decreto nº 1.954, de 25 de março de 1968 (Silveira, 1982). Foram criados os primeiros núcleos de atendimento específicos aos deficientes visuais, auditivos, físicos, e os centros ocupacionais (COs) no Rio de Janeiro para profissionalizar os deficientes adolescentes; a Escola Francisco de Castro começa a atender estudantes com múltiplas deficiências, entre outras ações.

Ainda segundo o documento (Silveira, 1982), a assistente social desenvolvia seu trabalho em equipes interdisciplinares, atuando com psicólogos e orientadores educacionais, junto às famílias. Inserido nesse trabalho, o Serviço Social tinha como objetivo desempenhar funções específicas no atendimento de cada "problema social", desconsiderando a totalidade da realidade social.

É interessante explicitar que nessa década foram realizadas experiências de Serviço Social em algumas escolas: Escola Guatemala, Escola Argentina e Escola Mário de Andrade, todas na cidade do Rio de Janeiro; que funcionavam como laboratório de estágio. Na Escola Mário de Andrade, a atuação do Serviço Social se dava nos três níveis — caso, grupo e comunidade —, tendo como objetivo capacitar as estudantes de Serviço Social a lidar com os interesses da comunidade, levando-a a participar da solução de seus problemas[93].

Nesses experimentos, a ação do Serviço Social sofreu a influência do pensamento liberal e do projeto desenvolvimentista da época, em que expansão econômica, prosperidade, riqueza, grandeza material, soberania, ambiente de paz política e social e de segurança, eram temas que dominavam o pensamento.

---

93. Outra experiência carioca relevante foi o Projeto Acaú – Escola/Comunidade, vinculado à Secretaria Geral de Educação, conveniado à Fundação Ford, desenvolvido em cinco escolas (Bombeiro Geraldo Dias, Araújo Porto Alegre, Anísio Teixeira de Freitas, Olímpia do Couto e Madrid). A ação desse projeto estendia-se à comunidade do entorno das escolas, buscando a participação de pais e estudantes na solução dos problemas educacionais.

Assim, a intervenção profissional foi se conformando, a partir da apropriação teórica do Desenvolvimento de Comunidade, incentivada pela lógica presente no âmbito da OEA, com o intuito de diminuir as tensões urbanas pela ampliação e otimização da oferta de serviços, bem como da incorporação da população aos projetos de desenvolvimento nacional.

O Serviço Social passou a incorporar um conjunto de componentes teóricos e ideológicos do Desenvolvimento de Comunidade no seu início, objetivando, como é explicitado no "Documento de Araxá", "capacitar a comunidade para integrar-se no desenvolvimento, através da ação organizada, para atendimento de suas necessidades e realização de suas aspirações" (Cbciss, 1969, p. 16).

Na época, ao mesmo tempo em que foram canceladas as experiências supracitadas, criou-se o Centro Distrital de Orientação Psicológica (CDOP), ligado à Seção de Orientação Psicológica da Secretaria de Saúde Escolar, setor que tinha por objetivo atender estudantes que apresentassem problemas de aprendizagem e de comportamento. Posteriormente, o atendimento do CDOP ampliou-se para as Divisões de Educação e Cultura (DECs), sendo incorporado pela Seção de Assistência ao Escolar (Dec. "E" nº 5.703, de 17 de setembro de 1972) (Silveira, 1982), o que demonstra que a LDB de 1961 abriu caminhos para a ampliação do Serviço Social nas escolas.

Para atender aos demais distritos educacionais, foi criada uma nova Equipe Técnica de Orientação Psicológica e Educacional (ETDOPE), cujo objetivo era o mesmo do antigo CDOP.

Em um documento elaborado pela Assessoria de Educação Escolar, datado de novembro de 1978, define-se "papel e função do coordenador de equipe técnica de orientação educacional", que preserva o caráter interdisciplinar dessas equipes e ressalta que suas coordenações podiam ser assumidas pela Psicologia ou pelo Serviço Social. No documento consta que as atividades-meio da Equipe Técnica de Orientação Educacional (ETOE) são:

> Atuar nos três níveis, intimamente ligada à supervisão educacional, procurando alcançar todos os profissionais que em sua ação atuam direta ou indiretamente junto ao aluno, contribuindo para a integração aluno-escola, escola-família e escola-comunidade e, em última análise, para a instalação de um clima favorável de preservação de saúde mental no ambiente escolar (Silveira, 1982, p.13).

Voltando à experiência carioca, com a junção dos Estados da Guanabara e do Rio de Janeiro, em 1975, criou-se a Secretaria Municipal de Educação e foram alterados vários setores, dentre eles a Assessoria de Orientação Educacional (AOE) e a Assessoria de Educação Especial (AEE). A AOE, que resultou da fusão dos setores de Psicologia e Orientação Educacional e Vocacional, constituía-se como órgão normativo, consultivo, coordenador e que fazia supervisão técnica das três áreas que a compunham, Orientação Educacional[94], Psicologia e Serviço Social, de forma integrada e interdisciplinar em seus três níveis: central, regional e local.

Pela Resolução nº 1, de 17 de junho de 1975 (Silveira, 1982), foram criadas as Equipes Técnicas de Orientação Educacional (ETOE), integrantes do Serviço Técnico de Assuntos Educacionais (STAE), que tinham como competência:

> Executar o planejamento básico emanado da Assessoria de Orientação Educacional, adequando-o às peculiaridades locais; assessorar a chefia imediata; estabelecer interfaces com as demais equipes; coordenar, supervisionar e complementar o trabalho de Orientação Educacional realizado nas escolas, integrando pela ação interprofissional situações que necessitem de atuação de seus especialistas (Garcia Leite, 1980, p. 8).

---

94. Ressalta-se a função do Orientador Educacional como facilitador do processo educacional.

Segundo documento da época elaborado por um conjunto de assistentes sociais:

> O assistente social se integrava a essas equipes sob enfoque de ação interdisciplinar, com ênfase na "práxis comunitária", que correspondia ao pensamento técnico dominante na época. Os programas desenvolvidos pelas equipes dessa assessoria, a princípio, eram voltados para a preservação da saúde mental, de caráter predominantemente preventivo e/ou promocional. Posteriormente, a ação da AOE voltou-se para as questões ligadas a alfabetização, repetência, evasão, educação para o trabalho e relação escola-comunidade, visando à transformação da escola num polo comunitário (Silveira *et al.*, 1982, p. 14).

Nesse sentido, a ação profissional da assistente social procurava, com base nas necessidades explicitadas pelas escolas, oferecer participação efetiva dos setores populares envolvidos, com o intuito de implementar práticas que apontassem para a democratização da escola por meio de projetos específicos.

A partir da Resolução "N", nº 192, de 26 de março de 1984, que aprovou o regimento interno dos DECs da SME, a assistente social inseria-se em uma equipe interdisciplinar do Serviço Técnico de Apoio Educacional.

A assistente social passou a atuar no âmbito da SME — portanto na esfera da educação — a partir de equipes multidisciplinares (Psicologia, Orientação Educacional, Supervisão Educacional). Sua ação direcionava-se às escolas dos DECs nos quais estava lotado e priorizava o enfoque nos supervisores e orientadores educacionais, a fim de pensar politicamente a educação e a realidade social dos estudantes e de suas famílias.

Como havia uma assistente social para atender um conjunto de escolas, o trabalho com as famílias e os estudantes era indireto. Os debates e a capacitação para o enfrentamento das questões eram realizados com orientadores, supervisores e, às vezes, com o corpo docente da escola, cabendo a esse conjunto de profissionais a atuação direta com estudantes e familiares.

Vale ainda destacar, nesse contexto, o trabalho da Assessoria de Educação Especial. Esse era um órgão normativo, consultivo e coordenador que tinha como unidade básica o Instituto Helena Antipoff (IHA), onde funcionavam, a princípio, as equipes de triagem e avaliação, sendo também um órgão que executava um trabalho de acompanhamento em campo. Nesse espaço de atuação, a assistente social inserida nas diversas equipes interdisciplinares, seja nas áreas centralizadas do IHA (atendimento específico às deficiências) ou nos centros ocupacionais (atendimento a estudantes de 14 a 18 anos), intervinha basicamente na dinâmica familiar do aluno, utilizando a metodologia específica da época: caso e grupo. O trabalho desenvolvido visava à participação da família no processo de integração do aluno à escola e à comunidade, objetivando entender, aceitar e ajudar o aluno com necessidades especiais, orientando-o quanto a suas deficiências, suas limitações, ao desenvolvimento de suas potencialidades, possibilidades de tratamento e conhecimento dos recursos existentes para esse tratamento.

As análises de Silveira (1982), é importante sublinhar, revelam que a ação do Serviço Social ocorria sob uma perspectiva não crítica à escola e, por conseguinte, à sociedade. O trabalho profissional seguia uma linha de "adaptação" e "ajustamento" — termos predominantes no debate da época. Aceitando e trabalhando a partir da lógica de que a criança estava "inadaptada", desconsiderava a possibilidade de a escola estar inadequada à criança e à comunidade a que se dirigia.

Nesse âmbito, é interessante observar que a equipe técnica era constituída por assistentes sociais, funcionárias, desviadas de suas funções. Na época, a equipe, junto com o Sindicato dos Assistentes Sociais, iniciou uma luta em favor do enquadramento dessas profissionais, luta essa que foi vitoriosa. No entanto, ao longo dos anos posteriores, o Serviço Social foi sendo extinto, na medida em que não foi realizado mais nenhum processo seletivo para a categoria profissional.

Até 2003, o IHA ainda exercia suas antigas funções, contando com pedagogos e psicólogos que atendiam crianças encaminhadas por diversas escolas, de acordo com a área de abrangência, mas já não contava com a presença de assistentes sociais.

O retorno da experiência profissional de assistentes sociais nas escolas do Rio de Janeiro pela via governamental

Conforme os objetivos deste estudo, na educação básica do Município do Rio de Janeiro contava-se em 2012 com a presença de 92 assistentes sociais concursadas que atuavam nas escolas, intervindo nas múltiplas expressões da questão social. Essas profissionais, que atuam na SME, estão lotadas no Núcleo Interdisciplinar de Apoio às Unidades Escolares (NIAP), unidade administrativa que abarca uma equipe interdisciplinar de profissionais composta por psicólogos, pedagogos e assistentes sociais que se propõem a:

> Desenvolver ações que contribuam para a garantia, acesso, permanência e aproveitamento escolar dos estudantes, bem como seu acesso e de suas famílias às demais políticas públicas. Tem como objetivo a melhoria educacional, por meio de estratégias coletivas que fortaleçam o espaço escolar na superação das dificuldades que emergem nesse contexto (folder institucional, s/d).

Ou, como outro documento aponta:

> Planejar, coordenar e implementar ações a partir das diretrizes da SME, para apoio interdisciplinar às escolas municipais no que tange ao enfrentamento de situações que interfiram na relação ensino/aprendizagem (Decreto nº 32.505, de 13 de julho de 2010).

A construção das ações do Serviço Social na educação na prefeitura do Rio de Janeiro passou por conformações bastante diversificadas para que se pudesse chegar àquela configuração, em que as assistentes sociais vinculavam-se a um dos projetos desenvolvidos por essa unidade administrativa: o Programa Interdisciplinar de Apoio às Escolas (PROINAPE).

Este projeto, um dos executados pelo NIAP, constituiu-se a partir do que um dia foi a Rede de Proteção ao Educando (RPE), de onde vieram assistentes sociais e psicólogos, sendo assistentes sociais lotados inicialmente na Secretaria Municipal de Assistência Social (SMAS) e psicólogos lotados na Secretaria Municipal de Educação (SME). A Equipe de Apoio Extraescolar, por sua vez, surge com o fim dos polos de Atendimento Extraescolar, onde os professores que hoje estão no PROINAPE estavam vinculados[95].

Implantado em dezembro de 2009, com o nome de Rede de Proteção ao Educando, o trabalho de assistentes sociais é implementado através da sua vinculação a um programa intersetorial, coordenado pela SME e pela SMAS, através da Gerência de Serviço Social na Educação (GSSE), sendo as ações desenvolvidas pelo Serviço Social na Educação. Tendo à frente da equipe uma assistente social e cinco supervisoras na condução dos trabalhos, a iniciativa partiu da SMAS, que era liderada, na época, por um assistente social.

Como apresentado anteriormente, a Prefeitura da Cidade do Rio de Janeiro ficou um longo período sem a presença de assistentes sociais na educação. O retorno da inserção profissional no campo da Educação Básica na prefeitura ocorreu em 2006, quando, por iniciativa do assistente social e Secretário Municipal de Assistência Social Marcelo Garcia, na gestão do prefeito Cesar Maia, foi criada a Gerência de Serviço Social na Educação, pela Resolução nº 56, de 20 de julho.

No mesmo ano, em 7 de dezembro de 2006, foram convocados 136 profissionais aprovados no concurso público da SMAS para o cargo de assistente social a serem lotados nessa secretaria, mas para atuar na educação. Antes dessa chamada, as assistentes sociais da SMAS que atuavam em CRAS e CREAS, entre outros, puderam optar pela alteração da sua lotação e compor a equipe inicial que iria atuar na citada

95. Para um estudo detalhado sobre a implantação do PROINAPE, ver Moreira (2010).

política. No mesmo mês em que foram convocadas as assistentes sociais, os psicólogos aprovados no concurso da Secretaria Municipal de Saúde (SMS) foram convocados e lotados na SME para compor, junto com a SMAS, a Rede de Proteção ao Educando. Desde o início, as profissionais não foram lotadas nas escolas, muito menos na SME, estando diretamente vinculadas aos diretores do CRAS/CREAS, e à Gerência de Serviço Social no nível central da SMAS.

Embora se considere o esforço da Gerente da Educação da época para construir de forma coletiva a organização do trabalho da equipe, a estrutura organizacional da RPE não era algo exclusivo da SMAS. Junto com a Gerência do Serviço Social na Educação, o Instituto Helena Antipoff também tinha a incumbência de coordenar, orientar e acompanhar o trabalho, tanto dos profissionais da RPE lotados nos Pólos de Educação Extra Escolar (PAEE)[96] quanto nos CRAS/CREAS. As profissionais lotadas nesses espaços também estavam vinculadas às Coordenadorias de Assistência Social (CAS) e Coordenadorias Regionais de Educação (CRE) (Moreira, 2010). Na avaliação de Moreira (2009), a convocação das assistentes sociais por parte da SMAS tinha como manifesto objetivo atuar como “um CRAS dentro da escola”. Tal tese justifica-se pela concepção do gestor da época, que limitava a ação profissional exclusivamente ao campo da assistência e da proteção social, o que trazia uma série de limitações ao exercício profissional.

O trabalho desenvolvido organizava-se na medida em que se formavam miniequipes com duas assistentes sociais e um psicólogo para atuar nas escolas da área de abrangência dos CRAS ou nas ações desenvolvidas

---

96. Segundo o Decreto nº 19.904, de 16 de maio de 2001, os Pólos de Educação Extra Escolar (PAEE) eram unidades da Secretaria Municipal de Educação coordenadas pelo Instituto Helena Antipoff (IHA). Ambos funcionaram de fevereiro de 2003 a dezembro de 2009 oferecendo "um atendimento educacional complementar que congrega, na abordagem interdisciplinar inclusiva, a busca de soluções para as dificuldades encontradas pelas escolas frente às características de desenvolvimento de crianças que vivem adversidades de ordem biopsicossocial".

pelos PAEE. As demandas eram quase sempre vinculadas ao Programa Bolsa Família e suas condicionalidades[97], o que trazia uma série de complicações para as equipes dos CRAS e do RPE.

O que devemos ressaltar é que essa experiência suscitou uma série de debates que mobilizaram e seguem mobilizando a categoria profissional em prol de questões importantes como a criação do cargo de assistente social para fins de lotação na SME, a sindicalização por ramo e as possibilidades de atuação na gestão escolar, as lutas específicas da categoria e as ações na comunidade do entorno das escolas, assim como a luta que levou à aprovação da Lei nº 13.935/2019, que garante a presença de assistentes sociais e psicólogos na rede pública de educação básica.

A Rede Escolar do Município do Rio de Janeiro e a construção do trabalho das assistentes sociais da SME

A rede escolar do município do Rio de Janeiro, atualmente considerada a maior rede da América Latina, possuía, em 2012, 1.063 Unidades Escolares, sendo 416 creches (254 próprias e 162 conveniadas) e 647 escolas de ensino fundamental, o que permitem o atendimento à Educação Infantil (0 a 5 anos), ao Ensino Fundamental Regular (1° ao 9° ano) e à Educação de Jovens e Adultos (EJA). Entretanto, é curioso notar que, considerando a grandiosidade da rede, o número de assistentes sociais é pequeno e suas ações concentram-se, principalmente, no Ensino Infantil e no Ensino Fundamental, com algumas ações realizadas no EJA, sobretudo pelas equipes com exercício na zona oeste e na zona portuária.

97. A questão do acompanhamento das condicionalidades do Programa Bolsa Família trouxe debates salutares entre as assistentes sociais dos CRAS e da RPE, sobretudo quanto à frequência escolar.

A Secretaria Municipal de Educação tem como centralidade a elaboração da política educacional do município do Rio de Janeiro, coordenando a implantação e avaliando os resultados. De acordo com a lógica de organização da Prefeitura da Cidade do Rio de Janeiro, que divide o município do Rio de Janeiro em dez áreas programáticas, em cada uma dessas áreas existe uma Coordenadoria Regional de Educação (CRE), que tem como responsabilidade principal garantir o funcionamento das escolas que estão dentro dos seus limites. A CRE funciona como o órgão governamental que desenvolve a gestão da política pública local, sendo responsável pelo planejamento e organização das matrículas, bem como pelo acompanhamento do trabalho realizado por escolas e creches, realizando a interlocução com o nível central da gestão. O quadro abaixo mostra a distribuição das CREs no município do Rio de Janeiro:

Quadro 7. Sobre a distribuição das CREs

FONTE: Secretaria Municipal de Urbanismo — Instituto Pereira Passos — Armazém de Dados.

Na época, à frente da gestão da Secretaria Municipal de Educação encontrava-se Claudia Costin, uma profissional com perfil bastante distinto dos profissionais que haviam ocupado a secretaria até então, que eram profissionais de carreira. Ela foi antecedida por uma professora que se manteve no cargo entre 2001 e 2008, oriunda da rede pública de ensino, professora de história, que há trinta anos se mantinha na rede. A gestora Claudia Costin possuía larga experiência política, oriunda da área da administração pública. Foi ministra do Ministério de Administração e Reforma do Estado (MARE), nos governos de Fernando Henrique Cardoso (1995-2003) e atuou de forma orgânica no Banco Mundial, organismo internacional que, como se sabe, ao lado de outros organismos multilaterais dita as regras das políticas educacionais para os países periféricos que, ao compartilharem a lógica, materializam a perspectiva neoliberal.

Logo após sua posse, a gestora, em reunião com os diretores, propôs o fim da aprovação automática — prática da época — para os segundo e terceiro ciclos de formação, e implementou uma sabatina de avaliações a fim de verificar o nível de aprendizagem dos estudantes. Segundo estudos de Santo (2011), o resultado dessa avaliação mostrou que 14% dos estudantes dos 4º, 5º e 6º anos que fizeram prova de Língua Portuguesa para avaliar nível de alfabetização foram classificados como analfabetos funcionais, aqueles que apenas sabem ler e escrever o próprio nome.

Os resultados nefastos acrescidos da lógica empresarial e mercadológica que marcam a atual gestão foram suficientes para a proposição de ações complexas para o enfrentamento do problema do nível de aprendizagem dos estudantes. Ainda segundo Santo, foi implementada uma série de ações como:

> Convênios com instituições privadas e organizações sociais para formação continuada de professores e implantação de projetos para estudantes com defasagem de aprendizado; contratação de estagiários para suprir carência de professores concursados; premiação em dinheiro para professores que conseguirem melhores resultados na alfabetização; adesão a programas do governo federal que buscam maior integração com a comunidade local e as famílias; além de imprimir um olhar diferenciado para escolas localizadas em regiões consideradas violentas da cidade, através do projeto Escolas do Amanhã (Santo, 2011, p. 31).

Ainda sobre os gastos, segundo tese sustentada por Moreira (2010), a lotação das assistentes sociais — que antes estavam na SMAS e migraram para a SME — relaciona-se com a ação de fiscalização do Tribunal de Contas do Município para averiguar se a SME estava cumprindo o investimento obrigatório previsto pelo FUNDEB[98], de 25% do orçamento municipal em Educação. Lotando na SME todos os servidores municipais que desempenhavam suas atividades profissionais junto à política educacional, buscava-se atingir o percentual mínimo. A mudança de lotação é implantada e a SME começa a arcar com o custeio dos salários das assistentes sociais.

Para além das questões acima mencionadas, uma observação mais atenta aos novos direcionamentos do governo da época mostra as estratégias utilizadas para cumprir as recomendações internacionais neoliberais, tendo como foco não só a privatização do espaço público (conforme tratado no capítulo 1, mas também a assistencialização da política de educação municipal. Neste caso, conforme estudos de Vianna e Helfreich (2012):

> Mesmo com a dificuldade em acessar os dados oficiais em relação ao número de ONGs, fundações e empresas privadas que estão recebendo recursos públicos para formular e implementar ações na política de educação verifica-se a implementação de vários projetos com a iniciativa privada, como é o caso dos projetos: Cientistas do amanhã, da empresa Sangari; Educopédia, da empresa Oi; Tecendo Saber; da Fundação Roberto Marinho; Acelera Brasil, da Fundação Ayrton Senna;

---

98. O Fundo de Manutenção e Desenvolvimento da Educação Básica e de Valorização dos Profissionais da Educação (FUNDEB) foi criado pela Emenda Constitucional nº 53/2006 e regulamentado pela Lei nº 11.494/2007 e pelo Decreto nº 6.253/2007, em substituição ao Fundef, que vigorou de 1998 a 2006. O FUNDEB trata-se de um fundo especial, de natureza contábil e de âmbito estadual e municipal. Fonte: Manual de Orientação FUNDEB. Disponível em: https://www.gov.br/fnde/pt-br.

> Bairro Educador, executado pela Ong CIEDS; Método Uerê Melo de desbloqueio cognitivo, executado pela ONG UERÊ; Programa Saúde na Escola, executado pelo Instituto de Atenção Básica e Avançada à Saúde (IABAS), entre outros. Percebe-se a criação de "novas escolas" e serviços dentro da própria escola, cada uma gerida por uma instituição diferente, com organização metodológica diversa, ocupando o mesmo espaço (Vianna; Helfreich, 2012, p. 09).

O estudo indica que, no caso do Rio de Janeiro, há uma expansão sem qualidade de serviços assistenciais dentro da escola, que corroboram com a lógica da gestão da pobreza, ampliando as funções das escolas para além do seu objetivo precípuo, sem aumento do quadro de funcionários. Nota-se ainda que, dos múltiplos projetos que são realizados nas escolas, pouquíssimos contam com a participação de assistentes sociais, mas com profissionais das empresas, das ONGs conveniadas, já que o trabalho profissional é definido pelo plano de ação e pelo projeto de intervenção, onde não há relação direta com esses projetos sociais, problematizado no capítulo anterior.

Relatos e reflexões de uma incursão investigativa: o trabalho profissional de assistentes sociais nas escolas públicas — requisições e respostas profissionais

A proposta deste item consiste em apresentar algumas tendências e prospecções do trabalho profissional de assistentes sociais nas escolas públicas, a partir de pesquisa realizada sobre a particularidade do exercício profissional em escolas públicas da cidade do Rio de Janeiro. Considerando a caracterização elaborada previamente sobre a prefeitura do Rio de Janeiro, a educação básica e as escolas da e para a classe trabalhadora, construímos esta elaboração segundo alguns eixos de análise.

O primeiro eixo diz respeito à impossibilidade de pensar o exercício profissional de assistentes sociais nas escolas, em específico no caso das escolas cariocas, sem considerar os processos de trabalho[99] com os quais essas profissionais estão enredadas. Para estudar a forma como o exercício profissional se delineia, é necessário entender, mesmo que de forma sucinta, a lógica de organização da rede escolar do município do Rio de Janeiro: o número de escolas e a forma como o NIAP — setor onde estão lotadas as assistentes sociais que atuam nas escolas — se estrutura e organiza o trabalho profissional. Tem relevância para este estudo, compreender a concepção de Serviço Social na escola que baliza o trabalho profissional, como esse é organizado e as determinações da realidade que atravessam o seu cotidiano: as demandas, como as atribuições privativas são problematizadas, as requisições profissionais, as relações de poder, a questão da autonomia profissional e o desenho das ações construídas através dos "Planos de Trabalho".

O segundo eixo diz respeito à relação que o profissional constrói com a política pública. Nas escolas, as possibilidades de intervir nas expressões da questão social configuram-se como um dos principais objetos de intervenção, mas não o fim único do trabalho. Outras competências profissionais são e/ou podem ser construídas para além da determinação e/ou do desejo do empregador, mediante a correlação de forças presentes e as relações construídas no cotidiano escolar. Cabe ressaltar, conforme ensinamentos de Iamamoto (2007), que a assistente social insere-se em um processo de trabalho coletivo, organizado dentro de

99. Segundo Marx, Processo de Trabalho é entendido como "a atividade dirigida com o fim de criar valores-de-uso, de apropriar-se dos elementos naturais às necessidades humanas, é a condição necessária do intercâmbio material entre o homem e a natureza; é a condição natural eterna da vida humana, sendo comum a todas as suas formas sociais!" (Marx, 1971, p. 206). Ciente da polêmica que envolve o debate sobre processos de trabalho no Serviço Social, os quais não serão objetos de análise neste texto, e de sua reconhecida importância, indicamos a compreensão do processo de trabalho como o próprio trabalho que é atravessado pelo protagonismo e exigências distintas na sociedade burguesa.

condições sociais dadas, cujo produto, em suas dimensões materiais e sociais, é fruto do trabalho combinado ou cooperativo, que se forja com o contributo específico das diversas especializações do trabalho.

O terceiro eixo concerne às ações profissionais nas escolas e sua interface com os demais atores que atuam nas escolas (diretor, coordenador pedagógico, professores, estudantes e pais) e com a comunidade do entorno. Consideramos que a compreensão estereotipada sobre as escolas das favelas cariocas e sobre seus moradores – como visto em item anterior – exige da assistente social ultrapassar as concepções do senso comum através de uma prática balizada na pesquisa, no domínio do território e na compreensão dos espaços populares, enquanto possibilidades concretas e objetivas de moradia de uma parcela significativa da classe trabalhadora. É inegável que as favelas são espaços marcados pela inoperância do poder público, pela violência, pobreza e miséria, e que materializa as condições concretas de reprodução da vida social da maior parte dos usuários do Serviço Social. Apesar disso, reconhecendo todos esses limites, é possível imprimir qualidade ao trabalho balizado nas proposições do projeto ético político profissional.

Para a análise do exercício profissional das assistentes sociais neste trabalho, embora reconhecendo a existência de outros elementos, serão considerados esses eixos mais amplos, além de reafirmar a importância do trabalho profissional referenciado no projeto ético-político profissional (PEP) e na defesa por uma escola pública, gratuita, de qualidade e universal. Nessa perspectiva, o exercício profissional, guardados todos os limites e potencialidades que uma profissão tem, comporta intencionalidades, aponta para ações que tenham no horizonte a emancipação política e humana, dialoga com uma determinada concepção de Educação Popular:

> 1 — Como um investimento político que constrói um lugar voltado para o processo de conhecimento da realidade.
>
> 2 — Como espaço que vai possibilitar o trânsito do senso comum ao bom senso. Lugar de apropriação individual e

> coletiva, no qual está presente uma dimensão ideológica fundamental: a de compreender a base de estruturação da vida social sob o capitalismo e da conformação possível de alternativas de organização da vida social, sob outras bases.
>
> 3 — Como espaço das classes trabalhadoras a conformar um outro NÓS, antagônico ao hegemônico, este último constituído sob a égide do individualismo, da ausência de solidariedade etc. Portanto, espaço no qual possam ser experimentados novos valores, novos pensares, numa dimensão de práxis na qual ativamente se busca a elaboração da realidade a partir de uma perspectiva humano-social.
>
> 4 — Finalmente, um espaço no qual os sujeitos possam exercitar o singular exercício de suas próprias sínteses, redefinindo e recriando referências de vida, sentidos novos à sua existência individual e coletiva (Silveira, 2004, p. 122).

Para a construção da investigação, inicialmente, desenvolvemos uma pesquisa bibliográfica ampliada. Procuramos levantar contribuições de diferentes autores, priorizando produções que ofereçam subsídios teóricos para um maior conhecimento da realidade. Priorizamos bibliografias que trabalham os temas de política social educacional, Serviço Social, Trabalho, Educação e Educação Popular.

Realizamos também uma pesquisa documental acerca do exercício profissional no âmbito da SME que revelasse a organização do processo de trabalho das assistentes sociais, suas concepções e os procedimentos utilizados no cotidiano profissional. Buscamos, ainda, compreender a lógica de alocação dos profissionais nas escolas de favelas. Em princípio, tais profissionais iniciaram suas ações nas chamadas "Escolas do Amanhã", unidades de ensino situadas em "locais de risco", conforme abordado em capítulo anterior.

Os achados da pesquisa

Conforme apontado anteriormente, o trabalho desenvolvido por assistentes sociais, desde 2006, configurou-se de formas distintas, embora no cotidiano profissional poucas alterações tenham sido percebidas. A organização do trabalho sofreu alterações, algumas imperceptíveis, outras trouxeram impactos consideráveis ao cotidiano profissional. Para vislumbrar essas transformações sutis ou explícitas, as linhas seguintes expressam a forma como o trabalho das assistentes sociais na PCRJ configurou-se até 2012.

No tocante à referência salarial, as assistentes sociais recebem em torno de 1,5 sm (de salário base). Com as gratificações e triênios, aquelas que ingressaram em 2004 ou em 2007, alcançam entre 6 e 7 salários mínimos na remuneração bruta nos dias de hoje. Todas ingressaram através de concurso público sob o regime jurídico único[100] (RJU). Salienta-se que na instituição não há plano de carreira, sendo possíveis aumentos salariais por meio de gratificações decorrentes de cargos de gestão.

Tratando da escolarização, 90% das respondentes estudaram em universidade pública e, em sua maioria, concluíram a graduação na metade da primeira década dos anos 2000, ou seja, já acessaram o currículo atual da graduação do Serviço Social. O que significa que em sua maioria possuem formação profissional atravessada pelo debate do trabalho e da questão social — como elementos centrais do currículo – exponenciando as análises acerca da luta de classe, da relação Estado/sociedade civil, dos movimentos sociais, do ser social, do processo de acumulação do capital e suas incidências na reprodução singular e coletiva dos sujeitos e na processualidade do Serviço Social nas relações sociais.

No que se refere à participação política, ressalta-se que 20 das respondentes indicam participar das atividades do Conselho Regional de Serviço Social, entidade forte que historicamente defende o trabalho

100. O RJU é instituído através da Lei nº 8112, de 11 de dezembro de 1990.

profissional. O que supomos ser a participação nas atividades do mês da assistente social, assembleias, minicursos e na comissão de educação, que se constitui como espaço de referência para a discussão do exercício profissional das assistentes sociais na área[101]. A atuação do conjunto CFESS/CRESS é importante na formação contínua das assistentes sociais, pois assume, no diálogo com Gramsci, o papel de intelectual orgânico[102] na defesa de uma determinada concepção de profissão e sociedade. Contudo, a participação de assistentes sociais da educação nas atividades do conselho ocorria de maneira pouco expressiva, já que, no período 2011-2012, a média de participação era de apenas quatro profissionais por reunião e/ou atividade no CRESS.

Quanto à organização sindical, destaca-se que das 42 respondentes, 15 profissionais participam dos sindicatos (36%): 5 são filiadas ao Sindicato dos Assistentes Sociais do Rio de Janeiro (SASERJ), 8 ao Sindicato dos profissionais da Educação (SEPE) e 1 tanto ao SASERJ quanto ao SEPE. Considerando que no período em que vivemos há declínio do movimento sindical, e que na pesquisa realizada pelo CFESS em 2004 apenas 10,4% das assistentes sociais participam da luta sindical, o percentual de sindicalização encontrado é considerado muito expressivo e acima da média. Ressalta-se, mais uma vez, que as assistentes sociais da PCRJ tiveram grande protagonismo na realocação do debate no cenário carioca e nacional sobre a organização sindical das assistentes sociais. E, ao compararmos com os dados gerais dos números de trabalhadores no Brasil que são sindicalizados, mantém-se o relevo: segundo o IBGE, em 2007, havia 16 milhões de trabalhadores sindicalizados, número que

101. No universo político da categoria profissional no Rio de Janeiro, a experiência desta comissão tem obtido visibilidade política e acadêmica, já que aglutina pesquisadores, professores e profissionais que, desde 2003, acumulam reflexões sobre a área.

102. O intelectual orgânico é aquele que, na perspectiva Gramsciana, vincula-se com uma classe e contribui no sentido de dar direção política ao movimento organizado, elaborando teoricamente e articulando politicamente.

caiu 3,3% em relação a 2006. Os sindicalizados eram, em 2006, 18,6% da população ocupada, proporção que caiu para 17,7% em 2007[103].

Além disso, é importante sublinhar que houve vários processos de enfrentamento aos gestores da SMAS no período da gestão do partido Democratas (DEM), que tinha como expoente principal o ex-prefeito Cesar Maia. As assistentes sociais organizaram-se politicamente, buscando resistir e enfrentar os sérios problemas envolvendo questões de assédio moral e de compreensões truncadas sobre o exercício profissional. Várias assistentes sociais articularam-se com entidades representativas dos trabalhadores (como CRESS-RJ, SINDSPREV, Intersindical e Conlutas) e com assistentes sociais de diferentes secretarias. Muitas dessas construíram o movimento pró-sindical e impulsionaram as discussões sindicais no âmbito do CRESS-RJ. Outras, devido ao engajamento, disputaram eleições para a diretoria do CRESS-RJ e foram eleitas, e há ainda as que problematizaram, junto ao SEPE, a discussão sobre a sindicalização das assistentes sociais, entendendo que essas também são trabalhadores da educação, já que atuam dentro das escolas.

Os dados também demonstraram que 45% das assistentes sociais atuam em escolas situadas no entorno das favelas, 29% em escolas dentro das favelas e 19% em escolas não situadas no entorno, mas que atendem aos seus moradores. Do universo das pesquisadas, 67% já atuaram em favelas, e, destas, aproximadamente 40% possuem mais de 5 anos de atuação nesses territórios. Esse dado sinaliza não apenas uma localização geográfica que expressa o lugar de atuação, mas a compreensão de que "[...] O território é o fundamento do trabalho, o lugar da residência, das trocas materiais e espirituais e do exercício da vida" (Santos, 2002, p. 10). A produção de políticas públicas precisa ter sentido para

103. É importante ressaltar a complexidade que envolve o debate do sindicalismo no Serviço Social. Embora não pretendamos apresentá-lo neste estudo, por um compromisso histórico com as construções profissionais, é inadmissível não mencioná-lo. Assim, para mais informações, ver Abramides (2009) e Abramides e Cabral (1995).

aqueles que vivem em determinado lugar, precisa dialogar com o cotidiano dos sujeitos, com seus valores, hábitos, costumes, com um modo de ser e agir no mundo de indivíduos e coletivos sociais. Citando Santos: "o território é o lugar que desembocam todas as ações, todas as paixões, todos os poderes, todas as forças, todas as fraquezas" (Santos, 2002, p. 13). Portanto, é onde mulheres e homens reais fazem história, constroem relações sociais e manifestam sua existência.

Ao serem questionadas sobre a concepção de Serviço Social na Educação, pudemos distinguir 3 grandes blocos de respostas: um bloco maior, relacionado à concepção do Serviço Social "como a gente que defenderá a escola pública, gratuita e de qualidade, assumindo o compromisso de lutar para garantir o acesso e a permanência dos educandos no espaço escolar" (Assistente Social 3)[104] e que contribui para "a discussão ético-política do Serviço Social"[105] (conforme relato da Assistente Social 5).

Outro bloco de respostas sobre a concepção de Serviço Social na escola pública enfatiza a questão social, suas manifestações na escola e as possibilidades de intervenção. Embora haja imprecisão conceitual — revelada pela atribuição de um plural[106] à questão social, como se

104. "Nunca perdendo de vista as condições objetivas deste campo de trabalho, trabalhamos também buscando parceiros para a garantia de direitos" (Assistente Social 4).

105. "Deve atuar em sintonia com o projeto ético-político do Serviço Social, de modo a buscar garantir o acesso e a permanência dos estudantes na escola, assim como a qualidade dos serviços prestados e a gestão democrática na escola" (Assistente Social 43).

106. "Trabalhar questões sociais que de alguma forma interferem em um melhor aproveitamento do espaço escolar por parte dos atores envolvidos. A atuação do Serviço Social na escola pública deve ser voltada para a discussão das expressões da questão social que ocorrem na escola, procurando envolver professores, pais, estudantes na discussão e atuação dessas questões" (Assistente Social 4). "Trabalhamos com as questões da expressão social que tem rebatimento no interior da escola. O Serviço Social identifica as expressões da "questão social" que atravessam o processo pedagógico e propõe projetos de intervenção que envolvam estudantes, professores, famílias, outros profissionais da escola e comunidade" (Assistente Social 5).

houvesse várias questões e não manifestações de uma mesma questão — evidencia-se o entendimento de que "o serviço social atua diretamente com as diversas expressões da questão social" (Assistente Social 3). No caso, a escola é um espaço repleto de contradições e, consequentemente, de problemas sociais que resultam em desigualdades. As "situações do cotidiano são reflexos da expressão da questão social" (Assistente Social 4), o que faz com que a questão social esteja "presente também dentro do espaço escolar e o profissional de serviço social deve buscar formas de dar respostas a esta" (Assistente Social 4), pois "Trabalhamos com o sistema de garantia de direitos" (Assistente Social 3).

O atendimento aos reflexos da questão social na escola materializa-se, ainda, conforme os depoimentos profissionais "na discussão de temas que se referem a direitos, deveres e etc., com professores e direção, além da intervenção em algumas questões a partir de projetos" (Assistente Social 1). Prevalece, portanto, o entendimento de que:

> O Serviço Social deve atuar na escola pública, pois é capacitado para intervir nas diversas refrações da "questão social", que se manifestam no cotidiano escolar. Penso que a escola é um espaço privilegiado para a intervenção profissional, pois a educação é a política pública que mais é acessada pela população, ainda que por um curto período. Acredito que além de um espaço de intervenção a escola é também um espaço fecundo para pesquisas que possam conhecer o cotidiano da população de um determinado território e propor políticas qualitativas (Assistente Social 7).

E um terceiro bloco onde outras respostas aparecem com concepções que priorizam o detalhamento de ações vinculadas à mediação de conflitos, acompanhamento familiar e até assertivas que irão reivindicar a necessidade de um profissional em cada escola e, que, portanto, tratam não de concepção, mas das atribuições das assistentes sociais. Um dos depoimentos profissionais aponta para uma "profissão que pode contribuir na democratização da escola pública, através da concepção de profissão que está compreendida no projeto ético-político" (Assistente Social 6) e, logo, está articulado aos princípios e valores que constituem a profissão.

Com essa mesma referência, afirma-se que o Serviço Social "deve se propor a elaborar novas abordagens de atuação no cotidiano do trabalho na escola pública e ainda estimular o diálogo entre os diferentes saberes para o enfrentamento dos problemas existentes" (Assistente Social 4), apresentando-se "como um ente analisador e contributivo" (Assistente Social 4).

Além da interdisciplinaridade[107], o caráter de mediação de conflitos[108] ficou também evidente e demanda pequenas observações. Conforme a fala da Assistente Social 3, "o Serviço Social atua na colaboração da mediação dos diversos conflitos existentes na escola". No entanto, cabe-nos uma questão: temos capacidade técnica para exercer essa função de mediação de conflitos? Segundo o Parecer Jurídico nº 24/2016 do CFESS há um posicionamento enfaticamente contrário ao exercício da atividade de mediação ou conciliação de conflitos, além dos elementos teórico-metodológicos para essa atividade não constarem nas diretrizes curriculares da formação de assistentes sociais, conforme legislação federal (Lei nº 13.140)[109] esta atividade é considerada como pertencente ao exercício de outra profissão.

---

107. Uma nova demanda de atuação que requer uma ótica ampliada sobre a interdisciplinaridade e uma sensibilização interna (dentro da escola) sobre a realidade (socioeconômica) que perpassa fora dos muros da escola (Assistente Social 6).

108. A meu ver, o Serviço Social possui um papel de mediação muito forte na escola pública. Não pensava assim inicialmente, mas no decorrer do trabalho percebi que a instituição escola possui forte ranço "doutrinador" em relação às famílias, o que gera um tratamento meio tutelar, com exceções é claro.

109. Para uma compreensão mais aprofundada, ver: CRESS/SP. 9ª Região. Posição preliminar sobre serviço social e mediação de conflitos: nota técnica. São Paulo: CRESS/SP. 9ª Região – Conselho Regional de Serviço Social do Estado de São Paulo, jun. 2016.

Há, no entanto, uma incompreensão sobre o sentido da mediação:

> Se veicula ampla e equivocadamente" como "mediação de conflito" como que o profissional fizesse ora o atendimento ao capital ora ao trabalho, suspendendo assim o caráter contraditório, mas também antagônico dos projetos que estão em disputa na relação entre capital e trabalho (Sousa, 2016, p. 262).

Ainda quanto à compreensão sobre o Serviço Social na educação, supõe-se haver uma influência da literatura profissional sobre educação oriunda dos estudos de Almeida (2001, 2003). O assistente social Dr. Ney Luiz Teixeira de Almeida, docente, pesquisador e extensionista da Universidade do Estado do Rio de Janeiro, tornou-se uma grande referência para o Serviço Social brasileiro no que se refere às principais reflexões sobre o trabalho profissional de assistentes sociais na instituição escolar. Seu trabalho na extensão universitária como assessoria às equipes técnicas influenciaram sobremaneira as ações profissionais na perspectiva do projeto ético político da profissão.

A partir da sua produção intelectual passou-se a identificar a assistente social como aquela profissional que interfere nas expressões da questão social e atuará na perspectiva da garantia do acesso, da permanência, da qualidade da escola pública, bem como no sentido de possibilitar à população o acesso e a participação na gestão democrática da escola — tese esta reiterada pelas profissionais entrevistadas.

De fato, o que demarca esse espaço sócio-ocupacional são as requisições de intervenção nas expressões da questão social dentro da escola. Quase sempre através da realização de atendimentos e visitas domiciliares, visto o amplo processo de violações de direitos que se materializa nas escolas e que, em algumas situações, conforma a escola como a própria violadora de direitos. Questão social que se vincula aos mais diferenciados problemas que irão interferir no processo de aprendizagem dos estudantes: violência, fome, negligência, questões de saúde, dentre outros. Isso talvez difira do processo de trabalho em escolas privadas, onde as maiores requisições dizem respeito à realização de análises socioeconômicas para comprovação de insuficiência de renda em processos seletivos para concessão ou renovação de bolsas de estudos.

Nesse sentido, a questão social, nas suas mais variadas formas, constitui o objeto de intervenção do Serviço Social, seja na perspectiva da pobreza, da desigualdade e/ou da luta de classes. São as refrações da questão social que prioritariamente vão impulsionar a requisição de assistentes sociais nas escolas: seja numa perspectiva mais conservadora, como nos anos 1940, seja nos tempos atuais em que se observa um significativo avanço quanto a concepções e formas de atuar que possibilitam, inclusive, além da intervenção direta sob as expressões da questão social, propor formas de atuação que impulsionem ações participativas, organizativas e grupalizadoras alinhadas com a luta por uma escola de qualidade.

O que faz e como se organiza o trabalho

A proposta de intervenção do Serviço Social no município carioca, segundo documentos oficiais do período de 2012, contém os seguintes objetivos:

> Contribuir para o fortalecimento das equipes das Unidades Escolares de modo que se reconheçam e se consolidem como parte da rede de proteção à criança e ao adolescente.
>
> Favorecer o processo de implicação e participação da comunidade escolar nos diferentes espaços de representatividade, objetivando a gestão democrática.
>
> Promover a interlocução com as políticas e a rede de serviços do território de forma a favorecer o trabalho para ampliação das respostas necessárias às questões que se interpõem no cotidiano escolar (NIAP/SME, 2012, p. 03).

O trabalho das equipes do NIAP/PROINAPE foram pontuadas da seguinte forma:

- encontro sistemático de toda a equipe para estudo, análise das ações ou atividades em andamento, redirecionamentos necessários, comunicações, dentre outros.
- encontro sistemático por mini-equipes.
- intercâmbio de trabalho com os demais profissionais da CRE — na GED, Assessoria, GIN, GRH, GAQ, de acordo com a necessidade e o processo de trabalho na área (NIAP/SME, 2012, p. 03).

As assistentes sociais relacionam-se diretamente com os "orientadores", profissionais que atuam na perspectiva de subsidiar politicamente o trabalho, mas que não supervisionam tecnicamente a assistente social, pois os orientadores não são necessariamente da área do Serviço Social. As orientações não ocorrem na escola, mas nos espaços das Coordenadorias Regionais de Educação (CREs). A organização do trabalho é realizada a partir da elaboração dos planos de ação que são construídos a cada início de ano, mediante as instruções anuais do Documento Norteador e das escolhas das demandas institucionais oriundas das escolas identificadas pelas mesmas ou indicadas pela CRE.

No ano de 2012, o documento que orientou o trabalho profissional deu continuidade à perspectiva da interdisciplinaridade, privilegiando a estruturação dos profissionais (psicólogos, assistentes sociais e professores) em equipes visando a organização de proposições que compunham o plano de ação anual:

- atuação em escolas foco justificada pelos elementos de análises conjuntas da CRE, equipes NIAP/PROINAPE.
- realização de abordagens a partir de temáticas recorrentes com Unidades Escolares e/ou com determinados grupos distintos.
- organização de processo de trabalho sistemático que envolva a participação de diferentes Unidades Escolares por representatividade com vistas a desdobramentos de projetos conjuntos para mobilização no interior das escolas.

- criação de espaços para acolhimento, análise e consequentes desdobramentos, de situações extraordinárias (demandas extras) originadas no processo de trabalho da SME/NIAP, CRE e Unidades Escolares durante o ano letivo (NIAP/SME, 2012, p. 02).

Os planos de ação revelam que cada CRE atua de forma distinta, mediante análise de sua equipe. Assim, nos anos de 2011 e 2012 foram definidas ações que puderam ser sistematizadas a partir de respostas às seguintes questões: Qual o objetivo do Serviço Social na unidade escolar? Se a assistente social atual em um projeto específico, qual a proposta?

É pertinente reiterar que assistentes sociais e psicólogos não estão lotados nas escolas, embora atuem nelas. Trata-se de um trabalho itinerante. Nesse sentido, a relação com a comunidade escolar é bastante diversa. A relação com os diretores das escolas, a título de exemplo, é avaliada como *boa* por 60% das assistentes sociais. Para 21% das pesquisadas, a relação é considerada ótima. Quando não se trabalha cotidianamente em uma escola, sua passagem por lá é temporária, e é muito importante ter boas relações, pois afinal o profissional é um "visitante" na escola.

O cotidiano é áspero, repleto de tensões, de pragmatismos, e é, certamente, como diz Heller (1989), propenso à alienação-estranhamento. Mas, para atuar e participar dos fóruns de discussão e decisões como os Centros de Estudos (CEs), os Conselhos de Classe (COC), ou até mesmo influir no Conselho Escola Comunidade (CEC), é preciso estar no cotidiano escolar. Assegurar essa presença quando se é um convidado, um visitante, um profissional que está apenas esporadicamente no espaço, como é o caso da assistente social na escola, pressupõe a necessidade de ter uma boa relação com a direção da escola para que o convite ou participação aconteça. Trata-se aqui de reivindicar a presença nos espaços de deliberação, formulação e de avaliação dos alunos, onde cada profissional pode emitir sua opinião técnica nas questões da escola e do processo de ensino e aprendizagem das crianças e adolescentes.

Ao serem indagados sobre as metas do trabalho, os relatos indicam a sua inexistência. O trabalho é acompanhado pelos orientadores através de um instrumento denominado "Registro de Atividades" que é preenchido diariamente pelas assistentes sociais e assinado pelo diretor da Unidade escolar, mas não há metas elencadas.

Embora tenha sido explícito no documento "Norteadores 2012" que: "[...] a avaliação sistemática de cada ação em andamento durante o ano letivo é fator que pode ajudar na compreensão das necessidades e potencialidades do contexto em análise — a escola" (2012, p. 03), em nenhum momento determinam-se metas a serem atingidas. Ao abordar esse ponto, não se trata de defender uma racionalidade produtivista, mas entender que a produção intelectual e a sistematização são de fundamental importância para que a intencionalidade que move as ações profissionais ganhe visibilidade e que, com as condições objetivas para realizá-la, novas ações sejam propostas.

As condições de trabalho

No que concerne às condições de trabalho, embora 90% das pesquisadas conheça a resolução do CFESS nº 493/06, que dispõe sobre as condições éticas e técnicas do exercício profissional da assistente social, fica a dúvida se há de fato condições físicas e técnicas para o trabalho como espaço para atendimentos individuais e coletivos, local adequado para a guarda de documentos pertinentes ao atendimento aos estudantes e suas famílias. A dúvida surge porque as tabelas abaixo revelam a inadequação de espaço físico e recursos para atendimentos. As escolas e a comunidade escolar não foram e não estão preparadas objetiva e subjetivamente para receber assistentes sociais. Não só pela ausência de condições estruturais — como espaço físico para os atendimentos[110]

110. Ao serem questionadas sobre a existência de recursos nas escolas para a garantia do sigilo profissional, 52% das profissionais responderam que sim, mas não adequadamente.

—, mas pelo desconhecimento do trabalho, das atribuições privativas e, sobretudo, pelo desconhecimento das competências profissionais.

Essas muitas vezes são resumidas à manipulação dos instrumentos técnico-operativos como atendimentos e visitas, por exemplo. E, quando a profissional se propõe a realizar atividades de assessoria ou no campo da gestão democrática, o estranhamento se presentifica. O quadro de aviltamento das políticas sociais, dentre essas as políticas educacionais, traduz-se em rebaixamento das condições de trabalho profissional, pois a assistente social atende estudantes, famílias e professores em locais inadequados. Alguns colegas revelam que as intervenções ocorrem frequentemente em salas de leitura, auditórios, refeitórios, locais inapropriados para o exercício profissional, principalmente quando se trata de atendimentos individuais.

Quanto às principais atribuições realizadas pelas assistentes sociais, muitas apresentam as concepções e os princípios que orientam o trabalho profissional na escola — ou seja, aquilo que consta nos documentos institucionais —, não expressando exatamente as ações que realmente são desenvolvidas; outras expressam, de fato, as atribuições, isto é, apontam as ações realizadas no âmbito escolar.

Ao indagarmos às assistentes sociais sobre quais as 3 principais demandas que não condizem com suas atribuições, 16 ocorrências apontam questões vinculadas à indisciplina dos estudantes. Espera-se uma mudança imediata do comportamento do aluno ou uma alteração na postura que nem sempre tem relação direta com o cotidiano escolar, mas com padrões de comportamentos desenvolvidos por esse dentro e fora da escola. Nota-se que essas situações podem também se caracterizar como uma demanda para a profissão, mas que não se revelam de pronto. Há situações em que as necessidades sociais[111] manifestam-se de forma imediata, porém há outras que demandam sucessivos atendimentos até que sejam apresentadas ao Serviço Social.

111. Algumas demandas são tratadas como necessidades sociais, dada sua processualidade histórica nas relações sociais que permeiam o exercício profissional.

É interessante destacar também o que não condiz com o exercício profissional. São identificadas na pesquisa ações demandadas às assistentes sociais que, em sua avaliação, não se relacionam com as atribuições e competências expressas na Lei de Regulamentação da Profissão.

A partir disso, consideramos que o desconhecimento das atribuições de assistentes sociais nas escolas e as dificuldades dos profissionais de educação e professores em lidar com determinadas dificuldades — a exemplo da dificuldade em colocar limites aos estudantes — contribuem para o excesso de solicitações que são apresentadas e estão em desacordo com o fazer profissional.

Mas, afinal, o que seriam as atribuições desse profissional na escola?

Segundo as reflexões expressas no material do CFESS, ao destacar o documento "Psicólogas(os) e Assistentes Sociais na rede pública de educação básica: orientações para regulamentação da Lei 13.935/2019 — versão 2021", que foi elaborado justamente para subsidiar a regulamentação do trabalho de assistentes sociais em equipes multiprofissionais em conjunto com professores e pedagogos, as atribuições de assistentes sociais nas redes de educação básica são aquelas que possibilitam:

1. Contribuir com o direito à educação, bem como o direito ao acesso e permanência na escola com a finalidade da formação dos estudantes para o exercício da cidadania, preparação para o trabalho e sua participação na sociedade;
2. Subsidiar a elaboração de projetos pedagógicos, planos e estratégias, a partir de conhecimentos de políticas sociais, bem como do exercício e da defesa dos direitos civis, políticos e sociais da coletividade;
3. Contribuir para a garantia da qualidade dos serviços aos estudantes, garantindo o pleno desenvolvimento da criança e do adolescente, contribuindo assim para sua formação, como sujeitos de direitos;

4. Participar da elaboração, execução e avaliação de políticas públicas voltadas à educação;
5. Contribuir no processo de ensino-aprendizagem de modo a assegurar a universalidade de acesso aos bens e serviços relativos aos programas e políticas sociais, bem como sua gestão democrática;
6. Contribuir no fortalecimento da relação da escola com a família e a comunidade, na perspectiva de ampliar a sua participação na escola;
7. Aprimorar a relação entre a escola, a família e a comunidade de modo a promover a eliminação de todas as formas de preconceito;
8. Intervir e orientar situações de dificuldades no processo de ensino-aprendizagem, evasão escolar, atendimento educacional especializado;
9. Contribuir com o processo de inclusão e permanência dos estudantes com necessidades educativas especiais na perspectiva da inclusão escolar;
10. Criar estratégias de intervenção frente a impasses e dificuldades escolares que se apresentam a partir de situações de violência, uso abusivo de drogas, gravidez na adolescência, assim como situações de risco, reflexos da questão social que perpassam o cotidiano escolar;
11. Atuar junto às famílias no enfrentamento das situações de ameaça, violação e não acesso aos direitos humanos e sociais, como a própria educação;
12. Favorecer o processo de inclusão e permanência do estudante com necessidades educativas especiais;
13. Participar de ações que promovam a acessibilidade;
14. Fortalecer e articular parcerias com as equipes dos Conselhos Tutelares, CRAS, CREAS, unidades de saúde, movimentos sociais dentre outras instituições, além de espaços de controle social para viabilizar o atendimento e acompanhamento integral dos estudantes;

15. Fortalecer o acompanhamento e o monitoramento do acesso, da permanência e do aproveitamento escolar dos beneficiários de programas de transferência de renda;
16. Viabilizar o acesso a programas, projetos, serviços e benefícios sociais aos estudantes e suas famílias por meio de rede intersetorial no território, fortalecendo a permanência escolar;
17. Realizar assessoria técnica junto à gestão escolar, bem como participar dos espaços coletivos de decisões;
18. Contribuir em programas, projetos e ações desenvolvidos na escola que se relacionem com a área de atuação;
19. Contribuir na formação continuada de profissionais da rede pública de educação básica (CFESS, 2019, p. 38).

Contudo, além das dificuldades já problematizadas sobre a interface e as particularidades do trabalho do Serviço Social e da orientação educacional, em nossa pesquisa, outra questão que se destacou diz respeito à dificuldade em distinguir o "fazer profissional" das atribuições do Conselho Tutelar. É percebida a ausência de encaminhamentos para este órgão por parte da direção da escola e o desconhecimento sobre suas funções e situações; a escola usualmente furta-se a encaminhar ao Conselho Tutelar[112] as mais diferentes situações de violação de direitos[113]. Há um conjunto de estigmas sobre os Conselhos e, simultaneamente, de argumentos para que os casos não sejam encaminhados aos Conselhos Tutelares: o receio de trazer a polícia para dentro da

112. O Conselho Tutelar é um espaço permanente e autônomo, não jurisdicional, responsável por zelar pelo cumprimento dos direitos da criança e do adolescente, conforme previsto no Estatuto da Criança e do Adolescente.

113. Conforme preconiza o art. 56 do Estatuto da Criança e do Adolescente, é dever dos dirigentes de estabelecimentos de ensino fundamental comunicar ao Conselho Tutelar os casos de: I– maus-tratos envolvendo seus estudantes; II– reiteração de faltas injustificadas e de evasão escolar, esgotados os recursos escolares; III– elevados níveis de repetência.

favela, e com isso a escola sofrer retaliações dos grupos que dominam os territórios; o medo de represália da própria comunidade; as possíveis associações do Conselho à polícia, entre outros.

De certo, há reflexões pertinentes acerca do caráter positivista e policialesco dos conselhos tutelares. Lopes mostra que:

> Fica evidente o acerto na criação destes espaços desjudicializados e mais próximos do público a ser atendido. Entretanto, heranças culturais começam a mostrar que, como em outros casos, o Direito não representa a força que resultará na transformação do que se positivou nos instrumentos normativos. Ao contrário, na tensão entre práticas culturais mais comprometidas com a punição que a proteção, podem causar a resistência à adequação entre lei e realidade (Lopes, 2015. s/p).

Nesse sentido, a ideia que gira em torno dos conselhos tutelares, no âmbito escolar é extremamente contraditória, pois o órgão que deveria proteger, socorrer e zelar pela integridade de crianças e adolescentes, serve de subterfúgio para ameaçar e provocar medo ou repulsa, ou seja: no imaginário infantil os "Anjos da Guarda" viram os "Bichos-papão", parafraseando Lopes (2015).

Sobre as ações em desacordo com as atribuições profissionais, foram elencadas também:

- Fazer encaminhamentos para a rede de serviços os quais a própria escola pode e deve fazer;
- Demandas por questão de saúde;
- Exigência de postura policialesca e disciplinadora perante os discentes e suas famílias;
- Psicologização da intervenção profissional (avaliar se o aluno tem algum "problema psicológico");

- Moralização das famílias[114] — que seria a adequação e adaptação das famílias às lógicas "estruturantes" como: comportamentos ideais de "participação" na escola e de envolvimento no ensino e aprendizagem, sem considerar o contexto social.

A imprecisão e/ou desconhecimento acerca da ação profissional da assistente social aponta para a retomada do Serviço Social tradicional, tendo em vista que a profissional é solicitada a trabalhar questões relacionadas a ensinar noções de higiene à família; conversar sobre a orientação sexual (quando algum adolescente se declara homossexual e é encaminhado sem que ele aponte a necessidade de falar sobre isso); ser qualificado como um profissional que pune e não que acolhe os estudantes, como quando professores e/ou a gestão usam o espaço de "conversa" com o Serviço Social para ameaçar os estudantes: "vou te levar para falar com as assistentes sociais".

Esses equívocos, que marcam a forma de compreensão sobre a profissão, dialogam com a imagem que a profissão construiu e estão intimamente associados à dimensão técnico-operativa, em razão do lugar que essa dimensão ocupa no cotidiano do exercício profissional.

> Apesar do reconhecimento de que as dimensões só existem em relação umas às outras, a dimensão técnico-operativa é a forma de aparecer da profissão, pela qual é conhecida e reconhecida. Dela emana a imagem social da profissão e sua autoimagem. Ela encontra-se carregada de representações sociais e da cultura profissional. É a dimensão que dá visibilidade social à profissão, já que dela depende a resolutividade da situação, que, às vezes, é mera reprodução do instituído, e em outras constitui a dimensão do novo. Não é supérfluo lembrar

114. Questões relacionadas, exclusivamente, ao desempenho do aluno na escola ou ainda quando a família é encaminhada para o Serviço Social com a intenção de "darmos um jeito nela", ou seja, como se a função fosse obrigar a família a fazer determinadas coisas ou a ensiná-la como educar seus filhos.

> que a dimensão técnico-operativa revela a perspectiva político-ideológica da profissão, como aquela pela qual o Serviço Social atua na reprodução ideológica da sociedade burguesa ou na construção da contra-hegemonia. O que se pretende enfatizar é que a intervenção de natureza técnico-operativa não é neutra: ela está travejada pela dimensão ético-política e esta, por sua vez, encontra-se aportada em fundamentos teóricos, donde a capacidade de o profissional vir a compreender os limites e as possibilidades não como algo interno ou inerente ao exercício profissional, mas como parte do movimento contraditório constitutivo da realidade social (Guerra, 2013, p. 46).

Quanto às ações priorizadas em seu cotidiano, solicitamos que cada profissional escolhesse em ordem de importância três atividades. As respostas deram relevância a: trabalho em grupo, atendimento individual e trabalho com famílias. Chama a atenção a grande demanda por atendimentos individuais e, em contrapartida, a pouca realização de visitas domiciliares por parte dos profissionais. Na trajetória profissional do Serviço Social, a visita domiciliar constituiu-se como um dos instrumentos técnico-operativos mais utilizados pelos profissionais. No percurso de sua história esse instrumento atendeu a propósitos os mais diversos. Por vezes, atendendo a necessidade imprescindível na perspectiva da garantia de direitos — a fim de compreender melhor a construção social das famílias, as condições de habitação, as relações sociais estabelecidas com a comunidade e entre seus integrantes —, mas também muito criticada quando utilizada em uma perspectiva policialesca, invasiva e permeada pela lógica do controle da população pobre pelo Estado. Nesse caso, alude às visitadoras sociais que, na gênese da profissão, eram responsáveis por ações de controle.

Nota-se que, de 42 profissionais, apenas 4 indicam a visita domiciliar como uma das atividades mais realizadas. Hipotetizamos que a ínfima realização de visitas domiciliares decorre de uma influência negativa que talvez tenha constituído uma repulsa ao uso desse instrumento técnico-operativo, já que se destacam os deslizes realizados pela gestão anterior que, ao desenhar o processo de trabalho profissional, determinava uma meta altíssima de visitas domiciliares às crianças infrequentes (detectadas pelo Programa Bolsa Família). Através do que se chamava "Busca Ativa", foi criada uma aversão à realização das visitas domiciliares. A resolução elaborada pela gestão municipal, à época, impunha que das 36 horas trabalhadas, 12 horas deveriam ser destinadas aos:

> Atendimentos individuais nas Unidades Escolares ou no domicílio do território de atuação das equipes da RPE, de acordo com a avaliação, com média mínima de três visitas domiciliares e oito atendimentos individuais" semanais (Rio de Janeiro, Resolução Municipal nº 107, de 14 de novembro de 2007).

Ao serem questionadas sobre a origem das requisições dos atendimentos individuais, as assistentes sociais informam que a maior parte vem da direção das escolas. Há que se considerar, na estruturação desse quadro, a forma como a profissional insere-se na escola, de forma temporária e estabelecendo uma maior relação de proximidade justamente com a direção, já que há uma permanência de no máximo dois anos em cada escola. Mas a inserção pode ser, também, diária ou pontual, a depender do projeto de intervenção elaborado.

Nota-se que a média semanal de horas trabalhadas nas escolas é de 16 horas. Há discrepâncias quanto ao tempo de permanência devido à forma como o trabalho é organizado. Os profissionais que trabalham em diferentes escolas possuem uma relação mais superficial com os diferentes profissionais das escolas, se comparados àqueles que optam por realizar projetos em uma única escola[115]. Nesse caso, constrói-se uma rotina de permanência diária que permite aprofundar as relações com professores, estudantes, responsáveis, pensar de forma mais

---

115. Algumas equipes optam por permanecer um ou dois anos em uma determinada escola.

intensa a escola e as suas possibilidades de ação e estabelecer o enraizamento no território.

No que tange ao uso dos instrumentos técnico-operativos, observa-se que os relatórios sociais e as fichas sociais são as demais relevância no uso cotidiano[116]. Porém, um dos instrumentos que não aparece nesse quadro é o Relatório de Atividades, instrumento diário que funciona como mecanismo de acompanhamento do trabalho realizado pelos orientadores e que é preenchido e assinado pelo diretor da escola.

Indagados sobre as principais demandas que surgem no exercício profissional, elencaram, em ordem de importância: conflitos entre professor e aluno (25 ocorrências); violência entre estudantes (19 ocorrências), e questões de saúde (14 ocorrências). E, não por acaso, as instituições mais acionadas são as Unidades de Saúde e os Conselhos Tutelares, embora existam questões sobre esses conforme problematizado anteriormente.

---

116. Em seguida aparecem livro de ocorrência (17%), Estudo social (14%) e Parecer Social (5%) como os demais instrumentos mais utilizados no exercício profissional.

Quadro 8. Quais as principais demandas no seu exercício profissional?

	IMPORTÂNCIA 1		IMPORTÂNCIA 2		IMPORTÂNCIA 3		TOTAL	
	OCORRÊNCIAS	%	OCORRÊNCIAS	%	OCORRÊNCIAS	%	OCORRÊNCIAS	%
Violência entre estudantes/*Bullying*	9	20%	8	19%	3	7%	20	15%
Conflito professor-aluno	11	24%	10	23%	4	9%	25	19%
Conflito funcionário-aluno	0	0%	1	2%	1	2%	2	2%
Trabalho infantil	2	4%	0	0%	2	5%	4	3%
Evasão escolar	1	2%	3	7%	0	0%	4	3%
Conflito com a lei	0	0%	1	2%	1	2%	2	2%
Infrequência escolar	1	2%	5	12%	9	20%	15	11%
Envolvimento de estudantes com drogas	0	0%	1	2%	3	7%	4	3%
Falta de motivação na escola	7	15%	4	9%	4	9%	15	11%
Questões de saúde	6	13%	7	16%	6	14%	19	14%
Questões sobre sexualidade	2	4%	1	2%	2	5%	5	4%
Conflitos familiares	5	11%	0	0%	7	16%	12	9%
Questão econômica	2	4%	2	5%	2	5%	6	5%

FONTE: Elaboração própria a partir da pesquisa.

A forma como se constroem as relações entre professores e estudantes e a relação entre os próprios estudantes apontam para a presença de relações agressivas, desagregadoras e violentas. A sociabilidade do capital é, por si só, uma sociabilidade muito violenta, moralizante, criminalizante. A recorrência da violência de gênero, institucional e política se amplifica e se expressa também nas escolas. Muitas das expressões de violência são reproduções das relações típicas presentes nos territórios, sejam produzidas pelos grupos que os dominam ou pelo próprio poder público, que através da sua política de segurança produz mortes, roubos, medo, injustiças — fenômenos típicos de um Estado repressor que se apresenta através de políticas ineficazes e insuficientes para os territórios mais pobres.

No que se refere às principais dificuldades encontradas no exercício profissional, as assistentes sociais apontaram questões estruturais e socioinstitucionais e a interlocução com outros profissionais e a comunidade escolar. Em ordem de importância, conforme ocorrência nos relatos: agravamento das expressões da questão social (22%); equipe insuficiente para atendimento às demandas profissionais (15%); relacionamento com os profissionais da escola (13%); infraestrutura inadequada (13%); discordância entre planejamento e desenvolvimento dos projetos direcionados na escola (13%); falta de preparo para atuação na área educacional (8%); multiplicidade de projetos pedagógicos da escola (5%); relacionamento com os responsáveis pelos estudantes (5%).

O agravamento das expressões da questão social ganha visibilidade. Por exemplo, o processo de policialização das relações humanas, ações punitivistas e de criminalização dos segmentos mais pauperizados da classe trabalhadora, traz a polícia para o interior das escolas. Processo atual, e com particularidades dos tempos hodiernos, mas muito parecido com a condução da questão social na década de 1930, considerando-a "caso de polícia". Nas palavras de Ianni "quando se criminaliza o outro (...) defende-se mais uma vez a ordem social estabelecida" (1992, p. 101).

Quadro 9. Quais as principais instituições acionadas no seu exercício profissional?

	IMPORTÂNCIA 1		IMPORTÂNCIA 2		IMPORTÂNCIA 3		TOTAL	
	OCORRÊNCIAS	%	OCORRÊNCIAS	%	OCORRÊNCIAS	%	OCORRÊNCIAS	%
Conselhos Tutelares	10	19%	11	24%	11	28%	32	23%
Conselhos de direitos	1	2%	3	7%	0	0%	4	3%
Ministério Público	1	2%	1	2%	1	3%	3	2%
Defensoria Pública	1	2%	2	4%	0	0%	3	2%
ONGs	3	6%	4	9%	8	21%	15	11%
Unidades de saúde	22	42%	11	24%	4	10%	37	27%
Instâncias diferenciadas da Secretaria Municipal de Educação	4	8%	1	2%	2	5%	7	5%
Cores	4	8%	1	2%	1	3%	6	4%
Varas da Infância/Juventude e Idoso	0	0%	2	4%	2	5%	4	3%
CRAS	5	9%	9	20%	8	21%	22	16%
Centro de Referência Especializado da Assistência Social (CREAS)	2	4%	1	2%	2	5%	5	4%

FONTE: Elaboração própria a partir da pesquisa.

No âmbito educacional uma enxurrada de projetos sociais nas escolas, a fim de interferir na ampliação dos índices educacionais, mas que, sem transformações efetivas na questão social, maquia e imprime uma face "mais humana" às violações de direitos. Utiliza-se, assim, do binômio assistência e repressão: pilares no enfrentamento da "questão social" no capitalismo dependente brasileiro, que é também o título de excelente artigo produzido por Mauriel (2020).

Outro elemento a ser ressaltado é o aumento de demanda pela profissional de Serviço Social, que contrasta com o pequeno quantitativo de profissionais nesses espaços. Embora a Prefeitura da cidade seja a maior empregadora de assistentes sociais da educação, a rede ainda carece de profissionais. Entretanto, não é factível quantificar o tamanho e a intensidade da demanda por profissionais de Serviço Social já que não existem instrumentos padronizados que possibilitem o monitoramento das ações[117]. Lembramos, assim, a importância da sistematização. Conforme analisa Almeida (2006), embora os registros muitas vezes transformem-se em uma peça a mais da burocracia, se empregados com correção, podem ser utilizados a favor dos usuários e da própria equipe profissional para propor novas ações, mobilizar recursos, pressionar pela ampliação do quadro de servidores, publicizar dados, entre outros.

Merecem destaque as relações entre os diferentes profissionais que atuam nas escolas como pedagogos, orientadores educacionais[118],

---

117. Atualmente foi construído um termo de visita que é preenchido pelas assistentes sociais, quando estão nas escolas, e pela direção. Funciona, sobretudo, como uma forma de registrar os acordos e principais ações realizadas. Há também um setor de monitoramento que dispõe de diferentes instrumentos de registro: 1) Registro das atividades semanais, 2) Registro mensal das ações realizadas nas escolas atendidas/acompanhadas, 3) Registro mensal das ações de encontros realizados entre escolas da mesma Coordenadoria Regional ou com escolas de diferentes CREs que envolvam estudantes, familiares e/ou profissionais.

118. Profissão regulamentada pelo Decreto nº 72.846, de 26 de setembro de 1973. Regulamenta a Lei nº 5.564, de 21 de dezembro de 1968, que versa sobre o exercício da profissão de orientador educacional.

psicólogos, entre outros. A chegada de assistentes sociais e psicólogos nas escolas traz consigo a necessidade de conhecimento do estatuto profissional das demais profissões que atuam no chão da escola. Requer conhecer os marcos legais, o campo teórico e a cultura profissional das demais profissões para conhecer, propor e reconhecer o limite uma das outras. Assim, o desafio do trabalho interdisciplinar é, justamente, reconhecer as diferenças e as especificidades, dialogar com elas e, reconhecer onde podem se complementar ou não, caso contrário, teremos apenas um somatório de áreas de conhecimento trabalhando em um mesmo lugar.

Assim, cabe ressaltar a centralidade do Projeto Político Pedagógico das escolas. É no processo de elaboração conjunta do mesmo que "se situa a dimensão do 'trabalho coletivo' como política no âmbito das práticas escolares" (Porto, 2009, p. 21).

Assim, cabe reconhecer as potencialidades das profissionais de Serviço Social, não apenas como a responsável por responder às manifestações da questão social na escola, ou que resolverá os problemas complexos quando ninguém mais os resolve, mas atribuir visibilidade às suas atribuições privativas, às competências profissionais, à capacidade de formulação, planejamento e execução da política e, se for o caso, criar novas atividades que, como Iamamoto (1998) explicita, são forjadas no chão da realidade.

A interface entre trabalho profissional, questões da escola e o território

A relação que o poder público estabelece com os moradores das favelas expressa uma compreensão sobre os territórios. Desse modo, a favela é compreendida pelas pesquisadas como um "espaço de moradia de segmentos populacionais de baixa renda, 'excluídos' e por vezes marginalizados ou 'invisibilizados' pela sociedade" (AS-14). Isto é, "um território da cidade com precariedade de políticas públicas que se expressam em ausência ou insuficiência de infraestrutura no que tange a moradia, saneamento e recursos sociais" (AS-15). É imprescindível que as escolas contem com profissionais que possuam uma compreensão crítica da favela e das relações sociais. As favelas historicamente foram lateralizadas pelo Estado no que se refere às políticas públicas de qualidade. Ao contrário da tese que defende sua ausência, consideramos que o Estado sempre esteve presente nesses territórios através da segurança pública, via ações repressoras, violentas, ou com políticas sociais insuficientes e ineficazes como ausência de título de propriedade, insuficiente mobilidade urbana, serviços assistenciais, de saúde etc. Portanto, seu lugar é definido a partir da lógica que organiza os territórios — a lógica de um desenvolvimento desigual e combinado, intrínseco ao tipo de capitalismo dependente que se desenvolve no Brasil.

Outra questão versa sobre a existência ou não de diferenças de desempenho escolar entre estudantes residentes dentro e fora da favela. Um grupo de assistentes sociais considera que há diferenças, sob o argumento de que a existência de diferenças ocorre a partir da falta de investimento público nas escolas, da ausência de identidade dos professores com o território e da violência. Esses elementos balizam a desqualificação das escolas nesses espaços, pois apesar de apresentar os mesmos projetos e diretrizes das escolas situadas em distintos espaços da cidade, as escolas das favelas constroem um cotidiano diferenciado. Conforme as palavras da Assistente Social 3, "as diferenças não se localizam nos estudantes, e sim no investimento dos professores que é menor com este público". O acesso restrito a bens e serviços sociais, culturais e a falta de incentivo para sua ampliação reverberam diretamente no desempenho escolar[119] e na construção cotidiana das escolas.

Conforme relato das entrevistadas, "os pais dos estudantes que moram em favelas são mais ausentes, os estudantes são maltratados" (AS-7), de modo que a violência, o medo e a falta de infraestrutura em casa não são fatores individualizados, mas se apresentam como indicadores de uma sociabilidade que tem na violência um dos seus eixos organizadores e, na desqualificação da escola, um modo "sutil e eficaz de negar o acesso aos níveis mais elevados de saber à classe trabalhadora" (Frigotto, 1989, p. 18). Tal negação e desqualificação[120] não se apresenta como um componente "conjuntural — algo, como insinua a tecnocracia, a ser redimido, recuperado pelos mecanismos técnico (ou pela tecnologia educacional)" (Frigotto, 1989, p. 18), mas se coloca como uma desqualificação orgânica: "uma irracionalidade racional, uma improdutividade produtiva, necessária à manutenção da divisão social do trabalho e, mais amplamente, à manutenção da sociedade em classes" (Frigotto, 1989, p. 18).

As entrevistadas afirmaram, ainda, que a organização das escolas fora de favela costuma ser maior (AS-11), uma vez que "as escolas situadas nas favelas são constantemente fechadas, afetando o desempenho e rendimento dos estudantes" (AS-12). "As escolas de favela apresentam um índice de infrequência e evasão superiores a outras escolas

---

119. "Quero diferenciar desempenho escolar de desempenho do aluno. O aluno onde o entorno da escola é violento pode ter mais dificuldade de frequentar as aulas, bem como ser desfavorecido, pois muitos professores não querem atuar em escolas com entorno violento. Isto, talvez, pode atrapalhar o desempenho da escola. Quanto ao aluno, ao chegar à U.E, não percebi que seu desempenho fosse inferior a de outro aluno onde o entorno não fosse violento" (AS-6).

120. "O direito de ir e vir dos moradores de favela é mais violado do que o do não morador de favela, o que acarreta mais faltas com possíveis reflexos no rendimento escolar" (AS-8). Essa compreensão elucida o modo orgânico com que a desqualificação se processa.

municipais" (AS-9), de modo que "o problema não é o 'desempenho', mas a avaliação e a opção política de não se adequar a cada realidade" (AS-10). Vislumbra-se, assim, a desqualificação em processo.

Há uma intencionalidade nessa desqualificação para manter a hegemonia das classes dominantes. É inegável a importância da escola na construção e manutenção de uma determinada hegemonia — entendida como direção política e cultural de uma classe sobre a outra[121]. A escola, assim como outras organizações da sociedade civil, auxilia na reprodução ideo-política e cultural, formando intelectuais cuja função na sociedade esteja vinculada, no contexto da luta de classes, aos interesses e projetos da classe dominante. Embora possamos remetê-la no sentido de contribuir para a construção de uma "nova" hegemonia, o que temos hoje é uma educação que ajuda a conformar os indivíduos para um fazer, um sentir e um agir que reproduzem as relações sociais vigentes.

Gramsci (2001), compreendendo a importância da educação escolar na organização da cultura das sociedades modernas, entendia a escola como um instrumento de transformação, de formação de intelectuais. Nas palavras de Schlesener:

---

121. Gramsci (2001), nos Cadernos do Cárcere, tratando da hegemonia, afirma: "A sociedade civil e a sociedade política ou Estado correspondem, respectivamente, à função de 'hegemonia' que o grupo dominante exerce em toda sociedade e àquela de domínio direto ou comando, que se expressa no Estado e no governo 'jurídico'. Estas funções são organizativas e conectivas. Os intelectuais são os prepostos do grupo dominante para o exercício das funções subalternas da hegemonia social e do governo político, isto é, 1) do consenso "espontâneo" dado pelas grandes massas da população à orientação impressa pelo grupo fundamental dominante à vida social, consenso que nasce historicamente do prestígio (e, portanto, da confiança) obtido pelo grupo dominante por causa da sua posição e de sua função no mundo da produção; 2) do aparelho de correção estatal que assegura 'legalmente' a disciplina dos grupos que não consentem, nem ativa nem passivamente, mas que é constituído por toda a sociedade na previsão de momentos de crise de comando e na direção, nos quais desaparece o consenso espontâneo" (2001, p. 21).

> Gramsci percebia a importância da educação no contexto das relações de hegemonia enquanto caminho de construção da identidade de classe. Para as classes trabalhadoras do início do século XX, a luta pela hegemonia implicava necessariamente fazer a sua leitura da história, a fim de identificar-se como classe e apresentar-se como projeto político e social revolucionário (Schlesener, 2014, p. 19).

Defendia a existência de uma escola unitária e criadora, que possibilitasse ao indivíduo tornar-se autônomo, capaz de pensar, de estudar, de dirigir ou de controlar quem dirige. Propunha uma escola que pudesse unir teoria e prática, ou seja, articular um programa que possibilitasse às pessoas compreender e intervir no mundo[122]. Conforme Neves:

> A concepção gramsciana da escola unitária pressupõe, em nível teórico, um novo nexo entre teoria e prática que sintetize, numa só dimensão, o pensar e o agir, e em nível prático, a apropriação coletiva do saber construído coletivamente pela humanidade, para a construção também coletiva do novo mundo (Neves, 2001, p. 02).

---

122. Segundo Gramsci, o advento da escola unitária significaria o início de novas relações entre trabalho intelectual e trabalho industrial, não apenas na escola, mas em toda a vida social. (Neves *apud* Gramsci, 2001, v. 2, p. 40). Assim, a escola proposta por Gramsci para o ensino infantil, fundamental e médio é uma escola unitária, de cultura geral, voltada para a compreensão atual do mundo da produção tecnológica, pautada no ensino moderno como princípio pedagógico – a escola da liberdade de expressão, de criação e satisfação – diferente de uma escola de cultura arcaica, consoante com o velho humanismo pré-industrial. Gramsci dizia que a escola é, ao mesmo tempo, reino da necessidade (trabalho muscular nervoso e disciplina) e reino da liberdade. Desta forma, definia a noção de escola unitária, pressupondo o desenvolvimento da sociedade civil, conferindo à escola uma dimensão estratégica na disputa pela hegemonia, no âmbito do "Estado ampliado".

Diferente de Althusser (1985), que via a escola como aparelho ideológico do Estado, reprodutora do sistema capitalista, Gramsci pensava que:

> A escola deveria preparar todo cidadão para poder tornar-se "governante" e que a sociedade o ponha, ainda que "abstratamente", nas condições gerais de poder fazê-lo. Mas o tipo de escola que se desenvolve como escola para o povo não tende mais nem sequer a conservar a ilusão, já que ela cada vez mais se organiza de modo a restringir a base da camada governante tecnicamente preparada, num ambiente social político que restringe ainda mais a "iniciativa privada", no sentido de dar esta capacidade e preparação técnico-política, de modo que, na realidade, retorna-se às divisões em "ordens" juridicamente fixadas e cristalizadas em vez de se superar as divisões em grupos: a multiplicação das escolas profissionais, cada vez mais especializadas desde o início do currículo escolar, é uma das mais evidentes manifestações desta tendência (Gramsci, 2001, v. 2, p. 50).

Destarte, "a forma como representamos o espaço possui profundas implicações na maneira como interpretamos o mundo e agimos em relação a ele" (Barbosa, 2000, p. 22). Essa reflexão permite reforçar, como dito anteriormente, que as concepções sobre as favelas definem, moldam e influenciam as práticas sociais daquele território. O exercício profissional nas escolas de favelas pode influir positivamente na tentativa de ultrapassar o saber – estruturado socialmente em todas as esferas da vida social – construído pelo senso comum sobre as escolas e os moradores destes espaços. Mas sem deixar de considerar a natureza contraditória intrínseca ao trabalho profissional, já que esse:

> Responde tanto a demandas do Capital como do trabalho e só pode fortalecer um ou outro polo pela mediação de seu oposto. Participa tanto dos mecanismos de dominação e exploração como, ao mesmo tempo e pela mesma atividade,

> dá resposta às necessidades de sobrevivência da classe trabalhadora e da reprodução do antagonismo nesses interesses sociais, reforçando as contradições que constituem o móvel básico da história (Iamamoto; Carvalho, 2006, p. 75).

Nessa atual fase do capitalismo, com toda a incompatibilidade entre o projeto profissional e a sociabilidade do capital, onde a política social é subordinada às políticas econômicas, as requisições profissionais do cotidiano impõem diferentes desafios, o que nos impele a analisar as condições materiais e investir na dimensão política da profissão para imprimir qualidade nesse espaço sócio-ocupacional.

Nesse sentido, é preciso considerar que o Serviço Social, acompanhando as mudanças na sociedade brasileira, oriundas da crise social que se prolonga e intensifica, passou por várias mudanças e supõe novas exigências para qualificar seu trabalho.

Assim, é pertinente reafirmar a importância do trabalho profissional nas escolas, referenciado em formulações teórico-metodológicas que dialoguem com o acúmulo pautado na perspectiva crítica. Os debates da educação e do Serviço Social nessa linha analítica conectam-se, visto que a defesa da educação pública converge com as pautas da categoria profissional, de modo que ambas as preocupações adquirem centralidade na vida acadêmica.

Por fim, trazemos para o debate a dimensão da educação popular que pode, em certa medida, agregar novos elementos ao exercício profissional qualificado, assim como apontar horizontes ao trabalho profissional, no sentido de acumular forças na reafirmação das nossas utopias por um mundo mais humano e compromissado com os segmentos da classe.

Afinal, que educação queremos? O Serviço Social e a perspectiva da educação popular[123]

> Toda leitura da palavra pressupõe uma leitura anterior do mundo, e toda leitura da palavra implica a volta sobre a leitura do mundo, de tal maneira que "ler o mundo" e "ler palavra" se constituam um movimento em que não há ruptura, em que você vai e volta. E "ler mundo" e "ler palavra", no fundo, para mim, implicam "reescrever" o mundo (Freire, 1999, p. 15).

A Educação Popular caracteriza-se como uma forma de fazer educação[124] que contribui para a mobilização e a organização dos trabalhadores e favorece o despertar de uma consciência crítica, considerando nessa concepção a dimensão da classe e a necessidade de ultrapassar a atual ordem societária. Nessa conformação, pode apresentar-se sob uma perspectiva de fazer educação que envolva uma metodologia participativa, progressista (ou libertadora), como afirmava Paulo Freire[125].

---

123. Parte do texto originalmente publicado em Helfreich (2020).

124. Vários autores debruçaram-se sobre uma concepção de Educação Popular que se opõe à concepção liberal. São eles como Carlos Rodrigues Brandão (2002), Paulo Freire (1981, 1991, 2001, 2004), Ana Maria do Vale (2001), Vanilda Paiva e autores-educadores populares como Aida Bezerra (2005), Maria Lídia Souza da Silveira (2004) e Mauro Iasi (2004, 2020), Eblin Farage (2004, 2020) e Francine Helfreich (2004, 2020, 2021).

125. Segundo Freire (1991), o propósito da educação é a liberdade humana, a qual "ocorre quando a população reflete sobre si mesma e sobre sua condição no mundo — quando são mais conscientes, podem se incluir como sujeitos de sua própria história". Entretanto, embora as referências freirianas sintetizem um marco na discussão da Educação Popular, a perspectiva que se afirma neste estudo avança, embora não negue as reflexões de Freire, por considerar justamente a dimensão da classe.

Para o autor italiano Antonio Gramsci (2001, p. 42), a educação deveria "preparar os sujeitos para governar ou para dirigir quem governa". Entretanto, a conotação libertadora, classista e propulsora de uma nova sociabilidade nem sempre esteve vinculada a todas as concepções de Educação Popular. Múltiplas experiências vinculadas a projetos distintos ocorreram e continuam sendo desenvolvidas, como as experiências de alfabetização de adultos, pré-vestibulares comunitários, cineclubes, rádios comunitárias, jornais de bairro, grupos de pais em escolas e grupos de jovens, entre outras. Mas, ao longo da história, essas experiências tiveram um elo comum: a vinculação com os desapropriados da riqueza socialmente construída. Portanto, a Educação Popular, coadunando com as análises de Silveira, deve ser compreendida:

> 1. Como um investimento político que constrói um lugar voltado para o processo de conhecimento da realidade.
> 2. Como espaço que vai possibilitar o trânsito do senso comum ao bom senso. Lugar de apropriação individual e coletiva, no qual está presente uma dimensão ideológica fundamental: a de compreender a base de estruturação da vida social sob o capitalismo e da conformação possível de alternativas de organização da vida social, sob outras bases.
> 3. Como espaço das classes trabalhadoras a conformar um outro NÓS, antagônico ao hegemônico, este último constituído sob a égide do individualismo, da ausência de solidariedade etc. Portanto, espaço no qual possam ser experimentados novos valores, novos pensares, numa dimensão de práxis na qual ativamente se busca a elaboração da realidade a partir de uma perspectiva humano-social.
> 4. Finalmente, um espaço no qual os sujeitos possam exercitar o singular exercício de suas próprias sínteses, redefinindo e recriando referências de vida, sentidos novos à sua existência individual e coletiva (Silveira, 2004, p. 122).

A mudança na correlação de forças político-ideológicas entre as assistentes sociais teve como símbolo o Congresso Brasileiro de Assistentes Sociais, ocorrido em 1979, conhecido como "O Congresso da Virada", no mesmo período em que a Educação Popular de caráter mais progressista ganhava fôlego. Impulsionada pelas lutas sociais que se opunham à ditadura, e sob as influências da vitória na Sierra Maestra em 1959, a categoria profissional participava ativamente dos debates acerca da democratização da sociedade brasileira, alinhando-se com os interesses imediatos e históricos da classe trabalhadora. A mudança de perspectiva político-ideológica que emerge no final da década de 1970, amadurece na década de 1980 e consolida-se na década de 1990. Consectário desse processo destaca-se o Código de Ética Profissional, cujos princípios[126] fundamentam o Projeto Ético-Político Profissional e relacionam-se com os fundamentos da Educação Popular aqui defendida,

---

126. Reconhecimento da liberdade como valor ético central e das demandas políticas a ela inerentes, autonomia, emancipação e plena expansão dos indivíduos sociais; – Defesa, intransigente, dos direitos humanos e recusa do arbítrio e do autoritarismo; – Ampliação e consolidação da cidadania, considerada tarefa primordial de toda a sociedade, com vistas à garantia dos direitos civis, sociais e políticos da classe trabalhadora; – Defesa do aprofundamento da democracia enquanto socialização da participação política e da riqueza socialmente produzida; – Posicionamento em favor da equidade e justiça social, que assegure universalidade de acesso a bens e serviços relativos aos programas e políticas sociais, bem como sua gestão democrática; – Empenho na eliminação de todas as formas de preconceito, incentivando o respeito à diversidade, à participação de grupos socialmente discriminados e à discussão das diferenças; – Garantia do pluralismo, através do respeito às correntes profissionais democráticas existentes e suas expressões teóricas e compromisso com o constante aprimoramento intelectual; – Opção por um projeto profissional vinculado ao processo de construção de uma nova ordem societária, sem dominação-exploração de classe, etnia e gênero; – Articulação com os movimentos de outras categorias profissionais que partilhem os mesmos princípios deste Código e com a luta geral dos trabalhadores; – Compromisso com a qualidade dos serviços prestados à população e com o exercício do Serviço Social sem ser discriminado nem discriminar por questões de inserção de classe social, gênero, etnia, religião, nacionalidade, opção sexual, idade e condição física (Código de Ética Profissional, 1993).

uma forma de fazer Educação que pressupõe um corte de classe, com a contribuição para a construção de determinada consciência social.

Segundo Bezerra e Rios (2004), a partir da segunda metade da década de 1970 a Educação Popular começou a ser analisada por estudiosos de forma crítica, já que a influência do marxismo proporcionou um salto nas análises e nas práticas comprometidas com a classe. Ao longo da história, muitas experiências no campo da Educação Popular foram desenvolvidas. Com a abertura política, muitos dos militantes grupalizaram-se em partidos, movimentos populares e sindicais, de forma que a Educação Popular foi sendo ressignificada. Na década de 1980, por exemplo, temos as experiências de assessoria realizadas pela FASE, as experiências de formação política realizadas pelo NEP 13 de maio e as ações formativas do Instituto Cajamar[127], entre outras.

O campo da Educação Popular aos poucos foi sendo palco das aproximações com a profissão: as experiências de assessoria a movimentos populares e sindicatos demandaram a inclusão do tema no currículo profissional. Destaque-se nesse processo a aproximação com o próprio movimento sindical da categoria: a Associação Nacional dos Assistentes Sociais (ANAS), fundada em 1983. Segundo Moro e Marques:

> Coube a essa entidade fortalecer os vínculos da profissão com as lutas gerais da classe trabalhadora, além de garantir o encaminhamento das demandas específicas da categoria, tais como o plano de cargos e carreiras dos servidores públicos federais (PCC) e as condições de trabalho, salário e carga horária dos assistentes sociais (Moro; Marques, 2011, p. 26).

---

127. O Instituto Cajamar foi criado em 1987, vinculado ao Partido dos Trabalhadores e à CUT, como um centro de formação política, oferecendo cursos de "formação de formadores" e de "monitores", cursos de "formação política geral", realizando seminários, palestras e realizando publicações.

Ainda segundo as autoras, é a partir dessa organização das assistentes sociais, como trabalhadoras e com os trabalhadores, que se pode pensar no "Estabelecimento de um vínculo orgânico do Serviço Social com os movimentos sociais" (Moro; Marques, 2011, p. 27). No período destacam-se, ainda, a aproximação com as lutas gerais da classe — em contraposição ao regime autocrático burguês, ao arrocho salarial e à política econômica — e com as bandeiras dos movimentos sociais:

> a— Pela reforma sanitária e Implantação do SUS (Sistema Único de Saúde); b— Pela reforma urbana e por políticas habitacionais e ambientais, pela concessão do direito de uso nas favelas, pela implantação das Zonas Especiais de Interesse Social — ZEIS, no direito à habitação, à terra e à cidade; c— Pelo transporte coletivo, de qualidade, subsidiado pelo Estado; d— Pelo ensino público, laico, gratuito, socialmente referenciado, universal; e— Pelas creches diretas como direito das crianças, das mulheres e homens trabalhadores e pela organização da mulher trabalhadora; f— Por políticas sociais públicas específicas para mulheres, portadores de necessidades especiais, crianças e adolescentes, população em situação de rua, negros, indígenas, idosos, pelo direito à livre orientação sexual (Abramides; Cabral,1995, p. 95).

No Serviço Social, o profissional exerce, indiscutivelmente, funções educativo-organizativas junto às classes trabalhadoras. Assim, seu trabalho "incide sobre o modo de viver e de pensar dos trabalhadores a partir das situações vivenciadas em seu cotidiano" (Abreu, 2002, p. 17). Acredita-se que, por seu caráter político-educativo, trabalhando diretamente com o processo de formação da consciência, a Educação Popular pode ser uma aliada à dimensão do exercício profissional comprometido com um projeto de profissão e de sociedade distinto desse que está posto, como é o caso das assistentes sociais.

A Educação Popular que se privilegia aqui, dada a multiplicidade de sentidos, conteúdos e formas em que se expressa, é aquela que:

> É uma educação de classe — exige uma consciência dos interesses das classes populares; histórica — depende do avanço das forças produtivas; política — que se conjuga com outras dimensões da luta global das classes populares; transformadora e libertadora — luta por mudanças qualitativas e reformas estruturais (reformas, e não reformistas); democrática — antiautoritária, antimassificadora, antielitista; relaciona a teoria com a prática; relaciona a educação com o trabalho; objetiva a realização de um poder popular (Wanderley, 1984, p. 105 *apud* Wanderley, 2010, p. 23).

Valendo-nos das reflexões sobre o tema, encontramos nuances que aproximam o Serviço Social (sobretudo ao tratar do exercício profissional em escolas) das concepções críticas de Educação. Nuances estas que, articuladas ao Projeto Ético-Político do Serviço Social — explicitado na Lei de Regulamentação da profissão —, nas diretrizes Curriculares da ABEPSS e no Código de Ética relacionam-se, por exemplo, com Freire que sinaliza a Educação Popular: "como um nadar contra a correnteza, é exatamente a que, substantivamente democrática, jamais separa do ensino dos conteúdos o desvelamento da realidade" (Freire, 2001, p. 101).

"A perspectiva da Educação Popular estimula a presença organizada das classes populares na luta em favor da transformação democrática da sociedade, no sentido da superação das injustiças sociais" (Freire, 2001, p. 102). Nesse sentido, Freire traduz a sua perspectiva transformadora, que também aparece nos princípios e valores do Código de ética profissional no seu artigo VIII: "Opção por um projeto profissional vinculado ao processo de construção de uma nova ordem societária, sem dominação, exploração de classe, etnia e gênero" (CFESS, 2012; p. 24).

Com sua linguagem — compreendida como um dos principais instrumentos de trabalho —, a assistente social contribui para o "desvelamento da realidade" de seus usuários, de modo a desvendar a realidade opressiva e a apontar para as possibilidades de mudança, seja através do acesso a direitos[128], seja das distintas formas de organização política e lutas coletivas. Vale o registro de que a sociedade na qual estamos inseridos vincula o ensino exclusivamente à utilidade que ele possa ter, seja do ponto de vista da ascensão social individual, seja do ponto de vista mercantil, não o considerando como possibilidade de ampliação do universo social, político e cultural dos indivíduos.

O trabalho desenvolvido pelo Serviço Social, sobretudo nas escolas públicas, objeto de nossas análises, busca, além de estimular a presença da família na escola, contribuir para a ampliação de sua visão de mundo. Propõe, mediante as ações desenvolvidas, trabalhar questões que permitam aos envolvidos perceberem-se como sujeitos de sua própria história, auxiliando-os na estruturação de processos organizativos pertinentes à sua realidade. Essa é considerada uma lógica que circunscreve o exercício profissional, que é orientado para a defesa e a garantia dos direitos civis, sociais e políticos, da democracia e da justiça. Além disso, "em lugar de negar a importância dos pais, da comunidade, dos movimentos sociais populares da escola, se aproxima dessas forças com as quais aprende para a elas poder ensinar também" (Freire, 2001, p. 102).

É interessante sinalizar que, ao serem indagados sobre as potencialidades do seu trabalho, as assistentes sociais apontam, em sua maioria, para a possibilidade de realizar ações em grupo que propiciem reflexão e participação na escola; busquem a transformação dos

---

128. Ao tratar dos processos de consciência e organização, é considerada a "relativa autonomia" presente no trabalho profissional, bem como, ao deter-nos nos marcos profissionais — circunscritos aos limites que uma profissão traduz —, o cuidado em distinguir o Serviço Social — como profissão inscrita na divisão social e técnica do trabalho — da militância política. Questão já abordada anteriormente.

espaços decisórios[129] para que sejam mais democráticos; e fortaleçam a emancipação dos estudantes e família. Algumas profissionais apontaram, ainda, a possibilidade de construírem seu trabalho de forma autônoma e interdisciplinar. Há um entendimento de que a potencialidade do trabalho encontra-se, sobretudo, nas ações que envolvam o coletivo e contribuam para repensar a escola, afirmando a dimensão educativa. "Não no sentido doutrinador, mas no sentido de apontar outros olhares para a realidade, em que a população atendida possa, por si, fazer suas reflexões" (AS-11). Proporcionar reflexão, "a troca interdisciplinar e a aproximação com a gestão escolar, tendo em vista que são olhares plurais e que devem ser respeitados" (AS-8), pode viabilizar "espaços concretos de participação e indicar uma prática educativa crítica e humanizada" (AS-9).

Em uma realidade em que a educação pública está sendo sucateada e deteriorada pelo poder público[130], ou capturada pela lógica do voluntariado, faz-se necessária uma maior organização e participação de toda a comunidade escolar (pais, estudantes, professores e comunidade), na reconstrução e revalorização da escola como espaço de formação e garantia de direitos. Nesse processo, a escola deve ser "um campo aberto à comunidade, e não como um espaço trancado a sete

---

129. Penso que o Serviço Social tem o potencial de propor uma reflexão mais ampla na escola sobre a educação como política e como direito social, trabalhando para a maior participação dos estudantes e famílias nos momentos de debate e deliberação de ações em torno do processo de ensino e aprendizagem, ampliando sua interação e articulação com professores e direção, e destes com a comunidade (AS-5). Tais ações devem priorizar "Ações em grupo com docentes e estudantes" (AS-8) na perspectiva de Elaborar pesquisas que possam contribuir para o conhecimento do território e das demandas da população usuária, tendo em vista sinalizar a política pública ações qualitativas nestes espaços (AS-7); Orientar a população em relação aos serviços e direitos (AS-11); Debate das situações escolares; construir uma possibilidade de trabalho interdisciplinar (AS-5) e contribuir para a construção de uma escola efetivamente pública e de qualidade (AS-2).

130. Ressalte-se que o governo de Dilma Rousseff começou com um corte de R$ 50 bilhões nos investimentos sociais, sendo R$ 3 bilhões na educação.

chaves, objeto possessivo do diretor ou da diretora, que gostaria de ter sua escola virgem da presença de estranhos" (Freire, 2001, p. 103).

Entendemos a escola como um espaço possível para a construção de novas relações sociais e interpessoais. Trata-se de ressignificar a discussão da participação popular. Existem vários elementos do Projeto Ético-Político do Serviço Social que estabelecem possíveis diálogos e perpassam as possibilidades de fomentar a participação popular na escola: a construção de fóruns de pais e mestres, o grêmio escolar, o conselho escola-comunidade e diversos espaços coletivos formais, alguns previstos na LDB, que podem ser potencializados, a fim de contribuir no repensar a escola pública.

Mesmo sendo sucateada por políticas de corte neoliberal ditadas pelo Banco Mundial e pela lógica da "participação voluntária", existem espaços que podem ser utilizados para trabalhar contradições, conflitos e questões que perpassam o cotidiano. O trabalho profissional nas escolas pressupõe compreender que a (re)produção das relações sociais atinge a vida cotidiana dos estudantes e dos profissionais.

A (re)produção da sociedade capitalista vincula-se à reprodução das forças produtivas e das relações sociais de produção em sua globalidade, envolvendo a reprodução espiritual, jurídica, religiosa, artística e filosófica, e contribui para a gestação e recriação das lutas sociais (Iamamoto; Carvalho, 1982). Isso significa dizer que a totalidade das relações sociais que circunscrevem o exercício profissional, como totalidade concreta, deve ser vista em constante movimento, em processo de reestruturação permanente, permeável a avanços e recuos. Ou seja, cientes da relativa autonomia por nós forjada, é necessário construir alternativas para que se imprima um exercício profissional ancorado no projeto-ético-político da profissão e balizado nas condições objetivas intrínsecas ao trabalho profissional.

Diante das considerações realizadas, percebemos que é possível estabelecer conexões e afirmar que algumas ações realizadas pela categoria profissional podem ser construídas e desenvolvidas em diálogo com a Educação Popular (principalmente, na luta pela escola pública). Nesse contexto, refletir sobre as possibilidades de intervenção da assistente social na escola e seus nexos com a Educação Popular implica, necessariamente, trazer para o debate a função social da escola no que tange à garantia do direito à educação e permanência na escola; direitos esses necessários ao pleno desenvolvimento dos sujeitos políticos.

As possibilidades de ação profissional nos marcos da sociedade burguesa, longe das interpretações "messiânicas" ou "fatalistas"[131] e das concepções revolucionárias *versus* conservadoras — que expressam uma visão unilateral da profissão e desconsideram o movimento contraditório da realidade e do mercado de trabalho profissional —, apostam na garantia de acesso a direitos e na disputa dos processos de consciência.

Embora historicamente as assistentes sociais tenham contribuído em processos conformadores da ordem[132], é possível também contribuir no "processo de formação da consciência"[133] crítica da parcela da

---

131. De acordo com Iamamoto (1998) a assistente social deve romper com a visão *fatalista* do processo histórico. Nessa visão, o Serviço Social olha para a realidade como se ela "já estivesse dada em sua forma definitiva, os seus desdobramentos predeterminados e os limites estabelecidos de tal forma, que pouco se pode fazer para alterá-los. Tal visão determinista e a-histórica da realidade conduz à acomodação, à otimização do trabalho, ao burocratismo e à mediocridade profissional" (Iamamoto, 1998, p. 20). Afirma, ainda, que é necessário evitar o *Messianismo* profissional, pois a assistente social que tem sua ação baseada nessa perspectiva passa a ter "uma visão heróica do Serviço Social que reforça unilateralmente a subjetividade dos sujeitos, a sua vontade política, sem confrontá-la com as possibilidades e limites da realidade social" (Iamamoto, 1998, p. 21).

132. Segundo Iamamoto: "o assistente social é um técnico em relações humanas por excelência, interferindo em graus diferenciados na vida cotidiana dos indivíduos, o que na maior parte das vezes contribuiu para que historicamente o profissional atuasse como instrumento de manutenção da ordem e de adaptação dos indivíduos, atuando como um 'moderno filantropo da era do capital'" (1995, p. 119).

133. Segundo Iasi (2007), fala-se em "processo de consciência" dos sujeitos, já que a consciência não pode ser concebida como uma coisa que possa ser adquirida e que, portanto, antes de sua posse poderíamos supor um estado de "não consciência". Nesse sentido, o fenômeno da consciência é compreendido como um movimento, e não como algo dado. Por isso, ninguém conscientiza ninguém.

classe trabalhadora usuária dos serviços. Nessa linha de argumentos, essa possibilidade decorre do fato de que o exercício profissional pode apontar para uma direção social que imprima um compromisso com a organização política dos usuários e com os movimentos e lutas direcionados ao enfrentamento das inúmeras formas de violação dos direitos. Na leitura de Iasi (2007), esse processo de formação da consciência é, ao mesmo tempo, múltiplo e uno. Cada indivíduo vive sua própria superação particular, transita de certas concepções de mundo até outras, vive subjetivamente a trama de relações que compõem a base material de sua concepção de mundo.

Ressalte-se, entretanto, que qualquer que seja a inserção da assistente social, essa depende em certa medida das instituições empregadoras. Elas organizam o trabalho da assistente social e, com isso, a "autonomia relativa" no fazer profissional tem maior ou menor dificuldade em garantir uma direção social comprometida com os interesses da classe trabalhadora.

No campo da educação, sobretudo no que diz respeito às potencialidades do trabalho profissional na educação básica, um bom começo é influir na criação de mecanismos que venham garantir a participação dos estudantes e famílias nos espaços construídos para fins de protagonismo e controle democrático, ou seja, os conselhos, fóruns, grêmios. Nesse sentido, a defesa da educação escolar pública e gratuita[134], mantida pelo poder público, democrática, laica e universalizada pode ser entendida como uma bandeira de luta na perspectiva da emancipação política, peça constitutiva da construção da "classe em si", dado que "a

---

134. A experiência carioca do Fórum em Defesa da Educação Pública do Rio de Janeiro agregou um conjunto de entidades e movimentos sociais e pautou análises e ações em repúdio à descaracterização do ensino público, com a reprodução de fundações e institutos privados, criados sob o discurso de defesa da educação. Foi, ainda, a articuladora dos Encontros Nacionais de Educação (ENE), a destacar o III Encontro Nacional da Educação, realizado em Brasília, que reuniu mais de 1200 pessoas em 2019 e sobressaiu na defesa da democracia e da perspectiva classista de educação.

capacidade que uma classe fundamental tenha de construir sua hegemonia decorre da sua possibilidade de elaborar sua visão de mundo própria, autônoma" (Dias, 1996, p. 10). Levando em consideração o conjunto de ponderações apresentadas, consideramos ainda que o Serviço Social, em face do seu caráter sócio-educativo-organizativo, pode contribuir para a ampliação da escola como espaço que precisa ser repensado, não só pela categoria profissional, mas por todos os sujeitos envolvidos nesse processo.

> A questão a ser enfrentada em se tratando da educação é mostrar que, na história, o controle do conhecimento e sua expressão sempre pertenceu aos grupos dominantes representados por elites intelectuais; na sociedade moderna, mais do que nunca, esse poder se multiplicou com a inserção das novas tecnologias de comunicação, de modo que as classes trabalhadoras, para vencer as lutas políticas, precisam se reconhecer no movimento contraditório de construção da sociedade e, para isso, necessitam dominar o conhecimento historicamente produzido para enfrentar o dominador no seu terreno (Schlesener, 2014, p. 19).

Nessa perspectiva, a aposta na Educação Popular significa afirmar a possibilidade de a classe trabalhadora tornar-se um sujeito histórico capaz de apresentar um projeto societário alternativo contra a ordem do capital, entendendo que esse processo árduo e de longo prazo não acontece ao acaso, mas é construído, feito. Contudo, há que considerar, dialogando com Iamamoto:

> [...] o assistente social não trabalha só com coisas materiais. Tem também efeitos na sociedade como um profissional que incide no campo do conhecimento, dos valores, dos comportamentos, da cultura, que, por sua vez, têm efeitos reais interferindo na vida dos sujeitos (Iamamoto, 2006, p. 68).

Portanto, mais uma vez, a autora remete-nos à reflexão sobre quais as mediações necessárias à realização de uma prática profissional que perpasse a defesa dos direitos historicamente construídos pela luta dos trabalhadores organizados e que tenha no horizonte a emancipação humana, mas que esteja ancorada nas contradições intrínsecas a uma profissão liberal, assalariada e inscrita na divisão sociotécnica do trabalho.

Considerações para uma agenda de estudos

> E, assim, chega-se ao final, com a certeza de que, agora, foi alcançada a aptidão para o começo. Mas, se assim é, o começo é recomeço, o fim torna-se suposto, e a jornada pode prosseguir, melhor e mais ampla. Fecha-se um círculo, e provisoriamente, de um círculo de círculos (José Chasin, 1978, p. 652).

No presente estudo buscamos abrir caminhos para analisar o exercício profissional das assistentes sociais em escolas de ensino fundamental, fincados em algumas preocupações que se delinearam melhor ao longo da construção. Buscou-se pensar a relação entre trabalho e educação na sociedade capitalista e as contribuições do pensamento marxista para o estabelecimento dessa relação. Procurou-se também entender os atuais contornos da educação básica no Brasil, enfatizando os marcos do ensino fundamental até 2012. Buscou-se recuperar os caminhos percorridos pelo Serviço Social na Educação Básica Brasileira a fim de "inventariá-lo", mesmo que de forma breve, e finalmente discutir a dimensão concreta do trabalho de assistentes sociais.

Nossa problematização girou em torno dos nexos entre a política de educação básica de ensino fundamental, preponderantemente, e os aspectos que circunscrevem as reflexões sobre as escolas das favelas. Nossas análises possibilitaram verificar que, em certa medida, houve e há uma preocupação em realizar ações para o segmento mais pauperizado da classe trabalhadora, por exemplo, a implementação dos CIEPs, na década de 1980, e o programa "Escolas do Amanhã". Porém, na medida em que se conhecem tais ações, percebe-se que, embora haja algumas intervenções significativas para as escolas situadas em "áreas de risco" — como o Estado caracteriza —, há uma unicidade nas diretrizes da política implantada. Assim, os projetos seguem padrões e diretrizes nacionais, mas, em sua processualidade, as intervenções modificam-se a partir do território. Nesse sentido, a ausência de uma ação estatal eficaz, suficiente e de qualidade nas favelas, acrescida de ideias, pré-noções e julgamentos elaborados sobre essas, reforçam o caráter classista e excludente das políticas públicas implementadas nesses espaços, incluída a educação.

Marcado por uma perspectiva homogeneizadora da favela, o Estado brasileiro, com herança escravocrata e oligárquica, demonstra sua incapacidade de garantir os direitos sociais arduamente conquistados pela classe trabalhadora para moradores desse território. Inclusive, viola-os, sobretudo no que se refere a direito de ir e vir, direitos humanos, direito à cidade, à moradia, à mobilidade urbana, ao meio ambiente, ao trabalho e à participação dos moradores desses espaços.

Diante desse cenário, nossas elaborações definiram-se como uma possibilidade de contribuir para as reflexões sobre o trabalho profissional nas escolas. Vimos que a inserção de assistentes sociais nas escolas tem sido historicamente justificada pela possibilidade de realizar ações profissionais nas múltiplas expressões da questão social, as quais se materializam em situações que dificultam o aprendizado e a dinâmica das unidades escolares. Entretanto, estas ações modificam-se à medida que a profissão, contestando as bases fundadas na doutrina social da Igreja e no Positivismo, reformula suas bases teórico-metodológicas e possibilita ações mais propositivas e participativas no interior das escolas.

No entanto, a presença e atuação de assistentes sociais vai além da mera (mas importante) intervenção direta nas refrações da questão social. As referências teóricas e políticas que o Serviço Social tem assumido nas últimas quatro décadas possibilitam às assistentes sociais uma contribuição na construção de uma nova cultura, de um novo projeto de reordenamento de sociabilidade que se coloque radicalmente contrário aos fundamentos ético-políticos do Capital.

Ampliar as ações críticas, orientar-se pelo horizonte emancipatório, e dialogar com uma determinada concepção de "educação popular" são possibilidades indicadas para o exercício profissional de assistentes sociais.[135] A concepção de educação popular aqui reivindicada é compreendida como uma forma de educação com corte de classe, e possibilita que sejam impressas ações que ultrapassem a lógica instituída deste "novo padrão de politização das sociedades contemporâneas" (Neves, 2005). Isto posto, há de se ressaltar que essa concepção de educação popular considera a necessidade de construir mediações analíticas para que as ações não estejam apenas no plano da intencionalidade, mas coadunadas com as condições objetivas do trabalho profissional, que se insere na divisão social do trabalho e é mediado por relativa autonomia no âmbito das instituições.

Assim, recorrendo a reflexões antigas, mas ainda atuais, de Iamamoto e Carvalho, concordamos que:

> A instituição do serviço social, sendo ela própria polarizada por interesses das classes contrapostas, participa, também, do processo social, reproduzindo e reforçando as condições básicas que conformam a sociedade do Capital, ao mesmo tempo e pelas mesmas atividades em que é mobilizada para reforçar as condições de dominação, como dois polos inseparáveis de uma mesma unidade. É a existência e a compreensão desse movimento contraditório que, inclusive, abre a possibilidade para o Assistente Social colocar-se a serviço de um projeto alternativo àquele para o qual é chamado a intervir (Iamamoto; Carvalho, 1982, p. 94).

---

135. É importante destacar que estudos recentes têm problematizado a relação entre Serviço Social e Educação. Para mais aprofundamento, ver Farage e Helfreich (2020); Scheffe, Closs e Zacarias (2021); Santiago (2021); Machado, Cavalcanti e Soares (2017); Medeiros, Gonçalves e Brandão (2017).

Para finalizar, o projeto hegemônico coletivamente construído expressa, além de um projeto de profissão, uma concepção de sociedade distinta da experiência que vivemos, pois marcado por desigualdade social e brutalidade materializadas na aspereza do cotidiano da vida social. Vivemos um amplo processo de barbarização da vida, em que o trabalho torna-se cada vez mais degradado, a sociabilidade mais árida, e o Estado — via políticas sociais — responde às demandas da classe trabalhadora de forma nitidamente insuficiente.

Dentre as políticas sociais, a perspectiva de educação orientada por esse projeto ético-político anti-hegemônico vem sendo assumida e defendida em diferentes dimensões por assistentes sociais, instituições representativas da categoria, educadores — jovens ou mais experientes — que apresentam em seus estudos um ponto de intercessão: a defesa de uma concepção de educação que contribua para munir a classe trabalhadora para a construção de uma ordem societária mais justa e igualitária.

Esses princípios e valores, presentes no projeto ético político e construídos a partir das escolhas políticas realizadas no pós 1979, solidificaram-se na década de 1990 como: combate à ordem social de exploração/dominação de classe, etnia e gênero; defesa intransigente dos direitos humanos; repúdio à arbítrios e preconceitos; socialização da riqueza construída; e defesa da democracia, entre outros.

De forma muito direta, a ação de assistentes sociais aponta para o projeto de sociedade da classe trabalhadora, comprometido com a construção de uma sociedade livre dos grilhões do Capital. Enquanto profissão octogenária, a categoria profissional sempre esteve vinculada a processos educativos. Com a renovação profissional e a aproximação com a teoria social crítica, sobretudo com a perspectiva marxista, a construção e efetivação de uma concepção de educação emancipadora se fez presente. Esta é tributária dos frutos colhidos no período em que as assistentes sociais se reconhecem como classe trabalhadora, ao lado daqueles que constroem a riqueza desse país. Nessa construção, as diferentes instituições organizativas da categoria profissional como os Conselhos Regionais de Serviço Social (CRESS), o Conselho Federal de Serviço Social (CFESS), a Associação Brasileira de Ensino e Pesquisa em Serviço Social (ABEPSS) e a Executiva Nacional de Estudantes de Serviço Social (ENESSO) assumem posições firmes que demarcam sua criticidade ao projeto de educação do capital.

Mesmo o Brasil sendo um dos poucos países onde a educação é gratuita, muitas lutas foram conduzidas pela categoria profissional e pelos movimentos sociais na defesa de uma educação pública, gratuita, laica, presencial e socialmente referenciada. Nossas entidades foram irredutíveis na contestação à precarização e à mercantilização da educação, cuja marca é evidente, sobretudo, na crítica à ampliação do Ensino Superior à Distância.

O EaD, em especial, foi objeto de elaborações e análises profícuas que se materializaram em dois volumes intitulados "Incompatibilidade do serviço social e o EAD", produzidos pelas instituições organizativas da categoria profissional. Estudiosas do assunto como Neves (2005) e Lima (2007) advertem que essa é uma das estratégias para a ampliação do acesso de camadas da população a esse nível de ensino, das estatísticas educacionais e do consenso em torno de um projeto societário baseado em uma sociabilidade individualista e voltada para atender às necessidades do mercado. Segundo as autoras, a educação constituiu-se como foco de mercado altamente rentável e lucrativo, onde empresas educacionais garantiram (e seguem garantindo) ganhos vultosos, e extremamente auspiciosos, com a venda de serviços educacionais, principalmente na primeira década dos anos 2000. Configuração que não se relaciona com a concepção de educação como direito social, mas como fonte de lucros.

As entidades da categoria profissional também têm se posicionado de forma crítica a um conjunto de normas e decretos que destoam de uma perspectiva educacional inclusiva. Por exemplo, o posicionamento público contrário ao Decreto nº 10.502/2020, do governo federal, que institui a Política Nacional de Educação Especial. Junto com outras instituições e com o movimento das pessoas com deficiência, repudiou o decreto que exclui e segrega as pessoas com deficiência, além de inviabilizar o direito à convivência social e comunitária, especialmente o direito à convivência entre as diferenças no espaço educacional, com a garantia dos recursos pedagógicos necessários.

Outro ponto a destacar foi a enfática defesa contra o movimento "Escola sem partido", onde junto com diferentes entidades construiu o Encontro Nacional de Educadores em defesa de "um projeto classista e democrático de educação".

Destaca-se, ainda, toda a luta para que a Leiº 13.935 fosse legalmente inserida como ação a ser custeada pelo FUNDEB, na parcela de 30% dos recursos que podem ser utilizados pelos municípios, estados e o Distrito Federal para garantir ações na área, o que facilita a regulamentação da lei que versa sobre o trabalho profissional de assistentes sociais e psicólogos no sistema de ensino.

Cabe destacar que, embora seja fruto da luta, a aprovação traz contraditoriamente a chance da regulamentação não ser efetivada da forma mais adequada: 1) Há brechas para que a implementação ocorra via contratos terceirizados, na medida em que se intérprete a inserção profissional como um "serviço", pois no art. 1 está expresso que "As redes públicas de educação básica contarão com serviços de psicologia e de serviço social para atender às necessidades e prioridades definidas pelas políticas de educação, por meio de equipes multiprofissionais"; 2) Além disso, nada garante que as profissionais atuem no "chão" das escolas. A atuação pode ocorrer na rede de ensino como um todo, ou seja, atender várias escolas simultaneamente, o que dificulta a construção de vínculos com a comunidade escolar e a qualidade do trabalho, já que o artigo não explicita as escolas, mas "As redes públicas de educação básica" como espaço de atuação; 3) Há possibilidade de que a mesma seja aprovada somente nos estados, caso as câmaras de vereadores não coloquem a lei para votação, limitando a atuação às escolas de ensino médio. O Brasil conta com 178,4 mil escolas de educação básica, o que seria — prospectivamente — uma ampliação expressiva de estudantes e famílias que poderiam acessar o trabalho profissional que visa, dentre outros elementos, o acesso à garantia de direitos.

Grifamos ainda, nesse mesmo caminho de análise e prospecção, que não mais podemos cair no engodo de um espaço de assistencialização da política educacional. Nos termos definidos por Mota (2010), que elaborou o conceito de "Assistencialização da Seguridade Social", a política de assistência social tem assumido a centralidade da política estruturadora da seguridade social. Ou seja, as assistentes sociais devem contraditar quaisquer conformações que direcionem o exercício profissional dentro das escolas a adquirir características próprias das competências específicas de assistentes sociais no âmbito da política da Assistência Social. Portanto, o desafio ao conjunto de profissionais do Serviço Social é atribuir visibilidade ao seu trabalho e incidir sobre os espaços de diálogo para que suas atribuições fiquem registradas no Regimento da Unidade Escolar[136] (quando existirem).

Por fim, o fato da lei ter demorado aproximadamente 20 anos para ser aprovada, expressa a ausência de interesse público para regulamentá-la na velocidade que as demandas nos exigem. O art. 2 diz que: "Os sistemas de ensino disporão de 1 (um) ano, a partir da data de publicação desta Lei, para tomar as providências necessárias ao cumprimento de suas disposições". Contudo, até a data da publicação deste livro, contamos nos dedos os municípios que regulamentaram a lei. Assim, temos o desafio de uma permanente vigilância da parte da categoria profissional para que assistentes sociais e psicólogos possam atuar nas escolas.

A categoria profissional e as entidades representativas da categoria, ao longo de sua história, vêm reafirmando seu compromisso social e político, compreendendo que a luta pela educação é a luta por uma seguridade social ampliada. Enquanto as propostas dos governos relacionam-se a retrocessos no campo dos direitos educacionais — já

---

136. O regimento interno das escolas corresponde a um conjunto de regras que definem a organização administrativa, didática, pedagógica e disciplinar da instituição. Estabelece as normas, os direitos e deveres da comunidade acadêmica. Para mais informações, ver Libâneo (1994).

conquistados —, massificação da educação através do aligeiramento da formação profissional, parcerias público–privado, processos de privatização das creches à pós-graduação, intensificação e precarização do trabalho docente e avaliações meritocráticas, o projeto que defendemos é compatível com uma educação que forma para a vida e a liberdade, que entende as instituições educacionais como lugar privilegiado de construção e produção de conhecimento crítico e que reafirma a educação como direito universal e inalienável.

Conectado às determinações da política, nosso projeto parte da compreensão que a educação não se limita às garantias de direitos da cidadania Burguesa. A rigor, isto nos impõe ter como horizonte a apreensão do caráter contraditório dessa política que, se por um lado difunde valores hegemônicos, por outro pode ser instrumentalizado para a difusão e construção de valores outros para a construção de uma sociedade distinta da que está posta, e nós, assistentes sociais podemos fazer parte deste processo, afinal:

> O momento em que vivemos é um momento pleno de desafios. Mais do que nunca é preciso ter coragem, é preciso ter esperanças para enfrentar o presente. É preciso resistir e sonhar. É necessário alimentar os sonhos e concretizá-los no dia a dia nos horizontes de novos tempos. Mais humanos, mais justos, mais solidários (Iamamoto, 1998, p. 17).

Excluindo o caráter conclusivo, reafirmamos as palavras de Chasin: (1978, p. 652) "E, assim, chega-se ao final, com a certeza de que, agora, foi alcançada a aptidão para o começo. Mas, se assim for, o começo é recomeço, o fim torna-se suposto, e a jornada pode prosseguir, melhor e mais ampla. Fecha-se um círculo, e provisoriamente, de um círculo de círculos". Portanto, que possamos nos manter em luta para que a aprovação da Lei nº 13.935/2019, que garante a presença de assistentes sociais e psicólogas(os) na rede pública de educação básica, embora ainda não regulamentada, possa dar concretude não somente a mais um campo de trabalho profissional, mas à possibilidade de, junto com os educadores, contribuirmos para o repensar da escola pública. Demanda mais que necessária, afinal, no mundo do capital: "não há espaços para (o trabalhador) pensar. E isso por duas razões: a) pelo tempo consumido na luta pela sobrevivência; b) pela 'programação' ideológica" (Libaneo, 1984, p. 94). Sejamos, ancorados nos compromissos históricos da profissão, profissionais engajados na construção da escola pública, laica, socialmente referenciada e de qualidade.

REFERÊNCIAS

ABESS/CEDEPSS. *Diretrizes gerais para o curso de Serviço Social.* Cadernos ABESS. São Paulo: Cortez Ed., Nº 7, 1997.

ABRAMIDES, M. B. C. A Organização político-sindical dos assistentes sociais: trajetória de lutas e desafios contemporâneos. In: *Serviço Social & Sociedade*, nº 97, São Paulo: Cortez, 2009, pp. 85-108.

ABRAMIDES, M. B. C.; CABRAL, Maria do Socorro. *O Novo Sindicalismo e o Serviço Social — Trajetória e processos de luta de uma categoria: 1978-1988*. São Paulo: Cortez, 1995.

ABREU, Marina Maciel. *Serviço Social e organização da cultura:* perfis pedagógicos da prática profissional. São Paulo: Cortez, 2002.

ALGEBAILE, Eveline. *Escola Pública e Pobreza:* expansão escolar e formação da escola dos pobres no Brasil. Rio de Janeiro: Lamparina, FAPERJ, 2009.

ALMEIDA, Ney Luiz Teixeira de. *A dimensão política da educação:* o legado de Paulo Freire para a construção da democracia. ALEPH, v. 10, p. 01, 2007.

ALMEIDA, Ney Luiz Teixeira de. *Parecer sobre os projetos de lei que dispõem sobre a inserção do Serviço Social na Educação*. Caderno Especial, Rio de Janeiro, v. 26, p. 1-56, 2005.

ALMEIDA, Ney Luiz Teixeira de. *Serviço Social e política educacional: um breve balanço dos avanços e desafios desta relação*. Home Page do Conselho Regional de Serviço Social de Minas Gerais, Minas Gerais, p. 1-7, 2003.

ALMEIDA, Ney Luiz Teixeira de. Apontamentos sobre a política de educação no Brasil hoje e a inserção dos assistentes sociais. In: *CFESS*. Subsídios para o debate sobre serviço social na educação. Brasília: CFESS, 2012 (mimeo).

ALMEIDA, Ney Luiz Teixeira de. *O Serviço Social na educação*. Revista Inscrita, nº 6, Brasília: CFESS, 2000. p. 19-24.

ALTHUSSER, L. *Aparelhos Ideológicos do Estado: nota sobre aparelhos ideológicos do Estado*. Rio de Janeiro: Edições Graal, 1985.

ANTUNES, R. Notas sobre a consciência de classe. In: ANTUNES, R.; REGO, W. D. L. (Orgs.). *Lukács:* Um Galileu no século XX. São Paulo: Boitempo, 1996, p. 97-103.

AMARO, Sarita Teresinha Alves; BARBIANI, Rosângela; OLIVEIRA, Maristela Costa de. *Serviço Social na escola: o encontro da realidade com a educação*. Porto Alegre: Sagra Luzzatto, 1997.

AMMANN, Safira Bezerra. *Ideologia do desenvolvimento de comunidade no Brasil*. São Paulo: Cortez, 1980.

AMORIM, Maria de Fátima Melo; RAMALHO, Maria Noalda. Elementos históricos da inserção do serviço social no sistema municipal de ensino de Campina Grande (PB). In: FERRIZ, Adriana Freire Pereira; MARTINS, Eliana Bolorino Canteiro; ALMEIDA, Ney Luiz Teixeira de (Org.). *A sistematização do trabalho de assistentes sociais na educação básica*. Salvador: EDUFBA, 2020, p. 91-106.

ANTUNES, Ricardo. *Adeus ao trabalho? Ensaio sobre as Metamorfoses e a Centralidade do Mundo do Trabalho*. São Paulo: Cortez; Campinas: UEC, 2005.

BEHRING, Elaine Rossetti. *Brasil em contrarreforma — desestruturação do Estado e perda de direitos*. São Paulo: Cortez, 2003.

BEHRING, Elaine Rossetti; BOSCHETTI, Ivanete. *Política social:* fundamentos e história. São Paulo: Cortez, 2011.

BEZERRA, Aída; RIOS, Rute Maria Monteiro Machado. *Percorrendo os caminhos da Educação Popular:* um olhar. Seminário de Educação Popular e Lutas Sociais. Rio de Janeiro: UFRJ, 2005.

BOITO JUNIOR, Armando. *Política neoliberal e sindicalismo no Brasil.* São Paulo: Xamã, 1999.

BRANDÃO, Carlos Rodrigues. *A Educação Popular na escola cidadã.* Petrópolis: Vozes, 2002.

MEDEIROS, Evelyne; GONCALVES, Ticiane; BRANDAO, Wanessa. Serviço Social: dimensão ético política e educação popular no Brasil. In: MEDEIROS, E.; NOGUEIRA, L.; BEZERRA, L. *Formação Social e Serviço Social:* a realidade brasileira em debate. São Paulo: Outras Expressões, 2019.

PAIVA, Angela Randolpho; BURGOS, M. Baumann. (Orgs.). *A escola e a favela.* Rio de Janeiro: Editora da PUC-Rio; Pallas, 2009.

CASTEL, Robert. *As metamorfoses da questão social.* Petrópolis: Vozes, 1997.

CAVALIERE, Ana Maria; COELHO, Lígia Martha. Para onde caminham os CIEPs? Uma análise após 15 anos. In: *Núcleo de Estudos Escola Pública de Horário Integral.* Faculdade de Educação da Universidade Federal do Rio de Janeiro. Cadernos de Pesquisa, n. 119, pp. 147-174, julho/2003.

CEASM. *Quem somos? Quantos somos? O que fazemos? A Maré em dados: Censo 2000.* Rio de Janeiro: CEASM, 2003.

CBCISS. *Desenvolvimento de Comunidades urbanas e Rurais.* Rio de Janeiro, 1962.

CHAUÍ, M. *Conformismo e resistência aspectos da cultura popular no Brasil.* 5. ed. São Paulo: Brasiliense, 1993.

CHOSSUDOVSKY, Michel. *A globalização da pobreza:* impactos das reformas do FMI e do Banco Mundial. São Paulo: Editora Moderna, 1999.

COIMBRA, Cecília. *Psicologia Institucional: Dificuldades e limites.* Dissertação de Mestrado. Instituto de Estudos Avançados em Educação. Rio de Janeiro: Fundação Getúlio Vargas, 1980.

COUTINHO, Carlos Nelson. *Marxismo e política:* a dualidade de poderes e outros ensaios. São Paulo: Cortez, 1994.

SHIROMA, E. O.; MORAES, Maria Célia Marcondes de; EVANGELISTA, Olinda. *Política Educacional.* 2. ed., v. 1., Rio de Janeiro: DP&A, 2004.

DAVIES, Mike. *Planeta Favela.* São Paulo: Boitempo, 2006.

DIAS, Edmundo Fernandes. Hegemonia: racionalidade que se faz história. In: DIAS, Edmundo Fernandes et al. *Gramsci, o Outro.* São Paulo: Xamã, 1996, pp. 9-80.

FARAGE, Eblin. *Um olhar sobre a Escola Pública na favela — a inserção do assistente social.* Dissertação de mestrado no Programa de Pós-graduação em Serviço Social. Universidade Federal do Rio de Janeiro, UFRJ, Rio de Janeiro, 2006.

FARAGE, Eblin; HELFREICH, Francine. (Orgs.). *Serviço Social, favelas e educação popular:* diálogos necessários em tempos de crise do capital. Uberlândia: Navegando, 2020.

FERNANDES, Florestan. *O desafio educacional.* 1. ed. São Paulo: Expressão Popular, 2020.

FERNANDES, Florestan. *Capitalismo dependente e classes sociais na América Latina.* Rio de Janeiro: Zahar, 1973.

FERNANDES, Florestan. *A investigação etnológica no Brasil e outros ensaios.* Petrópolis: Vozes, 1975.

FERRIZ, Adriana Freire Pereira; BOLORINO, Eliana Canteiro Martins; ALMEIDA, Ney Luiz Teixeira de. (Orgs.). *A sistematização do trabalho de assistentes sociais na educação básica*. Salvador: EDUFBA, 2020.

FILGUEIRAS, Luiz; GONCALVES, Reinaldo. *A economia política do Governo Lula*. São Paulo: Contraponto, 2007.

FINELLI, Roberto. O "pós-moderno": verdade do "moderno". In: COUTINHO, Carlos N.; TEIXEIRA, Andréa de Paula. (Org.). *Ler Gramsci, entender a realidade*. Rio de Janeiro: Civilização Brasileira, 2003, pp. 99-112.

FRANCO, Marielle. *UPP — A redução da favela a três letras*: uma análise da política de segurança pública do Estado do Rio de Janeiro. 2014. Dissertação (Mestrado em Administração) — Programa de Pós-Graduação em Administração da Faculdade de Administração, Ciências Contábeis e Turismo da Universidade Federal Fluminense, Rio de Janeiro, RJ, Brasil.

FRIGOTTO, Gaudêncio; CIAVATTA, Maria. *Educação Básica no Brasil na década de 1990*: subordinação ativa e consentida à lógica do mercado. Educação e Sociedade, Campinas, vol. 24, n. 82, p. 93-130, abril 2003.

FRIGOTTO, Gaudêncio. Prefácio. In: ALGEBAILE, Eveline. *Escola Pública e Pobreza*: expansão escolar e formação da escola dos pobres no Brasil. Rio de Janeiro: Lamparina, FAPERJ, 2009.

FONSECA, Ana Maria M. da; ROQUETE, Cláudio. Proteção social e programas de transferência de renda: o Bolsa Família. In: VIANA, A. L. D'Ávila; ELIAS, Eduardo M.; IBABES, Nelson. (Org.). *Proteção social*: dilemas e desafios. São Paulo: Hucitec, 2005.

FONTES, Virginia. Sociedade Civil no Brasil contemporâneo: lutas sociais e luta teórica na década de 1980. In: LIMA, Julio Cesar. *Fundamentos da educação escolar do Brasil contemporâneo*. Rio de Janeiro: Fiocruz, 2006.

FONTES, Virginia. *O Brasil e o capital-imperialismo*. Teoria e história. Rio de Janeiro: EPSJV/Fiocruz; UFRJ, 2010.

FREDERICO, Celso. Classes e lutas sociais. In: *Curso de Especialização em Serviço Social:* direitos sociais e competências profissionais. Brasília: CFESS-ABEPSS-UnB-CEAD, 2009, p. 255-266.

FREIRE, Paulo. *Pedagogia da autonomia*: saberes necessários à prática educativa. São Paulo: Paz e Terra, 2002.

FREIRE, Paulo. *Política e educação*. São Paulo: Cortez, 1991.

FREIRE, Paulo. *Pedagogia do oprimido*. Rio de Janeiro: Paz e Terra, 1981.

FREIRE, Paulo. *Pedagogia da tolerância*. São Paulo: UNESP, 2004.

FREIRE, Paulo. *Política e Educação*. 6. ed. São Paulo: Cortez, 2001.

FRIGOTTO, Gaudêncio. *A produtividade da escola improdutiva*: um (re)exame das relações entre educação e estrutura econômico-social capitalista. 3. ed. São Paulo: Cortez/Autores Associados, 1989.

FRIGOTTO, Gaudêncio. *A relação da educação profissional e tecnológica com a universalização da educação básica*. Revista Educação e Sociedade, v. 28, p. 1129-1152, Brasília, 2007.

GADOTTI, Moacyr. *Educação Integral no Brasil*: inovações em processo. São Paulo: Paulo Freire, 2009.

GUIMARÃES, A. P. *As classes perigosas*: banditismo rural e urbano. Rio de Janeiro: Graal, 1981.

GHON, Maria da Glória. *Movimentos Sociais e Educação*. São Paulo: Cortez, 1999.

GRAMSCI, Antonio. *Cadernos do Cárcere*. vol. 2. Rio de Janeiro: Civilização Brasileira, 2001.

GRAMSCI, Antonio. *Cadernos do Cárcere*. vol. 4. Rio de Janeiro: Civilização Brasileira, 2001.

GRAMSCI, Antonio. *Os intelectuais e a organização da cultura*. Rio de Janeiro: Civilização Brasileira, 1978.

GRAMSCI, Antonio. *Obras escolhidas*. São Paulo: Martins Fontes, 1978.

GRUPPI, Luciano. *Tudo começou com Maquiavel* — as concepções de Estado de Marx, Engels, Lênin e Gramsci. 3. ed. Porto Alegre: L&PM, 1981.

GUERRA, Yolanda. *A instrumentalidade do Serviço Social*. São Paulo: Cortez, 1995.

GUERRA, Yolanda. A dimensão técnico-operativa do exercício profissional. In: SANTOS, Claudia Mônica et al. (Orgs.). *A dimensão técnico-operativa no Serviço Social*: desafios contemporâneos. 2. ed. Juiz de Fora: UFJF, 2013.

HAESBAERT, Rogério. Concepções de territórios para entender a desterritorialização. In: *Território — territórios*. Niterói: EDUFF, 2007.

HAESBAERT, Rogério. *O mito da desterritorialização* — do "fim dos territórios" à multiterritorialização. Rio de Janeiro: Bertrand Brasil, 2006.

HARVEY, David. *A condição pós-moderna*. 7. ed. São Paulo: Loyola, 1993.

HARVEY, David. *Espaços de Esperança*. São Paulo: Loyola, 2004.

HARVEY, David. *A produção capitalista do espaço*. São Paulo: Editora Annablume, 2006.

HELLER, A. *O cotidiano e a história*. 6. ed. São Paulo: Paz e Terra, 1989.

HELFREICH, Francine. *As famílias de classes populares e sua relação com a escola*: uma análise a partir da experiência do Complexo da Maré. Rio de Janeiro: UFRJ/CFCH, 2006.

HELFREICH, Francine; VIANNA, Luiza. *Políticas Educacionais contemporâneas e o processo de assistencialização*. Rio de Janeiro, no prelo, 2012.

HIDALGO, Ângela Maria de. Educação para a responsabilização individual. In: *Educação e luta de classe*. São Paulo: Expressão Popular, 2008.

IAMAMOTO, Marilda V. *O Serviço Social na contemporaneidade*: trabalho e formação profissional. São Paulo: Cortez, 1998.

IAMAMOTO, Marilda V. *Serviço social no tempo do capital fetiche*. São Paulo: Cortez, 2007.

IAMAMOTO, Marilda V.; CARVALHO, R. *Relações sociais e Serviço Social no Brasil*: esboço de uma interpretação histórico-metodológica. 4. ed. São Paulo: Cortez/CELATS, 1982.

IAMAMOTO, Marilda V. *Renovação e Conservadorismo no Serviço Social*. 5. ed. São Paulo: Cortez, 1992.

NETTO, J. P. Serviço Social alternativo. Elementos para sua problematização. In: IAMAMOTO, M. V. *Renovação e conservadorismo no Serviço Social*. 4. ed. São Paulo: Cortez, 1992.

NETTO, J. P. Projeto profissional, espaços ocupacionais e trabalho do assistente social na atualidade. In: CFESS. (Org.). *Atribuições privativas do (a) assistente social em questão*. Brasília: CFESS, 2002.

NETTO, J. P. O Serviço Social na cena contemporânea. In: Curso de Especialização em Serviço Social: direitos sociais e competências profissionais. Brasília: CFESS-ABEPSS-UnB-CEAD, 2009.

IANNI, Octavio. *A Ideia de Brasil Moderno*. São Paulo: Brasiliense, 1992.

IANNI, Octavio. *Pensamento social no Brasil*. Bauru, SP: EDUSC, 1994.

IANNI, Octavio. *A ditadura do grande capital*. São Paulo: Expressão Popular, 2019.

IASI, Mauro Luis. *Processo de consciência*. 2. ed. São Paulo: Centro de Documentação e Pesquisa Vergueiro — CPV, 2007.

IASI, Mauro. *Maiêutica: a arte do parto*. Boletim do Fórum Nacional de Monitores do NEP 13 de Maio. São Paulo, n. 41, 2001. (mimeo).

IASI, Mauro. *As metamorfoses da consciência de classe*: o PT entre a negação e o consentimento. São Paulo: Expressão Popular, 2007.

IASI, Mauro. Educação Popular e consciência de classe. In: FARAGE, Eblin; HELFREICH, Francine. (Orgs). *Serviço Social, favelas e educação popular*: diálogos necessários em tempos de crise do capital. Uberlândia: Navegando, 2020.

INSTITUTO DE PESQUISA ECONÔMICA APLICADA. *Perspectivas da política social no Brasil*, Volume 08. Brasília: IPEA, 2010.

PRADO JUNIOR, Caio. *História econômica do Brasil*. São Paulo: Editora Brasiliense, 2021.

KAMEYAMA, Nobuco. *Articulações da política social com o desenvolvimento econômico e o serviço social*. Debates Sociais, ano XXII, nº 43. Rio de Janeiro: CBCISS, 1986.

KLIKSBERG, Bernardo. *Falácias e mitos do desenvolvimento social*. 2. ed. São Paulo: Cortez; Brasília: Unesco, 2001.

KONDER, Leandro. *A dialética e o marxismo*. Revista Eletrônica Trabalho Necessário, ano 01, n. 1, 2003.

KONOPKA, Gisela. *Serviço Social de Grupo*. Rio de Janeiro: Zahar, 1963.

KOSIK, Karel. *Dialética do Concreto*. Rio de Janeiro: Paz e Terra, 1989.

KOGA, Dirce; RAMOS, Frederico. Território e Políticas Públicas. In: *Trabalho com famílias*. Textos de apoio n. 02. São Paulo: IEE/PUC-SP, 2004.

KUENZER, Acácia. *As relações entre trabalho e educação no regime de acumulação flexível*. Reunião anual da ANPEd. GT Trabalho e Educação, 2007.

KUENZER, Acácia. *A pedagogia da fábrica*: as relações de produção e a educação do trabalhador. São Paulo: Cortez/Autores Associados, 1985.

KUENZER, Acácia. Delírios da razão: crise da capital e metamorfose conceitual no campo educacional. In: GENTILI, Pablo. (Org.). *Pedagogia da exclusão*. Petrópolis: Vozes, 1997.

LEHER, Roberto. *Da ideologia do desenvolvimento à ideologia da globalização*: a educação como estratégia do Banco Mundial para "alívio da pobreza". Tese (Doutorado em Educação) — Faculdade de Educação, Universidade de São Paulo, São Paulo, 1998.

LEHER, Roberto. 25 anos de educação pública: notas para um balanço do período. In: *Trabalho, educação e saúde*: 25 anos de Formação politécnica no SUS. Rio de Janeiro: EPSJV, 2010.

LÊNIN, V.I. *Esquerdismo, doença infantil do comunismo*. Seção IX. São Paulo: Símbolo, 1978.

LENIN, V.I. *Imperialismo*. Fase superior do capitalismo. São Paulo: Centaiurp, 2001.

LESBAUPIN, Ives. (Org.). *O desmonte da nação*. Um balanço do governo FHC. Petrópolis: Vozes, 1999.

LOPES, Ana Christina Brito. De anjos da guarda à bichos-papão: os conselhos tutelares e as tensões entre o direito de crianças e adolescentes vitimizados e o legado de uma cultura punitiva. In: FILHO, Wanderley Rebello Filho; JUNIOR, Heitor Piedade; KOSOVSKI, Ester. (Orgs.). *Vitimologia na contemporaneidade*. Rio de Janeiro: Editora Letra Capital, 2015, pp. 09-26.

LESSA, Sergio. *O processo de produção/reprodução social*: trabalho e sociabilidade. In: CFESS-ABEPSS-CEAD/UnB. *Crise contemporânea, questão social e Serviço Social*. Módulo I. Capacitação em Serviço Social e Política Social. Brasília: CEAD, 1999, p. 19-33.

LEHER, Roberto. *A emancipação política e a defesa de direitos*. Serviço Social e Sociedade, nº 90. São Paulo, jun. 2007, p. 35-57.

LEHER, Roberto. *Serviço Social e trabalho*: por que o Serviço Social não é trabalho. Maceió: UFAL, 2007.

LIMA, Kátia. Os organismos internacionais: o capital em busca de novos campos de exploração. In: NEVES, Lúcia Maria Wanderlei. (Org.). *O empresariamento da Educação*. São Paulo: Xamã, 2002.

LIMA, Kátia. *Contra-reforma na educação superior*: de FHC a Lula. São Paulo: Xamã, 2007.

LUCAS, Sonia. *Projeto Escolas do Amanhã*: Possibilidades multiculturais? Dissertação (Mestrado em Educação) — Faculdade de Educação, Universidade Federal do Rio de Janeiro, Rio de Janeiro, 2011.

LIMA, Katia Regina de Souza. Capitalismo dependente e "Reforma universitária consentida": a contribuição de Florestan Fernandes para a superação dos dilemas educacionais brasileiros. In: SIQUEIRA, A.C. de; NEVES, L.M.W. (Orgs). *Educação superior:* uma reforma em processo. São Paulo: Editora Xamã, 2006.

LIBÂNEO, José Carlos. *Didática*. São Paulo: Cortez, 1994.

MOREIRA, Carlos Felipe Nunes. Método Paulo Freire, trabalho com grupos e Serviço Social. In: SCHEFFER, Graziela; CLOSS, Thaisa; ZACARIAS, Inez (Org.). *Serviço Social e Paulo Freire*: diálogos sobre Educação Popular. 1. ed., v. 1, Curitiba: CRV, 2021, pp. 157-170.

MORO, Maristela; MARQUES, Morena. *A relação do serviço social com os movimentos sociais na contemporaneidade*. Temporalis, Brasília (DF), ano 11, n. 21, pp. 13-47, jan./jun. 2011.

MAURIEL, Ana Paula Ornellas. *Assistência e repressão*: pilares no enfrentamento da "questão social" no capitalismo dependente brasileiro. VÉRTICES, Campos dos Goytacazes/RJ, v. 22, n. Especial, pp. 706-726, 2020.

MAURIEL, Ana Paula Ornellas. *Combate à pobreza e desproteção social*: dilemas teóricos das "novas" políticas sociais. Praia Vermelha: estudos de política e teoria social: Políticas Sociais e segurança Pública. Universidade Federal do Rio de Janeiro. Programa de Pós-Graduação em Serviço Social, Vol. 14 e 15, Rio de Janeiro: UFRJ, 2006, pp. 48-71.

MACHADO, Lucília R. de Souza. *Politecnia, escola unitária e trabalho*. São Paulo: Cortez/Autores Associados, 1989.

MACHADO, Luiz Antonio. Sociabilidade violenta: por uma interpretação da criminalidade contemporânea no Brasil urbano. In: *Soc. estado.*, vol. 19, nº. 1, Brasília, jan./jun. 2004. Disponível em: **http://www.scielo.br/scielo.php?pid=S0102-69922004000100004&script=sci_arttext**. Acesso em: 13 jun. 2012.

MANACORDA, Mário Alighiero. *História da Educação*: da Antiguidade aos nossos dias. 8. ed. São Paulo: Cortez, 2000.

MANACORDA, Mário Alighiero. *Marx e a pedagogia Moderna*. São Paulo: Cortez, 1996.

MARTINS, Eliana Bolorino Canteiro. *Educação e Serviço Social*: elo para a construção da Cidadania. Tese (Doutorado em Serviço Social) — Pontifícia Universidade Católica de São Paulo, São Paulo, 2010.

MARTINS, Eliana Bolorino Canteiro. *A presença do Serviço Social na educação básica nos municípios paulistas*. Serviço Social & Realidade, v. 18, n. 1, p. 179-216, Franca, 2009.

MARX, Karl. *O Capital — crítica da economia política*. Rio de Janeiro: Civilização Brasileira, 2001, v. 1.

MARX, Karl. *Contribuição à crítica da Economia Política*. São Paulo: Expressão Popular, 2007.

MARX, Karl. *Prefácio [1859] à Para a Crítica da Economia Política*. São Paulo: Abril Cultural, 1982. (Os Economistas).

MARX, Karl. *Manuscritos econômicos e filosóficos*. São Paulo: Martin Claret, 2001.

MARX, Karl. *Glosas críticas marginais ao artigo "O Rei da Prússia e a reforma social"*. De um prussiano. In: Práxis. Belo Horizonte, nº 5, 1995.

MARX, Karl; ENGELS, Friedrich. *A sagrada família ou A crítica da Crítica da crítica contra Bruno Bauer e consortes*. Tradução e notas de Marcelo Backes. São Paulo: Boitempo, 2003.

MARX, Karl; ENGELS, Friedrich. *Manifesto do Partido Comunista*. São Paulo: Vitória, 1961, v. 1.

MARX, Karl; ENGELS, Friedrich. *A ideologia alemã*. 11. ed. São Paulo: Hucitec, 1999.

MARX, Karl; ENGELS, Friedrich. *El capital*. Livro I. Capítulo IV. Inédito. Buenos Aires: Siglo XXI, 1971.

MACHADO, Aline Maria Batista; CAVALCANTI, Thamires Azevedo dos Santos; SOARES, Vanessa Santana. O Estado da Arte sobre Educação Popular na Pós-Graduação Paraibana: Serviço Social e Educação (1980-2016). In: *Revista Temas em Educação*, v. 26, n. 2, 2017, pp. 120-144.

MANSUR, Isabel. *Corda bamba*: o lulismo como metamorfose e realização da estratégia democrático-popular. São Paulo: Editora Lutas Anticapital, 2021.

MIOTO, Regina Célia. Orientação e acompanhamento de indivíduos, grupos e famílias. In: *Serviço Social*: Direitos Sociais e Competências Profissionais. Brasília: CFESS/ABEPSS, 2009.

MATTOS, Marcelo B. *Classes Sociais e Luta de Classes*: a atualidade de um debate conceitual. In: Revista da Faculdade de Serviço Social da Universidade do Estado do Rio de Janeiro — Revista Em Pauta.

MENEGAT, Elizabete. *Questão social e segregação sócio-territorial*: termos indissociáveis da crise do modelo de urbanização ocidental. Libertas: Revista do Serviço Social da UFJF, 2006, pp. 143-154.

MÉSZÁROS, István. *A educação para além do capital*. São Paulo: Boitempo, 2008.

MELO, Marcelo de Paula; FALEIROS, Ialê. Reforma da aparelhagem estatal: novas estratégias de legitimação social. In: NEVES, Lúcia Maria Wanderlei. (Org.). *A nova pedagogia da hegemonia*. Estratégias do capital para educar o consenso. São Paulo: Xamã, 2005.

MOTA, Ana Elizabete; AMARAL, Ângela; PERUZZO, Juliane. *Desenvolvimentismo e Políticas Sociais na América Latina*. Disponível em: **http://rediu.org/MOTA.mesa10.pdf**. Acesso em: 10 dez. 2011.

MOREIRA, Carlos Felipe Nunes. *Dinâmicas de Grupo no Serviço Social*: uma técnica pouco estudada e muito difundida entre os assistentes sociais na Rede de Proteção ao Educando/RJ. Dissertação (Mestrado em Serviço Social) — Universidade do Estado do Rio de Janeiro, Rio de Janeiro, 2010.

NEVES, Lúcia Maria Wanderlei. *A atualidade do pensamento Gramsciano quanto à relação Educação e Sociedade*. 2001. (mimeo).

NEVES, Lúcia Maria Wanderlei. (Org.). *A nova pedagogia da hegemonia*. Estratégias do capital para educar o consenso. São Paulo: Xamã, 2005.

NEVES, Lúcia Maria Wanderlei. *Brasil Ano 2000* — uma nova divisão de trabalho na educação. Rio de Janeiro: Papéis e Cópias, 1997.

NEVES, Lúcia Maria Wanderlei; PRONKO, Marcela Alejandra. *O mercado do conhecimento e o conhecimento para o mercado*. Rio de Janeiro: Fiocruz, 2008.

NETTO, José Paulo. *Ditadura e Serviço Social*. São Paulo: Cortez, 1991.

NETTO, José Paulo. *Transformações societárias e serviço social* — notas para uma análise prospectiva da profissão no Brasil. Serviço Social & Sociedade. São Paulo: Cortez, v. 17, n. 50, abr. 1996, pp. 87-132.

NETTO, José Paulo. *Capitalismo monopolista e serviço social*. São Paulo: Cortez, 2007.

NETTO, José Paulo. *Cinco notas a propósito da "questão social"*. Temporalis. Brasília: ABEPSS, Grafline, ano II, nº 3, pp. 41-49, jan./jun. 2001.

NETTO, José Paulo. *A conjuntura brasileira*: o Serviço Social posto à prova. Serviço Social & Sociedade, n° 79. São Paulo: Cortez, 2004.

NETTO, José Paulo; BRAZ, Marcelo. *Economia política*: uma introdução crítica. Biblioteca Básica de Serviço Social, v. 1, São Paulo: Cortez, 2006.

NETTO, José Paulo. *Desigualdade, pobreza e Serviço Social*. Em Pauta: Revista da Faculdade de Serviço Social da Universidade do Estado do Rio de Janeiro, v. 19. Rio de Janeiro: UERJ, 2007.

NOGUEIRA, M. A. *Educação, saber, produção em Marx e Engels*. São Paulo: Cortez, 1990.

ORTIZ, Fatima Grave. Interdisciplinaridade e Assistência Social. In: Conselho Federal de Serviço Social. *O trabalho do/a Assistente Social no SUAS*: seminário nacional. Brasília: CFESS, 2011, pp. 188-199.

ORTIZ, Fatima Grave. *O Serviço Social no Brasil*: os fundamentos de sua imagem social e da autoimagem de seus agentes. 1. ed. Rio de Janeiro: FAPERJ, 2010.

OBSERVATÓRIO DAS METRÓPOLES. *Vulnerabilidade territorial*. 2008. Disponível em: **http://www.observatoriodasmetropoles.net/index.php?option=com_content&view=article&id=218%3Avulnerabilidade-territorial&catid=45%3Amaterias&lang=pt**. Acesso em: 17 jul. 2012.

OLIVEIRA, Dalila Andrade; DUARTE, Adriana. *Política educacional como política social*: uma nova regulação da pobreza. Perspectiva, Florianópolis, v. 23, n. 2, pp. 279-301, jul./dez. 2005. Disponível em: **http://www.ced.ufsc.br/nucleos/nup/perspectiva.html**. Acesso em: 10 set. 2008.

PARO, Vitor Henrique. *Qualidade do ensino*: a contribuição dos pais. São Paulo: Xamã, 1997.

PAVAN, Ruth. *A contribuição de Paulo Freire para a Educação Popular*: uma análise do GT de educação popular da ANPEd. Disponível em: **http://www.anped.org.br/Reunioes/31ra/1trabalho/GT06-4007--Int.Pdfdora**. Acesso em: 6 abr. 2011.

PAVAN, Ruth. *Marxismo e pedagogia*. Intervenção na Mesa IV — Teoria marxista e pedagogia socialista. III Encontro Brasileiro de Educação e Marxismo. Salvador: 14 de novembro de 2007. Disponível em: **www.grupos.com.br/.../pedagogiasocialista2009/Messages.html?...Sa**. Acesso em: 2 nov. 2011.

PINHEIRO, Maria Esolina. *Serviço Social Infância e Juventude Desvalidas*: aplicações, formas, técnicas e legislação. São Paulo: Cortez, 1985.

PORTO, Olivia. *Orientação Educacional*: teoria, prática e ação. Rio de Janeiro: Wak, 2009.

PRADO JUNIOR, Caio. *A Revolução Brasileira*. São Paulo: Brasiliense, 1966.

RAMOS, Marlise Nogueira. *A Pedagogia das competências*: autonomia ou adaptação. 2. ed. São Paulo: Cortez, 2002.

REVISTA SER SOCIAL. *Questão Social e Serviço Social*. Programa de Pós-Graduação em Política Social da UnB, vol. 6, Brasília: 2000.

REVISTA CLASSE. *Revista de Política e Cultura da ADUFF*. Ano I, n° 2, 2008.

REDES DE DESENVOLVIMENTO DA MARÉ. *Missão e Objetivos*. Rio de Janeiro, 2007. Documento institucional. (mimeo).

RIBEIRO, Darcy. *O novo livro dos CIEPs*. Brasília: Gabinete do Senador Darcy Ribeiro, 1986.

RIBEIRO, Luiz Cézar de Queiroz; KAZTMAN, R. (Org.). *A cidade contra a escola?* Segregação urbana e desigualdades educacionais em grandes cidades da América Latina. Rio de Janeiro: Letra Capital; FAPERJ, 2008.

RIO DE JANEIRO (RJ). Prefeitura da Cidade do Rio de Janeiro. *Documento norteador do Projeto Rede de Proteção ao Educando*. Instituto Helena Antipoff/SME/SMAS/RJ, 2007. (mimeo).

RIO DE JANEIRO (RJ). Prefeitura da Cidade do Rio de Janeiro. *Documento:* Norteadores 2012. NIAP//SME/RJ, 2012. (mimeo).

RODRIGUES, José; REIS, Ronaldo Rosas. *Nós os educadores que amávamos tanto a revolução*: origens, desenvolvimento e crise do campo trabalho-educação no Brasil. Revista HISTEDBR on-line, Campinas, número especial, p. 170-191, abr. 2011.

ROSANVALLON, Pierre. *A nova questão*: repensando o Estado Providência. Brasília: Instituto Teotônio Vilela, 1998.

SANTIAGO, Leoncio. *O Serviço Social e a Educação Popular Freiriana*: a dimensão político-pedagógica emancipatória do exercício profissional. Curitiba: Appris, 2021.

SANTO, Andréia Martins de Oliveira. *Qualidade de ensino em duas escolas da Rede Municipal do Rio de Janeiro*: o que produz a diferença? Dissertação (Mestrado em Educação) — Departamento de Educação, Pontifícia Universidade Católica, Rio de Janeiro, 2011.

SANTOS, Milton. O dinheiro e o território. In: SANTOS, Milton; BECKER, Bertha. *Território, territórios*. Ensaios sobre ordenamento territorial. Rio de Janeiro: Lamparina, 2007.

SAVIANI, Dermeval. *Trabalho e Educação*. Fundamentos históricos e ontológicos. Revista Brasileira de Educação, v. 12, n. 34, jan./abr. 2007.

SAVIANI, Dermeval. *Escola e Democracia*: teorias da educação, curvatura da vara, onze teses sobre educação e política. 31. ed. Campinas: Autores Associados, 1997.

SAVIANI, Dermeval. *O Plano de Desenvolvimento da Educação*: análise do projeto do MEC. Educação e Sociedade, vol. 28, nº 100, Especial Outubro de 2007, p. 1.231-1.235.

SAVIANI, Dermeval. *Interlocuções pedagógicas*: conversas com Paulo Freire e Adriano Nogueira e 30 entrevistas sobre educação. 1. ed. São Paulo: Autores Associados, 2010.

SALVADOR, Evilásio et al. *Privatização e mercantilização da educação básica no Brasil*. Brasília, DF: Universidade de Brasília; Confederação Nacional dos Trabalhadores em Educação, 2017.

SINGER, André. *Os sentidos do lulismo*: reforma gradual e pacto conservador. São Paulo: Companhia das Letras, 2012.

SCHEFFER, Graziela; CLOSS, Thaisa; ZACARIAS, Inez. (Org.). *Serviço Social e Paulo Freire*: diálogos sobre Educação Popular. 1. ed. Curitiba: CRV, 2021.

SOUSA, Adrianyce Silva de. *Lukács e o Serviço Social Brasileiro*. Curitiba: Prismas, 2016.

SCHLESENER, Anita Helena. *Grilhões invisíveis*: as dimensões da ideologia, as condições de subalternidade e a educação em Gramsci. Ponta Grossa: Ed. UEPG, 2016.

SEN, Amartya K. *Desenvolvimento como liberdade*. São Paulo: Companhia das Letras, 2000.

SHIROMA, E. O.; MORAES, Maria Célia Marcondes de; EVANGELISTA, Olinda. *Política Educacional*. 4. ed. Rio de Janeiro: Lamparina, 2007.

SILVA, Eliana Sousa e. *Testemunhos da Maré*. Rio de Janeiro: Coleção Tramas Urbanas Aeroplano, 2012.

SILVA, Jaílson de Souza. *Os limites para a constituição da cidade como espaço do encontro*. Disponível em: **http://www.otrabuco.com.br/lermais_materias.php?cd_materias=55408**. Acesso em: 10 jan. 2012.

SOUZA E SILVA, Jaílson. Sobre os riscos do discurso da ausência em relação às favelas. In: *Varal de letras*. Rio de Janeiro, 2003.

SOUZA E SILVA, Jaílson. *Um espaço em busca de seu lugar*: as favelas para além dos estereótipos. In: Programa de pós-graduação em Geografia/UFF. Niterói: EDUFF, 2002.

SOUZA E SILVA, Jaílson de (Org.). *O que é favela, afinal?* Rio de Janeiro: Observatório das Favelas, 2009.

SOUZA E SILVA, Jaílson de. *Por que uns e não outros*: caminhada de jovens pobres para universidade. Rio de Janeiro: Ed. Sete Letras, 2005.

SOUZA E SILVA, Jaílson de; BARBOSA, Jorge. *Favela alegria e dor da cidade*. Rio de Janeiro: SENAC-Rio Editora, 2005.

SILVA, Rodrigo T. da. *Favela e favela-escola*: "Esse menino não tem jeito!". 2010. Tese (Doutorado em Educação) — Universidade Federal Fluminense, Niterói, 2010.

SILVA, Tomás Tadeu. *Teoria cultural e educação*. Um vocabulário crítico. Belo Horizonte: Autêntica, 2000.

SILVEIRA, Maria Lídia Souza. *Produção de sujeitos, apassivação de campos e constituição de horizontes emancipatórios*. Presença Ética, ano 11, 2002.

SILVEIRA, Maria Lídia Souza. *Educação popular*: novas traduções para um outro tempo histórico. In: Seminário de Educação Popular. Rio de Janeiro: Centro de Filosofia e Ciências Humanas/UFRJ. CD-ROM, 2004.

SILVEIRA, Maria Lídia Souza. *A regulamentação do enfoque comercial no setor educacional via OMC/GATS*. Revista Brasileira de Educação, Maio/jun./jul./ago. 2004.

SIQUEIRA, Ângela Carvalho. *O novo discurso do Banco Mundial e o seu mais recente documento de política educacional*. ANPEd, 2001. Disponível em: **http://www.anped.org.br/reunioes/24/T0552423529049.doc**. Acesso em: jul. 2010.

SOUZA, Renata. *Cria da favela*: resistência à militarização da vida. São Paulo: Boitempo, 2020.

SUCHODOLSKI, Bogdan. *Teoria marxista da educação*. Volume I. Lisboa: Editorial Estampa, 1976.

TEIXEIRA, J. B. O projeto ético-político do Serviço Social. In: Curso de Capacitação à Distância (CFESS/ABEPSS/UnB). *Direitos sociais e competências profissionais*. Brasília, 2009.

THIOLLENT, M. *Metodologia da pesquisa-ação*. 5. ed. São Paulo: Cortez/Autores Associados, 1992.

TORRES, Rosa Maria. *Educação para todos*: a tarefa por fazer. Porto Alegre: ARTMED, 2001.

TROTSKY, Leon. *A revolução permanente*. São Paulo: Expressão Popular, 2007.

UGÁ, Vivian Domínguez. *A categoria pobreza nas formulações da política social mundial*. Rev. Sociologia Política, Curitiba, v. 23, p. 55-62, nov. 2004.

VALLADARES, Lícia. *A gênese da favela carioca*: a produção anterior às ciências sociais. Revista Brasileira de Ciências Sociais, vol. 15, nº 44, São Paulo, outubro 2000. Disponível em: **http://www.scielo.br/scielo.php?script=sci_arttext&pid=S0102-69092000000300001**. Acesso em: 25 maio 2012.

VALLADARES, Lícia. *A invenção da favela*: do mito de origem a favela.com. Rio de Janeiro: FGV, 2005.

VALE, Ana Maria do. *A educação popular na escola pública*. São Paulo: Cortez, 2001.

WANDERLEY, Luiz Eduardo W. *Educação Popular*: metamorfoses e veredas. São Paulo: Cortez, 2010.

WITIUK, Ilda Lopes. *A trajetória sócio-histórica da inserção do serviço social no espaço da educação escolarizada*. Tese (Doutorado) — Pontifícia Universidade Católica de São Paulo, São Paulo, 2004.

WITIUK, Ilda Lopes. *Resgate sócio-histórico da inserção do serviço social no espaço da educação escolarizada*. ENPESS, 2006, Recife-PE. X Encontro Nacional de Pesquisadores em Serviço Social, 2006.

ZANETTI, M. P. et al. *Diretrizes Gerais para o Serviço Social na Rede de Proteção ao Educando*. SMAS/PCRJ, 2009.

Lives

II Seminário Internacional; VI Fórum do Serviço Social na Educação e IV Encontro do GEPESSE. Disponível em: **https://www.youtube.com/watch?v=qNk6ek5MIfc.**

Serviço Social e educação popular: memórias e a atualidade do pensamento de Paulo Freire. Disponível em: **https://www.youtube.com/watch?v=cNR7GmHoov8&feature=youtu.be.**

Legislações

ADUFF. *Jornal ADUFF*, ano XIII, outubro-novembro/2001.

BRASIL. *Código de ética do/a assistente social*. Lei 8.662/93 de regulamentação da profissão. 10ª. ed. rev. e atual. [Brasília]: Conselho Federal de Serviço Social, [2012].

BRASIL. *Constituição Federal*. Presidência da República, Brasília, 1988.

BRASIL. *Decreto nº 4.024*, de 20 de dezembro de 1961. Institui a Lei de Diretrizes e Bases da Educação. Presidência da República: Brasília, 1961.

BRASIL. *Decreto nº 6.096*, de 24 de abril de 2007. Institui o Plano de Desenvolvimento da Educação (PDE). Presidência da República: Brasília, 2007.

BRASIL. *Decreto nº 6.253*, de 13 de novembro de 2007. Dispõe sobre o Fundo de Manutenção e Desenvolvimento da Educação Básica e de Valorização dos Profissionais da Educação — FUNDEB.

BRASIL. *Decreto nº 72.846*, de 26 de setembro de 1973. Regulamenta a Lei nº 5.564, que versa sobre a profissão de Orientador Educacional.

BRASIL. *Decreto nº 8.529*, de 2 de janeiro de 1946. Institui a Lei Orgânica do Ensino Primário, 1946.

BRASIL. *Estatuto da Criança e do Adolescente*. Lei Federal nº 8.069, de 13 de julho de 1990.

BRASIL. *Lei nº 9.394*, de 20 de dezembro de 1996. Institui a Lei de Diretrizes e Bases da Educação. Presidência da República: Brasília, 1996.

BRASIL. Ministério da Administração Federal e Reforma do Estado. *Plano Diretor da Reforma do Aparelho do Estado*. Brasília: Presidência da República, 1995.

BRASIL. Presidência da República. *Decreto nº 6.094*, de 24 de abril de 2007. Dispõe sobre a implementação do Plano de Metas Compromisso Todos pela Educação.

RIO DE JANEIRO. *Portaria E/SUB QCED 4*, de 10 de dezembro de 2009.

RIO DE JANEIRO. *Resolução "N" nº 192*, de 26 de março de 1984, que aprovou o regimento interno dos DECs da SME.

RIO DE JANEIRO. *Resolução Municipal nº 107*, de 14 de novembro de 2007. Disponível em: **https://doweb.rio.rj.gov.br/apifront/portal/edicoes/imprimir_materia/765558/5118**.

RIO DE JANEIRO. *Resolução nº 56*, de 20 de julho de 2006. Cria Gerência de Serviço Social na Educação.

RIO DE JANEIRO. *Resolução SME nº 268*, de 24 de junho de 2021. Dispõe sobre a organização e o funcionamento do Programa Interdisciplinar de Apoio às Unidades Escolares — PROINAPE nas Coordenadorias Regionais de Educação da Secretaria Municipal de Educação e dá outras providências.

SILVA, Luís Inácio. *Carta ao povo Brasileiro*. Disponível em: **https://fpabramo.org.br/wp-content/uploads/2010/02/cartaaopovobrasileiro.pdf**. Acesso em: 28 set. 2022.

SOBRE GRATIDÃO

Compreendendo a natureza coletiva de um percurso investigativo, não poderia deixar de expressar minha gratidão a pessoas muito especiais para a elaboração deste estudo, sobretudo aquelas que me incentivaram a publicar.

Ao longo de quatro anos de estudos da tese, muitas coisas aconteceram: desligamento da Prefeitura da cidade do Rio de Janeiro, ingresso como professora na Universidade Federal Fluminense, inserção como diretora do CRESS-RJ, militância na ADUFF, greve, mudanças na vida pessoal, perdas de pessoas queridas, alegrias e sofrimentos. Inconteste, um doutorado marcado por muitas experiências e aprendizados! Por tudo isto, a tese não teria sido realizada se eu não tivesse contado com a cooperação e apoio de várias pessoas que contribuíram, cada um da sua forma, para que ela fosse concluída. E, ainda, pude contar outras tantas para a revisão e publicação deste livro tanto tempo após sua escrita.

Inicialmente, agradeço aos meus pais, Joacir Augusto dos Santos e Heleny Coutinho dos Santos pelo incentivo, pelo apoio, e por terem possibilitado todas as condições objetivas para que eu pudesse realizar a tese. Seja através de suporte material, seja pelo afeto e disponibilidade incondicional, construíram as condições para que eu tivesse paz e tranquilidade, elementos fundamentais ao exercício do pensar.

Agradeço, em especial, à minha mãe, por toda boa vontade em se fazer presente nos momentos mais difíceis da elaboração do estudo. Por ter me incentivado a estudar nos momentos em que a militância e o trabalho se tornavam cada vez mais sedutores e interessantes, já que escrever, para mim, é um esforço enorme de exercitar o silêncio, o isolamento e a abdicação de várias coisas boas da vida.

Ao meu pai, pela presença intensa e cotidiana, por todo ensinamento e encorajamento, por ter me mostrado e incentivado, mesmo que inconscientemente, o caminho da política. Afinal, só a luta muda a vida!

À Maria Villela Iamamoto, pela competência acadêmica no acompanhamento do trabalho, pela disponibilidade, generosidade e dedicação demonstradas ao longo dos quatro anos de trabalho, assim como pelas críticas consistentes e ternas realizadas durante as orientações.

À CAPES e à UFF, pelos auxílios concedidos que foram importantes na realização deste trabalho, bem como a FAPERJ para a realização desta publicação.

Às minhas irmãs de alma, que sempre estiveram comigo, motivando-me e partilhando conquistas: Gabriele Siqueira, Edenilza Cesário, Ana Carla Pavide e Eblin Farage. Essa última, companheira de lutas, companheira da turma do doutorado, do movimento sindical docente, das experiências e lutas partilhadas na Maré, na UFF, no NEPFE e na vida.

Aos novos e velhos amigos que me incentivaram: Jaqueline Rodrigues, Pedro Koulmann (*in memoriam*), Flavia Guimarães, Kátia Regina, Katia Lima, Daniela Menezes, Letícia Cardilo, Carla Marinho, Adrianyce Angelica, Ana Livia Adriano e tantos outros.

Aos pesquisadores, estudantes e trabalhadores da Maré, imprescindíveis para que a tese fosse elaborada.

À equipe de assistentes sociais da Redes da Maré, que aceitou o desafio de participar do projeto piloto de pesquisa e realizou coletivamente um conjunto de reflexões que contribuíram de forma excepcional para que o instrumento de pesquisa alcançasse a melhor forma possível. Muito obrigada ao Leonardo, Alessandra Guedes, Julia de Paula, Rejane Santos Farias, Lorena Magalhães, Viviane Carmem e, especialmente, à Débora Rodrigues, irmã gêmea.

À Shirley Rosendo, amiga, pedagoga, poetisa, profissional da Maré, pela participação intensa na aplicação do instrumento de pesquisa, pela colaboração do estudo do questionário e pelas infindáveis trocas.

Aos profissionais da equipe de monitoramento e avaliação da Redes da Maré. À equipe do NEPFE e ao Dálcio Marinho, pela leitura crítica do instrumento de pesquisa.

Aos queridos Eliana Souza e Silva e Jaílson Sousa e Silva, pelo incentivo e diálogo sobre a favela e a existência humana. A vocês, que foram fundamentais nas orientações acadêmico-filosóficas: muito obrigada!

À equipe da Secretaria Municipal de Educação, pela interlocução e pela viabilização dos dados necessários à realização da pesquisa. Um agradecimento especial aos orientadores da época em que apliquei os questionários: Selma Peres, Valéria Lanna, Ivana, Valéria Marques, Tereza Paiva, Thalita Brant, Hellen Ribeiro, Denise Souza e Andrea Lima. Vocês contribuíram de forma importante para sensibilizar as assistentes sociais a participarem da pesquisa. E, de maneira muito especial, aos assistentes sociais que participaram de forma voluntária e militante no processo da pesquisa. Destaco especial agradecimento à Luísa Vianna, Carlos Felipe Moreira e Carla Fernanda, que a partir da pesquisa e militância tornaram-se meus amigos. Obrigada pelas valiosas sugestões.

Agradeço, também, aos assistentes sociais da gestão do CRESS-RJ, pois muitos realizaram minhas tarefas para que eu pudesse estudar e dedicar-me à tese. Muito obrigada aos assistentes sociais da gestão 2011/2014, "Trabalho e direitos: a luta não para!"

Agradeço, também, a todos os companheiros da diretoria da ADUFF, gestão "Mobilização Docente, Trabalho de Base", pelas reflexões partilhadas e construídas, pelas trocas e, principalmente, pelos momentos de partilha de todos os sonhos e de todas as utopias na busca pela transformação dessa sociedade e, sobretudo, pela possibilidade de lutarmos juntos pela construção de uma educação de qualidade acessível à classe trabalhadora.

A todos os colegas da turma de doutorado 2008, pelos afetos, pelas reflexões teóricas e pelas amizades construídas numa turma diferente, onde a colaboração, o respeito e a unidade falaram mais alto do que os sentimentos e atitudes produzidos pela sociabilidade do capital. Um grande abraço a todos esses companheiros de militância e de estudo: Aline (Fernandes Figueira), Ana Cristina Oliveira (UFF), Andréia Carvalho (UERJ), Ártemis Marinho (UFF), Eblin Farage (UFF), Jane da Silva (UNIRIO), Márcia Nogueira (Ministério Público), Marco José Duarte (UFJF) e Sandra Teixeira (UNB).

Aos meus professores do doutorado, que contribuíram para meu aprofundamento teórico e meu processo de formação e socialização do conhecimento: Maria Ciavatta, Roberto Leher, Ângela Siqueira, Kátia Lima e Elaine Bering.

Aos amigos que estiveram comigo no momento difícil, na reta de chegada da elaboração da tese, quando o corpo não mais aguentava e as ideias sumiam. Vocês foram fundamentais: Marcela Coutinho, André Nascimento, Alexsandra Souza, Ana Cristina Oliveira de Oliveira e Luiz Fernando Nabuco.

Um agradecimento especial aos professores da banca, por terem aceitado este desafio: Gaudêncio Frigotto (na qualificação); Lucia Maria Wanderley Neves, pela enorme gentileza na troca de materiais e por ter me recebido com tanto carinho; Kátia Regina de Souza Lima, minha coorientadora oficial, por todos os ensinamentos ao longo das orientações, sempre regadas a humor e otimismo; Maria Lidia Sousa da Silveira, minha amiga, que me acompanha há tanto tempo e incentivou-me nas horas que mais precisei.

Aos queridos Luiz Carlos Scapi e Mauro Iasi, por tudo que aprendi nesses anos de formação no NEP 13 de maio, afinal: "quem sabe mais, luta melhor!".

E, para a transformação da tese em livro, agradeço especialmente à Ana Livia Adriano, minha grande incentivadora. Agradeço, também, ao Ney Luiz Teixeira de Almeida e Adrianyce Sousa, que dedicaram tempo à leitura crítica e cuidadosa, além de tecerem observações importantes. Ao Bruno José pela contribuição nas condições objetivas para a realização do processo final, compartilhando os cuidados com nosso pequeno, e por me compreender nas horas de ansiedade e desânimo. E ao querido Arley Costa pela revisão cuidadosa e minuciosa.

Não poderia deixar de expressar minha gratidão ao Programa de Pós-Graduação em Serviço Social e Desenvolvimento Regional (PPGSSDR), e a todas as assistentes sociais que atuam nesse espaço desafiador que é a escola pública.

Um agradecimento especial às instituições em que vivenciei a Maré, onde aprendi muito sobre a vida, a favela e os sujeitos mais que especiais que lá vivem e resistem.

Um agradecimento a todos que contribuíram para que esse livro se tornasse possível. Docentes, pesquisadores, assistentes sociais e estudantes com os quais partilhei minhas indagações e inquietações intelectuais e, conjuntamente, a partir da troca de saberes, partilhas e convivências, avançamos no debate.

1ª edição — outubro 2024
impressão — jmv
papel miolo — pólen bold 90g/m^2
papel capa — cartão triplex 300g/m^2
tipografia — heldane e hergon grotesk